Bengalen und Sachsen

Tagore in Dresden

D1877107

THELEM

Bengalen und Sachsen
Tagore in Dresden

Herausgegeben von
Lydia Icke-Schwalbe und
Walter Schmitz

THELEM
2012

VORBEMERKUNG

Im Jahr 2011 jährte sich zum 150. Male der Geburtstag des ersten asiatischen Nobelpreisträgers für Literatur (1913), Rabindranath Tagore – Anlass für die Indische Regierung ein »Tagore-Jahr« auszurufen, um den weltweit gefeierten bengalischen Dichter, Philosophen und weisen indischen Lehrer erneut ins Bewusstsein der Gegenwart zu bringen.

Für uns lag es nahe, in Deutschland vor allem der Deutschlandreisen, die Rabindranath Tagore unternommen hat, zu gedenken. Auf seinen Reisen durch Deutschland der 1920er Jahre wurde Tagore mit großer Begeisterung empfangen, die sich freilich eher aus dem Medienbild Tagores denn aus der breiten Kenntnis seiner Werke speiste. Die reklameträchtige Tagore-Woche, die Hermann Graf Keyserling in Darmstadt im Jahr 1921 veranstaltete, löste bei Schriftstellern und Intellektuellen eher distanzierte Stellungnahmen aus. Umso näher liegt es, die Aufmerksamkeit einmal auf eine Reisestation zu richten, die weniger spektakulär ist, aber dafür vielleicht einen Blick auf die Wirklichkeit der Tagore-Verehrung in der Weimarer Republik erlaubt, und zwar auf das Land Sachsen mit seiner Hauptstadt Dresden. Ein vereinzeltes Großereignis war Tagores Besuch gewiss nicht. Vielmehr lohnt sich ein Rückblick auf die langwährenden und vielfältigen Beziehungen zwischen dem Freistaat und dem indischen Subkontinent. Sie reichen von wirtschaftlichen Kontakten bis zu einem ersten Besuch eines Mitglieds der Familie Tagore beim sächsischen Königshaus in den 1870ern Jahren.

Rabindranath Tagore kam in den Jahren 1921, 1926 und 1930 zu längeren Aufenthalten nach Deutschland. Die *Dresdner Nachrichten*, die *Dresdner Neuesten Nachrichten*, die *Dresdner Volkszeitung* und der *Dresdner Anzeiger* berichteten – fast täglich und mit ausführlichen Kommentaren – über alle Auftritte und Begegnungen des Poeten und humanistischen Philosophen aus Indien. Das Dresdner Publikum war von Tagore begeistert, wann und wo immer »der verehrte Meister« auftrat. Rabindranath Tagore hielt Seminare und Vorträge an der Technischen Hochschule, im Sächsischen Kunstverein auf der Brühl'schen Terrasse, in der Mary-Wigman-Tanzschule und bei Jugendlichen auf der Burg Hohnstein. Im Albert-Theater wurde Tagores Bühnenspiel *Das Postamt* ihm zu Ehren einstudiert und im Beisein der königlichen Familie aufgeführt. Der Sächsische Kunstverein ehrte Tagore als poetischen Maler mit einer kleinen Ausstellung seiner Werke. Die Ausstellung wurde auch in Berlin und in anderen europäischen Hauptstädten gezeigt. Tagore war vom Humboldt-Club an der Technischen Hochschule Dresden eingeladen worden.

Die Reden und Gespräche mit Hochschullehrern und Studenten sind bis in die Gegenwart aktuell.

Das Tagore-Jubiläum sollte ein Anlass sein, die wechselseitig fruchtbaren Anregungen zwischen Indien und dem Industrie- und Kulturland Sachsen des 19. und 20. Jahrhunderts wieder zu entdecken und sie durch eine Zusammenstellung der historischen Beziehungen zwischen Sachsen und Bengalen zu dokumentieren. Das frühere Königreich Sachsen, der heutige Freistaat Sachsen beherbergt zahlreiche Zeugnisse indischer Kunst und Kultur. Das Wissen welch große Bedeutung die Verbindung zu Indien gerade in der ›Moderne‹ für die Dresdner erlangte, wie Tagore in den 1920ger Jahren Tagesgespräch in Dresden sein konnte, nicht nur in Berlin, München oder Darmstadt – das ist im Jahr 2011 nach den Traditionsbrüchen des 20. Jahrhunderts fast verschwunden.

Indische Studenten und Assistenten aber lernen und leben bis heute an der Technischen Universität Dresden; indische Wissenschaftler forschen an den großen Forschungseinrichtungen der Stadt. So lag es nahe, dass die Deutsch-Indische Gesellschaft in Dresden zusammen mit der TU die Wege und Ideenwelt nachzeichnete, die gerade Sachsen dem Gast Tagore eröffnet hat.

Die ersten deutschsprachigen Übersetzungen von Werken des Nobelpreisträgers aus Indien wurden in Leipzig verlegt, vom Dichter selbst auf der Basis der englischen Ausgaben autorisiert. Rabindranath Tagore, ein philosophischer, zugleich in seinem Volke tief verwurzelter Poet, reiste mehrmals zu seinem Verleger Kurt Wolff – der in Leipzig und später in München wirkte –, um die Analogie der Übersetzungen in eine Sprache, die er nicht beherrschte, zu verstehen und zu überwachen. Um mehr über die Denk- und Verhaltensweisen der Menschen in Deutschland zu erfahren, wurde er in Dresden hochgeehrter Gast vieler literarischer, künstlerischer und anderer Gesprächsrunden.

Dieser kulturellen Rezeption fühlten sich die Herausgeber verpflichtet. Sie danken für die persönlichen Beiträge indischer und deutscher Tagore-Kenner und -Liebhaber. Alle Autoren haben dazu beigetragen, die ungemeine Breite der Begegnungen in Literatur, Kunst und Wissenschaft aufzuzeigen. Sie verdeutlichen die verschiedenartigen kulturellen und pädagogischen Ansätze. Zugleich markieren sie die Vielfalt in der einen Menschheit, der Rabindranath Tagore stets nachspürte und die er in all seinen Werken suchte.

Dresden, im Sommer 2012 Lydia Icke-Schwalbe/Walter Schmitz

INHALT

DER INDISCHE THĀKUR (TAGORE)-KLAN IN DRESDEN UND SHANTINIKETAN

Lydia Icke-Schwalbe

In der größten zeitgenössischen Tageszeitung der Landeshauptstadt Dresden konnte man in der täglichen Kolumne »Kunst und Wissenschaft« am 5. Oktober 1926 lesen:[1]

Der indische Dichter und Weise Rabindranath Tagore durchreist wieder einmal das Abendland. Im Abendland liegt auch Dresden, wo, nach der Begeisterung zu urteilen, mit der insbesondere Hunderte von Dresdner Frauen herbeigeeilt waren, jedermann seinen Tagore auswendig kennt. Seltsam, welche Bezauberung der edle Inder mit dem farbigen Brahmanengewand und dem europäischen fassungslosen Klemmer auf deutsche Gemüter ausübt! Wie wundersam mischen sich da Reiz des Fremdartigen, Wirkung des Ruhmes, Zauber der Persönlichkeit mit Neugierde, Sensationsbedürfnis, Bildungsheuchelei! Man braucht sich nur zu fragen, ob ein deutscher Dichter, sagen wir einmal Gerhart Hauptmann oder Stefan George, in Indien auch so empfangen würde wie Tagore in Deutschland. Die und ein paar andere könnten es an innerem Gehalt und dichterischer Leistung ruhig mit dem Inder aufnehmen, nur dass es ihnen nicht wie jenem vergönnt gewesen ist, sich so frei und naturnah, sorgenlos und pflanzenhaft zu entwickeln wie der Spross des alten Brahmanengeschlechts Thakur, auf den die uralte Kultur dieser Familie vererbt ward.

Seit der Verleihung des Literatur-Nobelpreises 1913 an den bengalischen Dichter Rabindranath Tagore wurden seine Werke überall in Europa, in allen Landessprachen übersetzt, veröffentlicht. Der erste asiatische Nobelpreisträger, der aus der reichen britischen Kronkolonie Indien kam, bereiste – mit exotischem Flair – wiederholt europäische Länder.

Das Geschlecht der Thākur – engl. Tagore – gehörte zu den einflussreichsten Familien des mittelalterlichen Mogulreiches und verfügte über ausgedehnte Ländereien in Bengalen, auf dem südasiatischen Subkontinent Indien. Gemäß der genealogischen Überlieferung kam ein weiser

1 Dresdner Nachrichten, 5. 10. 1926 [Die bisher nicht ausgewerteten Zeitungen befinden sich im Stadtarchiv Dresden bzw. in der Sächsischen Landes- und Universitätsbibliothek (SLUB) Dresden. Ich danke dem Stadtarchiv für die Unterstützung in Recherche und für die Bereitstellung von Kopien].

Vorfahr auf Bitten des Hindu-Königs Adisura im Jahre 1072 nach Bengalen, um als einer der fünf Brahmanen am königlichen Hofe die Rechtssetzung zu garantieren. Berühmte Literaten und Poeten des indischen Mittelalters werden in der Genealogie des Thakur-Klans benannt. 1203 geriet das fruchtbare, östliche Land Bengalen in den Herrschaftsbereich des mohammedanischen Sultans Mahmud Gori und wurde sukzessive dem Reich der Groß-Mogulen einverleibt. Um 1700 begannen die Engländer, ihre Handelsniederlassung am Golf von Bengalen zu befestigen. Den Grund und Boden für das Fort William kauften sie dem Thakur-Familienklan ab. Weitere Territorien in der Umgebung wurden von einheimischen Fürsten, vorwiegend von den Thakurs, erworben oder gewaltsam streitig gemacht. Im Abkommen von Delhi 1765 verkaufte der geschwächte Mogul-Herrscher ganze Landesteile von Bengalen an die Britische Ost-Indien Handelskompanie, die seit 1698 von den Häfen im Golf von Bengalen und von Bombay aus sukzessive in Mogul-Indien Fuß fasste. Bereits der Enkel des Großmoguls Aurangzeb, Azim-ud-Shah, hatte einige Handelsplätze den Engländern überlassen müssen, darunter den günstigen Hafen im breiten Ganges-Delta Kalighat/Kalkutta. Die Hafenstadt Kalkutta (engl. Schreibweise Calcutta) bauten die Briten schließlich so befestigt aus, dass sie der wichtigste Handels- und Umschlagplatz in den arabisch-indischen Meeren wurde. Der Thakur-Familienklan kam zu erheblichen finanziellen Mitteln, die in gewinnbringenden Unternehmungen angelegt werden konnten.[2]

In der damaligen Umgebung dieser Handelsstadt zeugen palastartige Bauten, Landsitze im viktorianischen Stil, von der Kultur und regionalen Bedeutung des in der Hindu-Tradition stehenden Thakur-Geschlechts. Sie waren die Treffpunkte vornehmer traditioneller Hindu-Familien und entwickelten sich in der britischen Kolonialzeit zu Zentren der Salonkultur mit Künstlern und Intellektuellen auch der indischen Mittelschicht. Vor allem die Pflege der Musik und Literatur, der europäischen wie der einheimischen hinduistischen und indo-islamischen, prägten das gesellschaftliche Leben in ihrem Umkreis.

Im Stadtpalast von Pathuriaghat residierte der konservativ traditionalistisch geprägte Mohun-Thakur-Zweig, der die britisch-viktorianische Zeit mit Queen Victoria willkommen hieß und viktorianisches Brauchtum im gesellschaftlichen Umgang weitgehend adaptierte. Der Familienzweig der Nath-Thakur mit dem Stammsitz in Jorasanko – aus ihm gingen der spätere Dichterfürst Rabindra und sein Cousin-Bruder Abanindra (Maler) hervor – zählte eher zu den Liberalen und Avantgardisten

2 Vgl. Egon v. Eickstedt: Der Stammbaum von Rabindranath Tagore. In: Archiv für Rassen- und Gesellschafts-Biologie 20 (1928), S. 3–15.

seiner Zeit. Dwarkanath, der Großvater von Rabindra, war bereits 1845 so wohlhabend und einflussreich geworden, dass man ihn in England als »Prinz Dwarkanath« respektierte. 1842 war er von einer Europa-Reise in seine Heimstatt zurück gekehrt; er war der erste Brahmane, der sich in fremder Umgebung außerhalb Indiens bewegt hatte. Heinz Mode nannte ihn »den aufgeklärtesten Brahmanen des neunzehnten Jahrhunderts«.[3] Dessen Sohn Debendranath machte sich einen herausragenden Namen als »Weiser« gemäß der traditionellen Brahmanensitte. Er schuf sich eine besondere Zufluchtsstätte für Meditation inmitten des ländlichen Bengalen, nahe von Dschungeldörfern der Santal-Stammesbevölkerung. Ein »Ort des Friedens«, Shantiniketan, sollte es für ihn sein. Debendranath (1817–1905) gehörte zum Gründerkreis des Brahmo-Samaj von Ram Mohan Roy, einer sozialen und religiösen Reformbewegung in der brahmanischen Gesellschaft des 19. Jahrhunderts in Bengalen. Basierend auf den altindischen Überlieferungen der vedischen Schriften wollten sie philosophisches Gedankengut für breitere Schichten der Bevölkerung aus allen Kasten und Nationalitäten offenlegen und zugänglich machen. Die Gesellschaft des Brahmo Samaj spielte eine herausragende Rolle für das Erwachen eines indischen Nationalbewusstseins mit der Entwicklung der eigenen Muttersprache, des Bengali, sowie der Selbstbesinnung der Inder gegenüber den europäischen Kolonialmächten. Devendranath hatte dabei eine führende Rolle inne.

Nach dem »Großen Aufstand« (»The Great Mutiny«) von 1857, der grausam und erbarmungslos blutig von den Briten niedergeschlagen worden war – womit vor allem die Fürsten und die Träger einer genuinen Kultur getötet und verbannt werden sollten –, übernahm der Brahmo Samaj in Bengalen den intellektuellen Kampf gegen Unterdrückung und Missachtung der stolzen Kultur und Geschichte Indiens. Der Tagore-Klan unterstützte die einheimisch-indische Entwicklung gemäß den großen vedischen Traditionen, mit übergreifend zu bildendem Selbstbewusstsein.

In diesem Umfeld wuchsen Rabindranath Tagore und seine Generation als Dichter, Denker, Künstler sowie weise Lehrer und Sozialreformer heran.

Lebensdaten

Der Knabe »Rabi« wurde als 14. Kind des Debendranath Thakur am 7. Mai 1861 in Jorasanko (Kalkutta), dem weitläufigen, großen Familienhaus

3 Heinz Mode: Rabindranath Tagore. Berlin: Union 1976. S. 21.

des traditionsreichen Zweiges der Nath-Thakur, geboren. Seine immer kränkelnde Mutter Sarada starb 1875. Den Verlust der Mutter betrauerte Rabindra zeitlebens, obwohl sie dem sensiblen jüngsten Kind nicht die ersehnte Liebe und Zärtlichkeit geben konnte. Er wuchs in der Obhut von Dienern und Hausangestellten inmitten einer engagierten, politisch aktiven Erwachsenenwelt der weitläufigen Großfamilie auf. Sein Vater Debendranath herrschte als Patriarch über das vom Großvater aufgebaute Familien-Imperium. Dwarkanath Thakur, der Großvater, hatte durch die Zusammenarbeit mit den britischen Kolonisten den Wohlstand der alten Brahmanenfamilie in »feudale[r] Prachtentfaltung«[4] ausbauen können. Debendranath, der als Maha-Rishi (Maharshi, »großer weiser Lehrer«) verehrt wurde, begründete zusammen mit dem Sozialreformer und Philosophen Ram Mohan Roy den Brahmo Samaj, die Brahmanische Gesellschaft, deren Versammlungsort das Familienhaus in Jorasanko wurde (heute befindet sich hier die Rabindra-Bhavan-Universität). Die auf philosophischen Schriften der Brahmana-Zeit basierende Gelehrten-Gruppe bemühte sich vorrangig um Reformen im Hinduismus in der Gefolgschaft des Swami Vivekananda. Im Geiste der Philosophie der frühen Upanishaden entwickelten sie eine modifizierte theistische Ideologie und Religion des Hinduismus/Brahmanismus. Die geistige Atmosphäre, die Rabindranaths Kindheit und Jugend prägte, war erfüllt von dem engagierten kulturpolitischen Pioniergeist der Familie, die versuchte, die geschätzten altindischen Werte mit neuen Errungenschaften einer westlichen Gesellschaft zu einer lebendigen Synthese zu vereinen. In seinen *Lebenserinnerungen*[5] beschreibt Rabindranath zahlreiche turbulente Gesellschaften, intensive Bildung und strikte Erziehung im Hause des Großvaters. Die Kinder wuchsen – materiell betrachtet – in vergleichsweise ärmlichen Bedingungen auf. Rabindranath erinnerte sich:[6]

Gelegenheit zu Vergnügungen und Luxus gab es nicht; die Nahrung hatte nicht einmal den Anschein von Leckerbissen, die Kleider waren anspruchslos. Wir unterstanden der Aufsicht der Diener. Um ihre eigenen Pflichten zu vereinfachen, hatten sie unsere Bewegungsfreiheit beinahe ganz beschnitten. Diese Beschränkungen mögen noch so arg gewesen sein, aber ihre mangelnde Zuwendung bedeutete für uns eine große Unabhängigkeit, ihretwegen waren wir frei.

Die Kinder konnten in dem großen Anwesen ihre Nischen und Verstecke

4 Zur Familiengeschichte vgl. Martin Kämpchen: Rabindranath Tagore in Selbstzeugnissen und Bilddokumenten. Reinbek bei Hamburg: rororo 1992, S. 14.

5 = jibansmriti 1912. Vgl. ebd. Die Zitate aus den *Lebenserinnerungen* finden sich übertragen von Martin Kämpchen in seiner o. g. Publikation.

6 Tagore zit. in ebd., S. 18.

für eigene Fantasien finden. Das Haus verlassen durften sie nicht. Rabi schrieb weiter: »Darum sah ich die freie Natur nur aus meinem Versteck. Es gab ein sich endlos hinstreckendes Etwas, das hieß die äußere Welt, und die war mir verschlossen. [...] Die Welt war frei, ich gefangen – nichts konnte uns vereinen. Darum war ihr Reiz umso verlockender.«[7]

Mit 4 Jahren wurde Rabindranath eingeschult – Privatunterricht im eigenen Haus. »Eine[] ganze Schar von Privatlehrern«[8] wurde auf die Kinder des Hauses angesetzt, in allen Bereichen der indischen und der westlichen Traditionen. »Von morgens bis abends klapperte die Lernmühle«, schrieb Rabi in den *Lebenserinnerungen*.[9] Als 12-Jähriger nahm ihn der Vater erstmals mit zum Landsitz in Shantiniketan und weiter zu einer Pilgerreise in den Himalaya. Shantiniketan hatte der Vater Debendranath 1864 nahe dem Ort Bholpur, 150 km von Kalkutta entfernt, gebaut, um sich hierher von Zeit zu Zeit als Einsiedler zurückzuziehen.

Mit 17 Jahren wurde Rabindra von der Familie nach England zum Studium geschickt. In Brighton studierte er zunächst Jura, dann englische Literatur.

1883 verheiratete die Familie ihn gemäß den Kastengesetzen mit der 10-jährigen Mrinalini (1874–1902), die auf den Gütern der Tagore-Familie in Jessor (heute Bangladesh) aufgewachsen war und keinerlei Bildung genossen hatte. Sie verstand es, mit unauffälliger und selbstloser Hingabe das Genie ihres Gatten zu fördern. 1888 wurde der erste Sohn, Rathindranath, geboren, der den Vater später auf vielen seiner Europareisen begleitete. 1890 setzte der patriarchalische Debendranath, der sich selbst aus der Güterverwaltung weitgehend herausgenommen hatte, den 29-jährigen Rabindranath als Aufseher und Verwalter der ländlichen Familiengüter in Nordost-Bengalen ein. Auf vielen Inspektionsreisen lernte Rabindranath das bäuerliche Leben mit allen Problemen im natürlichen Jahreskreislauf kennen. Immer öfter hielt sich Rabindranath nun auch in Shantiniketan auf, wohin er 1899 seine eigene Familie umsiedelte.

Später legte er neben Shantiniketan ein landwirtschaftliches Bildungszentrum für die lokale Landbevölkerung an, Sriniketan, wo die Jugendlichen der Santal-Stammesbevölkerung unentgeltlich Bildung erhalten konnten. Er gründete Schulen, Krankenhäuser und genossenschaftliche Banken auf den Familiengütern.

Rabindranath bekam zwei Söhne und drei Töchter. Obwohl er gegen Kastenschranken und Kinderheirat polemisierte, musste er sich weiterhin den Familienkonventionen unterwerfen; auch er verheiratete seine

7 Tagore zit. in ebd., S. 19.
8 Ebd., S. 20.
9 Tagore zit. in ebd., S. 21.

Abb. 1: Rabindranath Tagore Porträt, Foto: Egon von Eickstedt

Töchter mit 14 und 12 Jahren, als sie in die Pubertät kamen. Im November 1902 starb seine Frau Mrinalini im Alter von nur 29 Jahren nach schwerer Krankheit. Im September 1903 erlag seine 13-jährige Tochter Renuka hartnäckiger Tuberkulose. 1905 verstarb der Vater, der für den Sohn stets Stütze und moralische Autorität war. Ende 1907 starb auch der noch kleine zweite Sohn Samindranath (geb. 1896) plötzlich an Cholera. Den ältesten Sohn Rathindra hatte er zum Studium der Landwirtschaft nach Amerika gesandt. Rabindranath blieb allein in seinen bengalischen Besitztümern zurück, die Familie war zerbrochen.

Nun konzentrierte er sich auf den Ausbau seiner Schule in Shantiniketan. Bildung sollte alle erreichen und die Kinder nicht nur auf eine Karriere im Beamtenstaat vorbereiten. Mit dem altindischen Bildungsideal des »brahmacarya-asrama« – dem gemeinschaftlichen Leben der Schüler mit ihren Lehrern in natürlicher Umgebung – wollte er alte Ideale und Lebensmodelle wiederbeleben. Die wiederholten Europa- und Amerika-Reisen halfen ihm, die »Universität unter Bäumen« zu einem nationalen und internationalen Treffpunkt geistig-kulturellen Lebens und Lehrens zu entwickeln.

Dresden

Rabindranath Tagore war bei jedem seiner Europa- und Deutschland-Aufenthalte auch in Dresden präsent. Berichterstatter der großen Tageszeitungen *Dresdner Nachrichten* und *Dresdner Anzeiger* begleiteten alle Bewegungen des Dichters in Europa, von seiner Ankunft bis zur Abreise. Lange Kolumnen dokumentieren Tagores Reden und Gespräche in den größeren Städten Deutschlands. Am 28. Mai 1921 war in der Spalte »Kunst und Wissenschaft« zu lesen:[10]

10 Dresdner Nachrichten, 28. 5. 1921. Der *Dresdner Anzeiger* hatte bereits am Vortag in seiner Kolumne »Kunst und Wissenschaft« von Tagores Aufenthalt und Wirken in Darmstadt berichtet. Am 29. Mai folgte ein langer Beitrag zu »Rabindranath Tagore« mit Verweis auf das eben erschienene Buch von Engelhardt. Tagore wird nicht nur als Dichter, sondern auch als sozial wirkender Mensch dargestellt. Es folgt eine Beschreibung von »Shantiniketan bei Bolpur«.

Rabindranath Tagore in Darmstadt. Mitte Juni findet an der Schule der Weisheit eine Tagore=Woche statt, die allen, die Liebe für das Werk des Dichters, sowie der Wunsch tollkräftiger Unterstützung seines völkerverbindenden Wirkens zu ihm zieht, die Möglichkeit geben soll, mit ihm in persönliche Beziehungen zu treten. Auf Einladung des Grafen Keyserling wird Tagore eine Zeitlang in Darmstadt sein Standquartier nehmen und hier nach indischer Art in vertrauter Zwiesprache oder im kleinen Kreis wirken. Auch öffentliche Vorträge können von ihm erwartet werden. Anmeldungen sind in einer in der Schule ausliegenden Liste einzutragen.... Sonst kann jeder Verehrer Tagores eine Spende für die indische Universität Rabindranath Tagores, sei es in Geld oder in Büchern niederlegen.

Tagore habe die Verfügung über seinen Deutschlandaufenthalt dem Grafen Hermann Keyserling übertragen, »von dem er sich verstanden fühlt. So soll Tagore in Darmstadt die Möglichkeit geboten werden, auf die ihm vertraute indische Art zu lehren«, erklärte der *Dresdner Anzeiger* am 27. 5. 1921. In den Juni-Ausgaben beider Dresdner Tageszeitungen wurden Tagores Reden in Berlin[11] und München vorgestellt. Am Ende des Deutschlandaufenthaltes stand der Besuch bei seinem Verleger Kurt Wolff in München. Wolff hatte 1919 ein größeres Verlagshaus in München bezogen, nutzte aber weiterhin, durch Lizenzvergabe, Druckanstalten in Leipzig und Dresden.[12] Auf der Prager Straße in Dresden unterhielt er eine Verlagsbuchhandlung. Kurt Wolff brachte im Spätherbst 1921 die Gesammelten Werke Tagores in deutscher Sprache auf den Markt.

Vom 13. bis zum 18. September und vom 3. bis zum 6. Oktober 1926 hielt Tagore sich persönlich in Dresden auf, mit einem dichten Besuchs- und Vortragsprogramm bei akademischen, pädagogischen und künstlerischen Einrichtungen, das in der Tagespresse ausführlich angekündigt und kommentiert wurde. Vom 17. bis zum 21. Juli und Anfang August 1930 kam er mit einer kleinen Auswahl seiner Malereien und Skizzen nach Dresden, die bis zum 10. August im Sächsischen Kunstverein ausgehängt waren. Der *Dresdner Anzeiger* berichtete noch nachträglich, dass Tagore, der »kürzlich in Deutschland und Dresden weilte«, auch musikalisch tätig sei und im Volksliedton komponiere.[13] Die National-Hymnen der modernen Republik Indien sowie von Bangladesh, das

11 Dresdner Nachrichten, 4. 6. 1921: »Der indische Dichter Rabindranath Tagore hielt in der Berliner Universitäts=Aula einen Vortrag über die Geheimnisse der Wälder. Der Andrang zum Vortrag war so stark, dass die Sicherheitspolizei die Gänge des Saales hatte räumen müssen.«

12 Lizenzen gingen auch an den Karl Schnabel Verlag in Berlin, der 1920 mit Radierungen versehene Gedichte von Tagore publizierte, Rabindranath Tagore: Vierzehn Gedichte mit Steinradierungen von Richard Janthur.

13 Dresdner Anzeiger, 19. 8. 1930.

Abb. 2: Shantiniketan: Einfahrtstor zum Wohn- und Gästehaus, Foto: Egon von Eickstedt

1972 aus Ost-Pakistan hervorging, gehen auf Kompositionen und Texte von Rabindranath Tagore zurück.

Tagores Lyrik, Poesie, seine Novellen, Bühnenwerke und Lieder begeisterten die Menschen in aller Welt. Der Dichter schrieb sie hauptsächlich in seiner Heimatsprache Bengali; einiges übertrug er selbst ins Englische, so auch *Gitanjali,* den Gedichtband, der ihm den Literatur-Nobelpreis einbrachte. Das literarische Werk Rabindranath Tagores wurde in viele Sprachen der Welt übersetzt. Seine Europa-Erfahrungen hatten ihm jedoch bewusst werden lassen, dass die Übersetzungen nicht nur mit Worten, sondern in unterschiedlichem Kulturverständnis erfolgten. So reiste er selbst als Interpret seiner Werke durch die Welt und suchte in zahllosen Gesprächen, die allen zugrunde liegende ›vergeistigte Menschlichkeit‹ zu finden.

Aus einem Gedicht Tagores:[14]

> Welches ist die Musik, in deren Takte die Welt schwingt?
> Wir lachen, wenn sie schlägt auf der Höhe des Lebens
> Wir schaudern entsetzt, wenn sie kehrt in die Tiefe. [...]
> Beim Spiel, das du spielst mit dir selber,
> verlierst und gewinnst du in Eins.

1918 entwickelte Rabindranath das Konzept von ›vishva-bharati‹. Sein Chronist Prasanta Chandra Mahalanobis erklärte: zu dieser Zeit bedeutete der Sanskrit-Begriff ›visva‹ »die Welt in ihrem universalen, allumfassenden, Aspekt« und ›bharati‹ »Weisheit, Wissen und Kultur«. In Shantiniketan formte er Vishva-Bharati unter dem Sanskrit-Motto: yatra visvam bhavati eka-nidam – »wo die ganze Welt ein einziges Nest baut«.[15] Im Dezember 1921, nachdem er aus Europa und Deutschland zurück gekehrt war, proklamierte Rabindranath Tagore seine »offene Universität« als die Einladung Indiens an die ganze Welt, zugleich als

14 Rabindranath Tagore: Vierzehn Gedichte mit Steinradierungen von Richard Janthur. Berlin: Karl Schnabel Verlag 1920 (mit Erlaubnis des Kurt Wolff Verlages/Kupferstichkabinett der SKD, Studiensaal).

15 P. C. Mahalanobis: A Tagore Chronicle: 1861–1931. In: The Golden Book of Tagore. A Homage to Rabindranath Tagore. From India and the World, in Celebration of His Seventieth Birthday. Hg. v. Ramananda Chatterjee. Calcutta: The Golden Book Committee 1931, S. 305.

»her (India's) offer of sacrifice to the highest truth of man«[16]. Weltweit lud er Gelehrte, Lehrer und Studierende ein und konfrontierte sie mit den Lebensformen Indiens.

Der verehrte Meister und Lehrer, der weltweit gefeierte Dichter und Denker, Rabindranath Tagore, verstarb im Familien-Haus in Kalkutta am 7. August 1941.

Shantiniketan – die Universität unter Bäumen[17]

Aus den Tagebüchern der ersten Deutschen Indien-Expedition liegt eine bislang unbekannte, zeitgenössische Beschreibung des bengalischen Ortes vor. Freiherr Egon von Eickstedt, Anthropologe und Ethnograf, begann zusammen mit seiner Frau Enjo von Eickstedt im November 1926 eine 2-jährige Forschungsreise, die vom Staatlichen Sächsischen Forschungsinstitut für Völkerkunde zu Leipzig ausgerichtet und von den Staatlichen Museen für Tierkunde und Völkerkunde Dresden unterstützt wurde. In Hamburg bestiegen sie das Dampfschiff, das sie zunächst nach Colombo, Ceylon, bringen sollte. Beim Zwischenstopp in Aden gingen Rabindranath Tagore in Begleitung seines Sohnes Rathindranath, dessen Ehefrau Pratima und der Enkeltochter Nandini an Bord desselben Dampfschiffes. Nach mehr als zwei Monaten in Europa, von England über Deutschland nach Russland, kehrten sie in ihre Heimat zurück.

Abb. 3: »Der Alte« am Arbeitstisch, Shantiniketan, Foto: Egon von Eickstedt

Auf dem Schiff begegneten die Eickstedts erstmalig der Familie des bekannten indischen Dichters. In den Tagebuchaufzeichnungen Egon von Eickstedts ist seit dem 18. Dezember 1926 zu lesen:[18]

16 Ebd.

17 Devanagari-Schreibweise *Śantiniketan.* Der Anlaut wird wie ein leichtes »sch« ausgesprochen und in phonetischer Umschrift als »sh« dargestellt. Da die Bengalen jeden s-Laut wie »scha« aussprechen, wird bei Übertragungen aus dem Bengali gewöhnlich *Santiniketan* (ohne ›h‹ in der Umschrift) geschrieben.

18 Tagebuch I (7. 12. 1926–12. 3. 1927) aus dem handschriftlichen Nachlass von Egon v. Eickstedt, übernommen vom Anthropologischen Institut der Universität Mainz im Museum für Völkerkunde Dresden, SES, bisher unveröffentlicht. Alle Zitate wurden von Dr. Lydia Icke-Schwalbe und Nicole Höpfner aus dem persönlichen Tagebuch transkribiert.

Abb. 4: Auf der Terasse des Wohnhauses, Schwiegertochter Pratima und Enkelin Nandini, Foto: Egon von Eickstedt

Gestern Abend lange mit Rathindranath u. Gattin über Expedition gesprochen. Ratschläge für Malaria, Mysore. Will Vorträge an Calcutta Universität vermitteln. [...] Die jüngeren Tagores sind sorgend zu uns. Ich plane mit ihnen eine Familiengeschichte der Tagore-Brahmanen. Vielleicht ist noch von hier aus eine kurze Notiz zum Anzeiger oder Leipzig möglich. Er gab mir Papier von der Hochschule seines Vaters in Santi-Niketan. [...] Ein Aufenthalt dort wurde vereinbart.

Mass Mittag die beiden Tagores und photographierte. Leider Sir Rabindranath verwackelt infolge Schiffsbewegg. [Schiffsbewegungen]. Morgen nochmal. Er war einverstanden, als ich ihm das nach dem Abendessen sagte. Warnte mich davor den Repros zu viel Achtg.[Achtung] zuzuwenden und schilderte schwierige Stellung. Schlug nochmals Untersuchung der Kurei (Tipperah) vor, deren Raja sein Freund. [...] Übrigens soll ich, wie Rathindra bat, für Santi-Niketan (Peace-abode) ethnographisch sammeln. Wir haben heute wieder den fast ganzen Tag zusammengesteckt. [...] Abgemacht ist, dass wir eine grosse biologische Familiengeschichte der Tagores zusammen schreiben, und ich sagte für Herbst fast zu, zu kommen. Rathi ist ein reizender Mensch, da habe ich einen feinen Menschen zum lieben Freund gewonnen.

Über ein Jahr später folgen die Eickstedts der Einladung nach Shantiniketan; vom 22. Februar bis 29. Februar 1928 waren sie Gäste der Tagore-Familie.[19]

Heute angekommen, erste Eindrücke! Am Bahnhof steht ein Bus: S.N. Nachher gabs dafür 2 R. zu zahlen, alles gut organisiert. Geld muss zusammengehalten werden, das zeigt auch Aloks Geschäftsgeist bei meinen Photos. Und Geld, besonders, wenn es gezeigt wird, macht hier in der Tat noch mehr als in Europa, was doch noch wenigstens einen kleinen Mittelstand hat. Dann am Bhf. [Bahnhof] eine Gruppe Leute spärlich gekleidet, mit Bögen, reinem Haar, ein kleiner kolid-weddoider Mann dabei. Bholpur, eine kleine Provinzstadt, in etwa 10 Min. Einfahrt in ein Tor, Haus dahinter: das Gästehaus.

Die Landschaft, flach mit Kakteen, ganz rumänisch anmutend, trotz einiger Palmen. Unterstützt durch Form der Häuser. Im Gästehaus ein Keeper, Einrichtung oft grob, alles auf Fremde schon eingestellt. [...] Gleich 3 Deutsche sind aus-

19 Tagebuch IV (7. 12. 1927–12. 5. 1928).

ser uns da, aber im Aufbruch: zwei Hamburger (Motzenbecher) von Hbg. [Hamburg] – Amerika-Linie bei Kinoaufnahmen f. [für] Propaganda, und von Glasenapp geschäftig, den ich vor einigen Tagen im Konsulat sah. Alle im Aufbruch, wir sehen uns an der Theetafel. Dazu holländisches Ehepaar u. Dänin in indischer Tracht. Etwas Ausruhen, dann kommt Rathi im Auto, wir fahren an einigen in Buschoasen verstreuten Hütten, Bungalows und kleinen Gehöften vorbei um das Kompound, die Bibliothek [...] passt glänzend in die flache leichtwellige Landschaft – natürlich – und dann über die gelbe Ebene zum nächsten Santaldorf. Vorbei geht es an Studentenwohnungen und Neubauten. – Santiniketan ist als Universität im Entstehen, nach 1922! Herrlich die Landschaft gelb geht in Blau, Staub zu Himmel, blühende Mango am Weg, Lehmhaus in Landschaft, dann Hütten.

Abb. 5: Ein Lehmhaus im Santalstil, Wohnung eines Santal-Lehrers, Foto: Egon von Eickstedt

Ein kleines Santaldorf mitten in der Ebene. Sehr saubere Wege, tadellos saubere Hütten u. Höfe, überall liegen die Besen kurzer runder Form. Rathi macht aufmerksam, der Gegensatz zu einfachen Hindu ist in der Tat stark. [...] In der Nähe Park u. Hausreste von Herrn Cheap, dem ersten britischen Kaufmann hier. Er machte die Sadgop von Bholpur reich. Cheap hiess er, wurde aber am Ende für Indien doch teuer.

Rathi hat hinter dem Dorf ein Institut für Verbesserung der ländlichen Verhältnisse, macht dort Statistiken über Volksbewegung, Besitz, Steine, hat sogar eine richtige Krankenversicherung gemacht, will Hygiene einführen, alles zum Besten der Bauern, ihre Hebung, sie seien in den letzten 100 Jahren arg verarmt. Engländer gehen hinaus, wir haben Arbeit, aber der Überdruss ist nicht für uns, war These. Will europäische Kultur in hygienischer u. eugenischer Beziehung, will Assimilierung, nicht Ausstieg oder Negierung (Gandhi) des Einflusses von Europa. Cf. (vergleiche) Japan. Wir können nicht gegen die Zeit angehen, gut, so ihren Gang regulieren. So schien mir die Idee.

Elektr. Licht hat Rathi jetzt auch hergebracht. Er war sehr nett, trotz meiner Arbeitswut in Calcutta, wo ich so niedergedrückt war, dass es mit seiner Familien-Untersuchung nicht besser voran ging. Wir haben am Abend noch ½ Stündchen auf seiner Veranda gesessen, Pratima war unvermutet herausgekommen, Nandini sprang uns entgegen. Das heisst wohl doch, dass er etwas länger als 1 Tag hier bleiben wird, und erst ein wenig später nach Woltair geht. Das dänische Kindermädchen das mit herauskam, und einen Chatterjee heiratete, lebt in einem hübschen Bungalow nebenan. You would not recognise

Abb. 6: Malerschule: Kunstschüler bei der Arbeit, Foto: Egon von Eickstedt

her. – I: Hope she kept the blond hair. – Oh yes, that she could not change. Diese Art Assimilätion lieben sie also auch nicht, natürlich, Indomanie, hier draussen, wo sie notwendigerweise einen starken, kulturellen Abstieg einschliessen muss, wirkt auf sie gewiss so lächerlich wie auf uns. In seiner Farm sollen wir morgen Santal messen. Den Dichter sahen wir noch nicht, es ist mir lieb, dass er hier wie in Calcutta uns als seine Gäste auffasst. Echt unindisch ist davon nie – gewiss auch nicht zu seinem Vater – gesprochen worden. War ja auch so bei Einführung in Abanendras Haus. Nette Leute dort, besonders Abanendra, Gaganendra und Alok. Letzterer ganz unindisch voll Initiative und Genauigkeit. Wenigstens jetzt noch.[20]

Am Abend bei Tagore habe ich, seit Morgen ausgehungert, vor allem schwer gefuttert. Der Dichter sagte einmal zu mir, in Europa belagerten ihn die Leute so, und man sei so durch die Sitten gebunden, dass er sich bald heimweh fühle. Aber was ihm hier fehle, sei die reichen Anregungen, die ihm die Frager bringen. Richtig: indische gute Sitte ist: lass jeden tun was er will. Man darf in fremde Zimmer gehen, darf Rülpsen, kleidet sich in einfachste, modefreie Gewänder, kein Dinnerjaket, isst mit Fingern, schläft u. ist anspruchslos. Vom Maharaja Tagore sagte (unter 4 Augen) Rathi, dass der Titel v.d. Regierung gekauft sei. Einen hübschen Shawl aus Manipur hatte der Dichter, blau, ›das ist meine Lieblingsfarbe‹.

Die Engländer haben gewiss aus Indien viel Geld herausgeholt, in England ist ein kolossaler Reichtum. Aber sie haben auch Indien wirklich viel gutes getan. Haben auch steht's gebracht – nicht nur um sich Cents zu ziehen. Der Erfolg: unzufriedene Halbbildung.

Santiniketan, 25.2.1928

Am 23. Abend Essen bei Tagore drüben in dem halbfertigen aber schon bezogenem Haus, anwesend Prof. Lesny – Prag, von Regierung gesandt, Bogdanof, früher Persien, u. 4. Jahr Kabul, seine Frau, etwas pikiert, und nur frz. sprechend, meine linke Tischnachbarin, Herr Bake u. Frau, intellektuelle Holländer, sind

20 Mit der Zustimmung der gesamten Familie erstellte und veröffentlichte Dr. Egon v. Eickstedt die Familiengeschichte seit Mitte des 18. Jahrhunderts. Vgl. Eickstedt, Stammbaum von Rabindranath Tagore (wie Anm. 2).

hier seit 2 Jahren, hat niedliches Häusl in der Wüste, Collins, ein Irländer, der dauernd hier lehrt, frz. Temperament, das dänische Kindermädchen, das einen Vetter Tagores heiratete, sie alterte sehr, ihr Mann, reicher Typ, Rathi u. Frau. [...] Enjo neben dem Dichter, einzige neben Frau Bogdanof in englischer Tracht. [...] – Gestern früh mit Rathi in der Malerschule, alles in – langsamen – Bewegungen. Holländische Kacheln. Kleine Ethnographische Sammlung. Der letzte Wurf, der Schwung, das treffend Sichere, fehlt dieser Kunst noch. Sie versuchen Naturalistik, versuchen vom Schema loszukommen, haben Idee u. Wollen aber es geht nicht. Das Beste von England übernehmen, das ist wohl Rathis Idee, Verfremdung suchte der Alte.

Santinik.[etan], 26.02.1928

Am Morgen trafen wir Lüders auf unserer Veranda, waren mit ihm u. seiner Frau allein beim Lunch beim Dichter. Letzterer erzählte von seinem Bruch mit Mussolini u. bat um deutsche Bücher für sein Institut. Der Keeper brachte uns einen neuen Diener, da ja Kaleamuni nicht wieder auftauchte. Seine Gattin, die gar nie recht was von den vielen Gästen bekam, wird sich gesagt haben, der Sperling in der Hand ist besser [...].

Der deutsche Indologe Dr. Heinrich Lüders war seit 1921 auch als 2. Vorsitzender der Deutschen Morgenländischen Gesellschaft in Halle/Saale und zeitweilig als Lehrer in Shantiniketan tätig; Eickstedt aber war vorrangig an der umwohnenden Stammesbevölkerung, den Santal, interessiert und konzentrierte seine Unternehmungen darauf. Shantiniketan und die Tagore-Familie boten ihm einen günstigen Ausgangspunkt. Rathindra, der einzig überlebende Sohn von Rabindranath Tagore, leistete die benötigte, mögliche Hilfe.

Abb. 7: Prof. Lüders beim Vortrag in der »Offenen Universität« in Shantiniketan; der Dichter und Frau Lüders sitzen auf Stühlen

DES JUNGEN RABINDRANATH TAGORES ERSTE BEGEGNUNG MIT EUROPA

Rahul Peter Das

Rabindranath Tagore[1] hat bekanntlich viele Reisen ins Ausland unternommen. Alle haben seine Weltsicht auf die eine oder andere Weise geprägt, sowohl in Bezug auf das Ausland und insbesondere den Westen, als auch in Hinblick auf sein eigenes Land und dessen Gesellschaft, die er auf Grund seiner Erfahrungen und Eindrücke in vergleichender Sicht betrachten konnte – oft durchaus kritisch.

An dieser Stelle wollen wir uns mit seiner ersten Reise nach Europa befassen, somit auch mit den ersten Eindrücken, die Tagore von jenem Europa erhielt, von dem er bisher nur gelesen oder gehört und dadurch ein Bild vermittelt bekommen hatte, das nicht notwendigerweise wirklichkeitsgetreu war. Es war auf der ersten Reise, dass Bild und Wirklichkeit am deutlichsten aufeinander trafen, denn spätere Reisen konnten die Empfindungen jenes Zusammentreffens sicherlich nicht wiedererwecken.

Diese erste Europareise unternahm Tagore im September 1878 im Alter von siebzehn Jahren in Begleitung seines älteren Bruders Satyendranath,[2] der zu seiner bereits in England urlaubenden Familie fuhr. Über Italien und Frankreich erreichte Rabindranath England, wo er, über London reisend, zuerst bei der Familie seines Bruders in Brighton weilte, danach aber nach London zog, um zu studieren. Dort wohnte er zuerst in einer Pension, danach bei einer Familie, in die er aufgenommen wurde und bei der er sich wohl fühlte. Im Februar 1880 musste er aber auf Wunsch seines Vaters zusammen mit dem Bruder nach Kalkutta zurückkehren, ohne seine Studien abgeschlossen zu haben.

Während seines Aufenthalts schrieb Tagore Briefe in bengalischer Sprache über seine Eindrücke an seine Familie, die diese alsbald publizierte.[3] Später bereute er die Veröffentlichung. Er habe, schrieb er, in jugendlichem Leichtsinn sich selbst zu erhöhen versucht, indem er

1 Anglisierte Form von Rabīndranāth Ṭhākur. Zur Transliteration des Bengalischen siehe Indo-Iranian Journal 27 (1984), S. 66[2].

2 Im Bengalischen Satyendranāth.

3 Zuerst in der Zeitschrift *Bhāratī* und danach 1881 in Buchform als *Ẏurop-prabāsīr patra* (= YPP), »Briefe eines in Europa in der Ferne Weilenden«. Hier zitiert gemäß: *Rabīndraracanābalī*. Pratham khaṇḍa. Nachdruck. Kalikātā: Biśbabhāratī 1973, S. 523–584.

Hohn und Spott im Übermaße ausgegossen, mit Anerkennung jedoch gegeizt habe. Mag dies auch stimmen, so zeugen diese Briefe doch von einer genauen Beobachtungsgabe, die ehrlich und kritisch nicht nur das Gesehene, sondern auch die eigenen Empfindungen porträtiert.[4]

Außer in diesen Briefen ging Tagore auch in ein paar späteren Schriften vereinzelt auf seinen ersten Europaaufenthalt ein, so auch in Teilen seiner 1912 in Buchform publizierten bengalischen Lebenserinnerungen.[5] Diese anderen Zeugnisse zeigen teilweise ein differenzierteres Bild als die Briefe der Jugend. Vor allem fehlt die zur Schau getragene Selbstsicherheit der Briefe des Siebzehnjährigen, in denen er beispielsweise schreibt (YPP, S. 552):

Die, die vorher lange Zeit in England waren und die, die England sehr gut kennen, haben mich mit sich gebracht, und mit ebendiesen wohne ich. Noch bevor ich nach England kam, konnte ich von ihnen viel über England erfahren, weshalb mir nur wenige Sachen hier besonders neu vorgekommen sind, als ich ankam. Ich mußte nicht, als ich mich daran machte, mit den hiesigen Leuten zu verkehren, den Umgang lernen, indem ich bei jedem Schritt strauchelte.

Oder aber bei der Ankunft in Italien (YPP, S. 538):

Hier fiel doch zum ersten Male mein Fuß auf den Boden Europas. Bevor ich in irgend ein neues Land komme, stelle ich es mir so sehr neu vor, daß, wenn ich dort ankomme, es mir überhaupt nicht mehr neu erscheint. Als alle hörten, daß Europa mir nicht so neu vorgekommen war, waren sie erstaunt.

Angesichts der Tatsache, dass dies seine erste Auslandsreise war, auf der er vor der Landung in Europa nur kurz Aden und Ägypten gesehen hatte, kann diese Aussage wohl als altkluge Angeberei betrachtet werden, was Tagores spätere Unzufriedenheit mit diesen Briefen durchaus verständlich macht.

Dabei sagt Tagore selbst an einigen Stellen seiner Briefe aus Europa, dass Bild und Wirklichkeit nicht übereinstimmten. Das fing schon beim Meer an, über das er fuhr (YPP, S. 533):

Schau, vor dem Ozean habe ich einiges an Respekt verloren. Auf den Ozean gekommen sehe ich, daß viele Sachen nicht mit dem übereinstimmen, das ich

4 Siehe z. B. Krishna Dutta, Andrew Robinson (Hg.): Selected Letters of Rabindranath Tagore. Cambridge/New York/Melbourne: Cambridge University Press 1997; University of Cambridge Oriental Publications 53, S. 8.

5 Jīban'smṛti = JS. Hier zitiert gemäß: Rabīndra-racanābalī. Saptadaś khaṇḍa. Nachdruck. Kalikātā: Biśbabhāratī 1977, S. 261–432.

in der Vorstellung als den Ozean ansah. Vom Ufer erscheint der Ozean als sehr gewaltig, aber wenn man inmitten des Ozeans ankommt, tut er es nicht mehr so sehr. Dafür gibt es einen Grund: Als ich am Strand von Bombay auf den Ozean blickte, sah ich am fernen Horizont das blaue Wasser im blauen Himmel aufgehen; in meiner Vorstellung dachte ich, wenn ich einmal den Schleier jenes Horizonts durchstoßen kann, den Vorhang jenes Horizonts lüften kann, wird vor mir sofort ein uferloser, grenzenloser Ozean in seiner Gänze aufwallen. Was jenseits jenes Horizonts ist, blieb in meiner Vorstellung; damals schien es mir nicht, daß nach jenem Horizont ein weiterer Horizont kommen würde. Aber als ich inmitten des Ozeans gelangte, schien es mir, als bewege sich das Schiff nicht, sei nur im Kreise eines Horizonts gebunden. Für unsere Vorstellung sind die Grenzen jenes Horizonts so beschränkt, daß sie nicht besonders befriedigen.

Und zu seiner kurzen Bekanntschaft mit der Umgebung von Alexandrien in Ägypten schreibt er (YPP, S. 537):

So, wie ich mir vorher Afrika als von Kopf bis Fuß unfruchtbare Wüste vorgestellt hatte, schien es mir gar nicht, als ich ringsum schaute. Vielmehr war mir der Tagesanbruch über den grünen Feldern inmitten der Dattelhaine überaus wunderbar vorgekommen.

Es nimmt nicht wunder, dass die englische Wirklichkeit ihn enttäuschte, weil sie nicht mit seinen Vorstellungen übereinstimmte. Wie er selbst schreibt (YPP, S. 542 f.):

Bevor ich nach England kam, hatte ich wie ein Dummkopf gehofft, daß allüberall auf dem zwei Armlängen umspannenden Boden dieser kleinen Insel die Beredsamkeit Gladstones, die Veda-Interpretation Max Müllers, der naturwissenschaftliche Diskurs Tyndalls, das tiefschürfende Denken Carlyles, die Philosophie Benns ertönen würden. Glücklicherweise bin ich darin enttäuscht worden. Die Mädchen sind befaßt mit Kleidung und Schmuck; die Männer arbeiten; die Welt läuft so, wie sie zu laufen pflegt – nur über politische Angelegenheiten kann man besonderen Lärm hören. Die Mädchen pflegen zu fragen: »Warst du beim Tanz oder nicht?«; »Wie gefiel dir das Konzert?«; »Im Theater ist ein neuer Schauspieler erschienen.«; »Morgen wird an jenem Orte eine Kapelle spielen.« usw. Die Männer werden sagen: »Was hältst du vom afghanischen Krieg?«; »Die Einwohner Londons haben den Marquis von Lorne sehr geehrt.«; »Der heutige Tag ist recht gut, der gestrige Tag war sehr miserabel.« Die Mädchen dieses Landes spielen am Klavier, singen Lieder, wärmen sich am Feuer, lesen auf dem Sofa angelehnt Romane, pflegen mit Besuchern Konversation und flirten in notwendiger und nicht notwendiger Weise mit den Jünglingen. [...] Tür an Tür sind hier Alkoholgeschäfte. Wenn ich auf die Straße gehe, kann ich auf jeden

Schritt Schuhgeschäfte, Schneidereien, Metzgereien, Spielzeugläden sehen, aber einen Bücherladen sehe ich kaum. Es war uns notwendig, einen Gedichtband zu kaufen, aber keinen Bücherladen in der Nähe sehend mußten wir einen Spielzeughändler beauftragen, jenes Buch zu besorgen. Vorher dachte ich, so, wie in diesem Lande eine Metzgerei überaus notwendig ist, ist es auch ein Bücherladen.

Auch englische Sitten, die man durchaus auch in Kalkutta hätte beobachten können, waren ihm anscheinend weitgehend unbekannt. Diesen Eindruck hinterlassen jedenfalls seine Beschreibungen jener Sitten, von denen ihn viele abstießen. Die kritisierten Angewohnheiten erklärten sich seines Erachtens dadurch, dass in England alles, was das Auge kränkt, verpönt sei; selbst Trauerkleidung müsse ordentlich aussehen (vgl. YPP, S. 561 f.). Er schreibt (YPP, S. 562):

Das, was wir sauber nennen, ist aber eine andere Sache. Die Leute hier spülen sich nach dem Essen den Mund nicht aus, denn das ausgespülte Wasser, das aus dem Munde fließt, sieht sehr häßlich aus. Weil die Anmut leiden würde, kommt keine Sauberkeit zustande. So, wie Husten und Schnupfen hier vorherrschen, wäre im Zimmer ein Spucknapf überaus notwendig, aber weil dessen Gebrauch häßlich ist, stellt man ihn nicht ins Zimmer; alles findet im Taschentuch statt. Bei der Sauberkeit, die in unserem Lande herrscht, können wir eher einen Spucknapf im Zimmer aufstellen, verabscheuen aber das Herumtragen einer solchen ekeligen Substanz in der Hemdtasche. Aber hier gilt die Vorherrschaft der Augen allein. Das Taschentuch wird niemand sehen; das reicht. Die Haare sollen recht sauber gekämmt sein, das Gesicht und die beiden Hände sollen sauber sein; zum Baden besteht keine besondere Notwendigkeit.

Gerade das fehlende tägliche Bad der Engländer scheint Tagore besonders befremdet zu haben, denn er geht auch an anderer Stelle seiner Briefe darauf ein (vgl. YPP, S. 569). Er zählt aber noch weitere Einzelheiten auf, von denen nur folgende hervorgehoben seien (YPP, S. 562):

Die Dienstmädchen hier haben eine Schürze um die Taille befestigt; es gibt keine Materie, die sie nicht damit wischen. Den Eßteller aus Glas, den du funkeln siehst – auch der ist mit jenem allesreinigenden Tuch gewischt worden. Aber was ist das schon für ein Mangel; er sieht doch nicht schlecht aus. Die Leute hier sind nicht unsauber, sondern das, was in unserem Lande »dreckig« genannt wird.

Und zum Fleischgenuss der Engländer schreibt er (YPP, S. 576):

Die Schafe und Rinder Englands sind für ihre feisten, mit Fleisch und Fett versehenen Leiber und ihren Wohlgeschmack berühmt. Gäbe es irgendein

> menschenfressendes zivilisiertes Volk, so würden die Metzger Englands diese [Menschen] wahrscheinlich auf ihren Märkten zu sehr hohen Preisen verkaufen. [...] Die Art, in der Fleisch auf den Eßtischen der Engländer aufgetischt wird, ist für mich schmerzhaft. Wenn man Fleisch klein schneidet und mit Gewürzen zubereitet auftischt, kann man einigermaßen vergessen, daß man sich hingesetzt hat, um ein echtes Tier zu essen. Wenn man aber ein mit Kopf und Füßen versehenes Lebewesen in unveränderter Form auf den Tisch bringt, wird einem kontinuierlich übel, weil man sich hingesetzt hat, um eine Leiche zu essen.

Aus dieser Beschreibung geht zudem hervor, dass Tagore es vor allem mit Engländern höherer gesellschaftlicher Schichten zu tun hatte, denn das Auftischen von gesamten Tieren oder Tierköpfen konnten sich in der Regel nur diese leisten. Diesen Eindruck hinterlässt auch seine Beschreibung der Rituale des gesellschaftlichen Umgangs der höheren Kreise Englands, die 1878, einige Monate vor seiner Abreise, als *Die Etikette der Engländer*[6] erschien. Sie liest sich wie ein Handbuch, und die Annahme wäre sicherlich nicht falsch, dass es sich um Übersetzungen aus einem solchen handelt. Auf jeden Fall zeigt diese Beschreibung an, mit welchen Gesellschaftskreisen Tagore sich vor seiner Abreise bereits im Geiste befasste.

Angesichts seines eigenen privilegierten Hintergrundes verwundert das nicht. Gerade bei diesen Schichten hat es ihn aber offenbar besonders geärgert, dass sie nicht nur wenig über Indien und Inder zu wissen schienen, sondern in Unkenntnis des tatsächlichen Wissens gebildeter Inder diese noch zu belehren gedachten, besonders dann, wenn diesen kleine Alltäglichkeiten nicht geläufig waren (vgl. YPP, S. 543 f., 563).

Indes war Kritik an den Gewohnheiten und Bräuchen von Europäern auch in Indien selbst weder vor noch nach Tagore nicht unbekannt, so dass man sich angesichts des in seinen Briefen offenkundigen erstaunten Unbehagens doch fragen muss, ob er wirklich so wissend nach England gefahren war, wie er schreibt. Der bereits erwähnten, zur Schau getragenen Selbstsicherheit scheinen solche Stellen jedenfalls zu widersprechen. Vielmehr offenbaren sie eine Unsicherheit, die der reifere Tagore in seiner *The Voice of Humanity* genannten englischen Rede von 1925 unumwunden zugibt, indem er zu seinem ersten Englandaufenthalt sagt:[7]

6 *Iṃrāj'diger ādab-kāy'dā*, erschienen in der Zeitschrift Bhāratī. Hier zitiert gemäß: Rabīndraracanābalī. Triṃśa khaṇḍa. Kalikātā: Biśbabhāratī 1998, S. 100–104.

7 The Voice of Humanity = VH. Hier zitiert gemäß: Sisir Kumar Das (Hg.): The English Writings of Rabindranath Tagore. Volume Three. A Miscellany. New Delhi u. a.: Sahitya Akademi 1996, S. 519–523, hier S. 520.

For an Indian boy such as I was, left there alone in the depth of winter when the birds were silent and the sun so miserly with its gifts, the country seemed on every side a visible spirit of rude refusal. I was homesick and extremely shy. I was frightened at the sombrely dressed people who stared at me. From my lodging-house, facing Regent's Park, I would gaze with a feeling of bewilderment at its monotony of leaflessness through the mists, the fogs and the drizzle. In a word, I was young – too young to enter into the spirit of England at that time. I merely glanced at the surface of things with my distracted heart always yearning for its own nest across the sea.

Wie aus diesen Zeilen hervorgeht, machte ihm besonders das englische Klima zu schaffen. Zu seiner Ankunft in London aus Paris schrieb er in seinen Briefen (YPP, S. 541 f.):

Eine so traurige, düstere Stadt habe ich noch nie gesehen: Rauch, Wolken, Regen, Nebel, Schlamm und Geschäftigkeit der Leute. Ich war nur für ein-zwei Stunden in London; als ich London verließ, atmete ich erleichtert auf.

Das Wetter war allerdings nicht nur in London ein Problem. So schrieb er aus Brighton (YPP, S. 548):

Wolken, Regen, Niederschläge, Düsternis, Kälte – diese verlassen einen für nicht einmal einen Moment. Regnet es in unserem Land, dann gibt es das Geräusch gießenden Regens, Wolken, Donner, Blitz, Sturm – darin ist irgendwie ein Gefühl der Hochstimmung. Hier ist das nicht so; dieser ununterbrochen tröpfelnde eintönige Regen läuft kontinuierlich auf überaus leisen Sohlen. Auf den Straßen ist Schlamm, die blattlosen Bäume stehen stumm und werden naß, auf die Glasfenster spritzt das Wasser tröpfelnd. In unserem Lande türmen sich die Wolken auf. Hier ist der Himmel flach; man meint nicht, daß er bewölkt ist; man meint, aus irgend einem Grunde habe sich die Farbe des Himmels eingetrübt. Insgesamt tragen Bewegliches wie Unbewegliches ein niedergeschlagenes Antlitz.

An anderer Stelle berichtet Tagore, dass wegen des Wetters die Zimmer klein und von der Außenwelt abgeschottet seien, was bei dem düsteren Wetter depressiv mache und auch zum Fluchen veranlasse (vgl. YPP, S. 561). Gerade einem sensiblen Gemüt muss dies wohl zu schaffen machen, und dass Tagore, der ja zeitlebens als Schöngeist bekannt war, ein solches hatte, offenbart bereits seine Beschreibung von Paris, über das er nach London reiste. Auch hier gefiel ihm einiges nicht. Die Häuser und Hotels fand er zu opulent – nicht gemütlich, sondern unbehaglich (vgl. YPP, S. 540). Im Türkischen Bad zu baden verglich er mit dem Tragen des Körpers zum indischen Wäscher (vgl. YPP, S. 541), der ja bekanntlich die Wäsche dadurch wäscht, dass er sie auf einen Stein schlägt. Und die damals laufende Dritte Weltausstellung war für ihn eine Ansammlung ohne Ordnung (vgl. YPP, S. 541).

Doch der englische Sommer führte anscheinend einen Stimmungswandel herbei. Mehr noch, Tagores Schönheitssinn scheint von ihm besonders angetan gewesen zu sein. So schreibt er beispielsweise (YPP, S. 578):

Die Gräser sind überaus grün und frisch; weil die Sonne hier nicht sengend ist, verbrennt die Farbe des Grases nicht so weg wie in unserem Lande. Darum gefällt es einem sehr, die hiesigen Felder zu betrachten; das Auge versinkt gleichsam in der üppigen, lieblichen grünen Farbe.

Sogar dem Winter hat Tagore Schönes abgewinnen können. Auch wenn seine in dieser Hinsicht eher negativen Briefe davon nichts berichten, schreibt er einundfünfzigjährig in seinen Lebenserinnerungen über den ersten englischen Winter (JS, S. 359):

Als ich herauskam, sah ich klirrende Kälte, weißklares Mondlicht am Himmel – und die Erde war mit weißem Schnee bedeckt worden. Diese Gestalt der Erde war in keiner Weise die, die ich stets gesehen hatte; diese war gleichsam ein Traum, gleichsam etwas anderes. Alle nahen Gegenstände waren gleichsam in die Ferne gerückt, als sei ein weißleibiger, unbeweglicher Asket vom Mantel tiefer Meditation umhüllt. Nie hatte ich plötzlich, gleich nach dem Verlassen der Wohnung, eine so erstaunliche, erhabene Schönheit gesehen.[8]

Trotz seiner Kritik an englischen Sitten hat Tagore aber nicht, wie mancher vom Nationalismus beflügelte zeitgenössische bengalische Schriftsteller, Europa und insbesondere England nur negativ porträtiert. Unbeschadet ihres kritischen, bisweilen spöttischen Untertons bezeugen dies bereits die hier genannten Briefe. Wie in zahlreichen späteren Schriften hat Tagore gleichzeitig auch die in seinen Augen unschönen Seiten seiner Heimat hervorgehoben. So schreibt er am Ende seiner bereits erwähnten Äußerung zur mangelnden englischen Sauberkeit (YPP, S. 562):

So, wie wir ein Gefühl der Sauberkeit haben, haben wir in Bezug auf Sauberwerden auch viel Nachlässigkeit. Was wirft man nicht alles in die Teiche unseres Landes! Das Bad im unsauberen Wasserbecken: Sobald wir eingeölt zweimal untergetaucht sind, erachten wir die Reinheit als erreicht. In Bezug auf Sachen,

8 Man könnte auch übersetzen: »Nie mehr habe ich […] gesehen« (ār-kakhano dekhi nāi), aber das erscheint hier nicht passend.

die mit unserem eigenen Körper und unserer Nahrung zu tun haben, halten wir uns recht sauber, aber unsere Behausung säubern wir nicht im notwendigen Maße. Wir machen sie sogar ungesund.

Die Ehrlichkeit der einfachen, eher armen Engländer hat ihn damals sehr beeindruckt, was er allerdings erst in seinen 1912 erschienenen Lebenserinnerungen erwähnt (vgl. JS, S. 365). Diese Hervorhebung lässt Rückschlüsse auf seine eigentlichen Erwartungen auf Grund der Erfahrungen in seiner Heimat zu.

Lobend erwähnte er auch die Hausfrauen der englischen Mittelklasse (YPP, S. 571 f.):

Auch wenn sie nicht besonders gebildet sind, wissen sie doch über viele Sachen Bescheid, und auch ihr Verstand ist klar genug. In diesem Lande kann man durch Gespräche Wissen erlangen; sie sind nicht im Innenhaus eingeschlossen, reden mit Freunden und Bekannten, hören zu, wenn im Verwandtenkreis über irgend etwas Höheres diskutiert wird, und können ihre eigene Meinung äußern, können verstehen, wie viele Seiten einer Sache kluge Personen betrachten, und mit welchen Augen sie betrachten. Wenn etwas erwähnt wird, stellen sie deshalb keine kindlichen, verwunderten Fragen und müssen nicht mit offenem Munde dastehen.

Es ist offenbar, dass diese Zeilen auch eine Kritik der Frauen seiner Heimat beinhalten.

Gleichzeitig hob Tagore auch Gemeinsamkeiten hervor. Dazu ein Beispiel (YPP, S. 570):

So, wie man in unserem Lande die Mädchen von der Kindheit an auf die Heirat vorbereitet, sie nicht ausreichend bildet, da Mädchen nicht werden ins Büro gehen müssen, so poliert man auch hier die Mädchen von Kindheit an auf, um sie zu einem hohen Preis zu verkaufen: Das wenige an Bildung, das für die Heirat benötigt wird, reicht. Wenn es etwas Singen, etwas Klavierspielen, schön Tanzen, ein wenig entstellte französischsprachige Aussprache, etwas Stricken und Nähen kann, kann man ein Mädchen zu einer im Heiratsschaufenster auszustellenden bunten Puppe machen. In dieser Hinsicht ist zwischen den Mädchen unseres und dieses Landes nur soviel Unterschied, wie er zwischen einer einheimischen und einer englischen Puppe besteht.

Später, in seinen Lebenserinnerungen, schreibt Tagore, dass er, als er während seines ersten Aufenthaltes in England bei einer englischen Familie wohnte, feststellte, dass die Hingabe einer Frau zu ihrem Ehegatten kein ausschließlich indisches Phänomen sei, wie er fälschlicherweise angenommen hatte, sondern offenbar ein allgemeiner menschlicher Charakterzug (vgl. JS, S. 363 f.). Dass er damit ein beliebtes und auch heute noch vorhandenes indisches Klischee negierte, war ihm sicherlich bewusst.

Die Frauen und ihre Lebensumstände scheinen Tagore besonders fasziniert zu haben. Über die Gründe kann nur spekuliert werden. In Bezug auf andere Bengalen in England, den sogenannten Anglo-Bengalen, meint Tagore, diese bevorzugten die Gesellschaft von Frauen, weil sie die kräftige Art des Umgangs englischer Männer nicht beherrschten und lieber einfache angenehme Konversation pflegten (vgl. YPP, S. 555). Ob dies auch für ihn selbst zutraf, bleibe dahingestellt.

Es ist jedenfalls schwer vorstellbar, dass der im Vergleich zu daheim recht offene Umgang mit jungen Damen einen Siebzehnjährigen nicht in besonderer Weise interessierte. Allerdings fand er nach Ausweis der bereits erwähnten Rede von 1925 sehr weiße Haut offenbar nicht allzu attraktiv (VH, S. 520): »I wish to be forgiven when I say that the complexion of whiteness is the complexion of the desert, not the complexion of life.« Tatsächlich hatten es ihm, wie er an besagter Stelle unumwunden zugibt, vor allem die Italienerinnen Brindisis angetan, die ihn an die Mädchen seiner Heimat erinnerten. Auch in seinen Briefen aus England deutet er dies verhalten an, indem er sie sehr schön nennt (vgl. YPP, S. 539).

Mit besonderem Spott bedachte Tagore jene Wesen, die er »Anglo-Bengalen« nannte.[9] Es handelte sich um Bengalen, die mit allen Mitteln versuchten, sich in Engländer zu verwandeln, auch wenn ihr Hintergrund dem nicht unbedingt förderlich war. Ihr verzweifeltes Bemühen, einerseits den Kontakt mit allen, die sich indisch gaben, zu vermeiden, andererseits sich den Sitten und Gebräuchen der Engländer anzupassen, wird mit Witz und Ironie beschrieben (vgl. YPP, S. 552–554). Besonders amüsierte ihn die Freude, die diese Anglo-Bengalen offenbar empfanden, wenn englische Bedienstete sie wie Herren behandelten. So schreibt er beispielsweise (YPP, S. 553): »Ein neu angekommener bengalischer Jüngling kann seelenruhig einen Schilling zahlen, um von irgend einem Weißhäutigen eine einzige Ehrerbietung zu erhalten.« Ein Schilling war damals nicht wenig Geld.

Kritischer bemerkte er aber auch (YPP, S. 558): »So sehr, wie Bengalen die eigenen Leute und Gepflogenheiten ihrer Heimat vor Engländern schlecht machen, so sehr tut es selbst ein Indien hassender, dort lebender Engländer nicht.« Allerdings meinte Tagore, dass eben diese Anglo-Bengalen nach ihrer Rückkehr nach Indien und einigen Jahren Aufenthalt dort sich bei einem neuem Besuch in England nicht mehr

9 Im Bengalischen: iṅgabaṅga.

wohl fühlten. Den Grund sah er in der Erschlaffung ihres Geistes, der dem aktiven Lebensstil der Engländer nicht mehr gewachsen sei, der ohne Diener nicht mehr auskomme (vgl. YPP, S. 560 f.). Es ist offenbar, dass er diese Eigenschaft genauso negativ bewertet wie den Versuch des Engländerwerdens.

Aus dieser kurzen Übersicht geht hervor, dass dieser erste Englandaufenthalt dem jungen Tagore nicht nur viele neuen Erfahrungen und Eindrücke vermittelte, sondern auch seine kritische Beobachtungsgabe und sein Urteilsvermögen schärften. Neben diesen allgemeinen gab es aber auch konkret fassbare Beeinflussungen. Eine relativ unbekannte ist die Überzeugung seines ärmlichen, als Exzentriker angesehenen privaten Lateinlehrers in London, dass in verschiedenen Zeitaltern weltweit in allen menschlichen Kulturen die gleichen Gedanken auftauchen, dann allerdings verschieden ausgeprägt werden. Dazu schrieb Tagore in seinen späteren Lebenserinnerungen (JS, S. 362):

> Auch wenn jener mein Lateinlehrer seine These mir nicht mit Beweisen präsentiert hat, bezweifle ich jene seine Worte bis jetzt nicht. Ich hege immer noch den Glauben, daß das Gemüt mit den Gemütern aller Menschen eine ungebrochene, tiefe Verbindung hat. Die Kraft, die an einer Stelle davon tätig ist, wirkt sich versteckt anderswo aus.

Es handelt sich hier sicherlich um das, was Tagore in seinem 1931 publizierten *The Religion of Man* als »the Eternal Spirit of human unity beyond our direct knowledge«[10] bezeichnet hat. Somit geht ein Tagores religiöses Weltbild zeitlebens prägender Gedanke letztendlich auf den Einfluss eines unbenannten kleinen Lateinlehrers auf den Siebzehnjährigen während dessen erster Englandreise zurück.

Der zweite konkret fassbare Einfluss war auf dem Gebiet der Musik. Einerseits führten seine Vorführungen indischer Weisen zu Peinlichkeiten, was er sowohl in seinen Briefen (vgl. YPP, S. 565) als auch in seinen späteren Lebenserinnerungen (vgl. JS, S. 365 ff.) beschreibt. Andererseits hatte er Probleme mit klassischer europäischer Vokalmusik; beim Koloratursopran kam es ihm sogar vor, als würden stimmlich Zirkuspferde vorgeführt (vgl. JS, S. 379). In einem Gespräch mit Marguerite Wilkinson aus dem Jahre 1921 erwähnte er ausdrücklich das Unbehagen, das ihm westliche Musik bei seinem ersten Englandaufenthalt bereitete.[11] Offenbar veranlassten ihn diese Erfahrungen zum Nachdenken über das

10 Rabindranath Tagore: The Religion of Man being the Hibbert Lectures for 1930. London: George Allen & Unwin 1931, S. 17.

11 »Marguerite Wilkinson and Tagore«. In: Das (wie Anm. 7), S. 887 f., hier S. 887.

verschiedene Wesen der indischen und europäischen klassischen Musik. Auch wenn diese Gedanken in seinen späteren Lebenserinnerungen ausgebreitet werden, wurden sie sicherlich schon durch die geschilderten ersten Erfahrungen ausgelöst.

Tagore gelangte zu der Überzeugung, dass bei der klassischen Musik in Indien das Innere, in Europa das Äußere gewichtiger sei. Und ferner schrieb er (JS, S. 379):

Die Musik Europas ist gleichsam auf vielfältige Art mit dem wirklichen Leben des Menschen verbunden. Deshalb können wir beobachten, daß man in Europa Liedmelodien auf der Basis von Ereignissen und Beschreibungen aller Art komponieren kann. Sollten wir in unseren einheimischen Melodien Ähnliches versuchen, dann wird es merkwürdig; der Charakter geht verloren. Unsere Lieder überschreiten gleichsam die täglichen Grenzen des Lebens; deshalb sind in ihnen soviel Zartheit und Weltabgewandtheit. Sie sind gleichsam eingesetzt, um die Gestalt eines innersten und unbeschreiblichen Geheimnisses des Wesens der Welt und des menschlichen Herzens aufzuzeigen. Jene Geheimniswelt ist sehr abgesondert, einsam, unergründlich; dort sind der Lustgarten des Genießers und die Klause des Gläubigen erbaut, aber für den tätigen, mit dem weltlichen Leben Befaßten ist dort keinerlei Vorkehrung getroffen.

Die Defizite, die er in beiden klassischen Traditionen sah, haben sicherlich schon früh dazu beigetragen, dass es vor allem Liedgut aus der sogenannten Volksmusik war, die sein musikalisches Schaffen in besonderer Weise beeinflusste. Der Musikethnologe Arnold Adrian Bake hat das in seiner Beschreibung von Tagores Musik in folgender Weise auf den Punkt gebracht:[12] »It is remarkable how in him the three currents Western music, art music and folk music meet and how the former two are gradually absorbed and assimilated by the latter.«

Hiermit sei dieser Überblick über die erste Begegnung Rabindranath Tagores mit Europa und insbesondere England beendet. Wie ersichtlich, ist es sehr wahrscheinlich, und in einigen Fällen sicher, dass die auf dieser Reise gemachten Erfahrungen zeitlebens prägend wirkten.

12 Zitiert nach Gerry Farrell: Indian Music and the West. Nachdruck. Oxford/New York: Oxford University Press 2004, S. 160.

BENGALEN AM KÖNIGSHOF IN DRESDEN – TAGORE AUF DEN WEGEN VON KUNST UND WISSENSCHAFT IN SACHSEN

Lydia Icke-Schwalbe

Das bengalische Thakur-Brahmanengeschlecht – in englischer Schreibweise ›Tagore‹ – war in Kultur- und Bildungskreisen im Königreich Sachsen durchaus nicht unbekannt. Bereits zwischen 1872 und 1885 bereiste der bengalische Fürst Raja Sourindro Mohun Tagore europäische Länder außerhalb Großbritanniens. 1877 und 1882 wurde er als spezieller Gast des sächsischen Kronprinzen auch von König Albert von Sachsen empfangen. Die generösen Gastgeschenke an die Sächsische Regierung bestanden aus wertvoll gearbeiteten Zeugnissen der Kunst und Kultur aus dem Heimatland des Bengalen, insbesondere charakteristische Musikinstrumente, kostbare Baumwoll- und Seidengewänder aus dem Familienbesitz, wertvolle alte Manuskripte auf Palmblatt geschrieben und gedruckte Bücher sowie rituelle Kunst der Hindutradition.

1858 war Vorderindien zur britischen Kronkolonie erklärt worden. Queen Victoria wurde die neue »Kaiserin von Indien«, den Titel legte sie sich 1876 zu. Ein Vizekönig mit ausgedehntem Beamtenapparat übernahm die Regentschaft vor Ort; Kalkutta wurde zur mondänen Hauptstadt der wichtigsten und reichsten Kolonie des britischen Weltreiches ausgebaut.

Raja Sourindro Mohun Tagore (1840–1914)

Sourindro Mohun war Zeitgenosse und Cousin dritten Grades (Brüder-Söhne in der dritten Generation) von Devendranath Tagore. Er wurde 1840 im royalistischen Zweig des Thakur-Klans im Paturiaghat-Palast geboren und dort erzogen; die Familie identifizierte sich mit der viktorianischen Entwicklung ihres Landes. Sein Bruder, der Maharaja Jotindro Mohun Tagore, besaß beträchtliche Ländereien in den 24 Parganas, die heute zu West-Bengalen gehören. Große Teile davon wurden an die britische Krone verkauft. Als erster Bengale erhielt Sourindro Mohun die hohe Auszeichnung »Knight Bachelorship of the United Kingdom«.

In seinen Werken, die im Eigenverlag in Kalkutta gedruckt worden

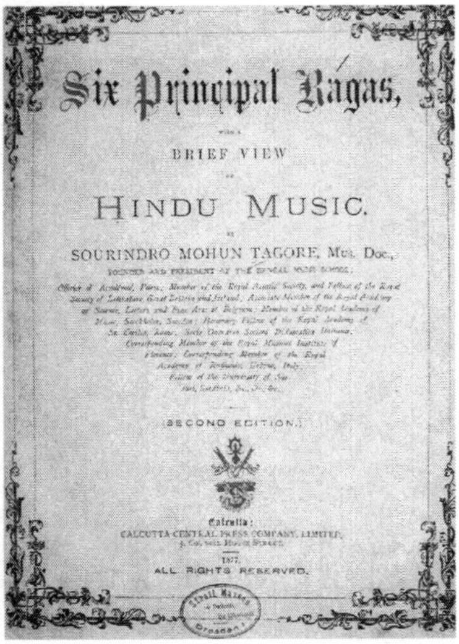

Abb. 1: Titelblatt: Sourindro Mohun Tagore, Mus.Doc.: Six Principal Ragas, with a brief view of Hindu Music

waren, stellte er sich als Gründer und Präsident der neuen Bengalischen Musikschule (1871) vor. Er produzierte zahlreiche Werke zu Musik, Theater und Geschichte in Englisch und in verschiedenen indischen Sprachen. 1875 wurde ihm der Titel des »Doktors der Musik« von der Universität in Philadelphia zuerkannt. 1877 war er bereits Mitglied der Königlichen Musik-Akademie in Stockholm sowie Ehrenmitglied der Königlichen Akademie St. Cecilia in Rom und weiterer akademischer Einrichtungen in Italien.

Sein nationalistisches Interesse galt der Revitalisierung der Hindu-Musik in Schulen seines Landes sowie der Verbreitung von Kenntnissen über musikalische Traditionen Indiens. 1875 widmete er neu komponierte Hindu-Musik dem Prinzen von Wales »to celebrate the glory of Her Most Gracious Majesty the Queen Victoria, and her renowned Predessors«, wie es im vorangestellten Titelblatt heißt.[1]

Um die indische Raga-Tradition, die mit Melodiemodellen gemäß bestimmter Empfindungen und situationsbedingter Erfahrungen als Grundlage arbeitet, für Europäer zu erschließen, musste er europäische Musik-Sprache und Aufzeichnungs-Technik studieren und adaptieren. Empfindungen und Stimmungen, in männlich (raga) und weiblich (ragini) unterteilt, an bestimmten Tages- und Jahreszeiten zugeordnete Tonfolgen, die auch bildhaft und in Symbolen vorzustellen sind, werden in der klassischen indischen Musik vom Solisten modelliert und nachvollzogen. Die in Europa verbreitete Notenschrift musste für die emotionalen und mental tradierten Raga-Melodien und Ragini-Bilder eingeführt bzw. entwickelt werden. In Italien, aber auch in Deutschland, in Berlin und Dresden, fand Sourindro Mohun Tagore offenbar die besten Bedingungen und Hilfen für sein Unternehmen. Mit technischer Ausrüstung aus Dresden (u. a. lithografische Druckmaschinen der Firma May und Oelfarben) stattete er auf dem Familienbesitz der Tagores am Rande der sich entwickelnden königlichen Residenz- und Handelsstadt der Engländer, Kalkutta, ein »Art Studio« für die junge künstlerische Elite

1 Fifty Stanzas in Sanskrita, in honour of the Prince of Wales. Composed and set to music by Sourindro Mohun Tagore, President of the Bengal Music School. Kalkutta 1875.

Bengalens aus. Dort wurden nicht nur die musiktheoretischen Werke des Raja S. M. Tagore gedruckt, sondern auch die Technik der traditionellen Bildproduktion für den rituellen und kulturellen Bedarf in breitem Maße für die aufstrebende, große Handelsstadt Kalkutta entwickelt. Im Jahr der Gründung, 1878, war das rote Backsteinziegel-Haus mit dem »Calcutta Art Studio« das letzte Haus am Rande der jungen britischen Stadt. Studenten der Kunstakademie Kalkutta lieferten die Vorlagen der Bilder für wenig Geld, die mit Hilfe der lithografischen Flachdruckpressen der Firma May preiswert vervielfältigt werden konnten. Raja S. M. Tagore hatte die beliebte Votivbildproduktion mit Lithopressen bei der Kunstanstalt May 1882 kennengelernt und abgekauft.[2]

Zweimal machte Sourindro Mohun Tagore dem Königlichen Hof zu Dresden seine Aufwartung. 1877 und 1882 überreichte er dem sächsischen König die ersten selbstgedruckten Bücher und Notenschriften für indische Ragas, noch mit den traditionellen Illustrationen und ursprünglichen Bilderhandschriften. Mit Stolz übergab er einen in Kalkutta zusammengestellten Katalog aller Geschenke mit der eingedruckten Bitte, dass die rund 450 bewusst ausgesuchten Gegenstände im Königlichen Museum öffentlich gezeigt werden sollten, denn er kam als Botschafter für den Reichtum, Glanz und die Einzigartigkeit der Kultur seines Heimatlandes.[3] Die gedruckten Bücher befinden sich derzeit in den Sondersammlungen der Sächsischen Landes- und Universitätsbibliothek Dresden; ältere Handschriften, die künstlerischen und textilen Gegenstände bengalischer Kultur bildeten den Grundstock der Südasien-Sammlungen im Königlich Zoologischen und Anthropologisch-Ethnographischen Museum zu Dresden. Die bengalischen Kulturzeugnisse stehen am Anfang der dokumentierten Austauschbeziehungen zwischen Sachsen und Indien, zwischen Dresden und Kolkata. S. M. Tagore erhielt zahlreiche Diplome von Akademien und Universitäten sowie Orden- und Ehrenzeichen von allen europäischen Königs- und Fürstenhäusern. König Albert von Sachsen verlieh einen hohen sächsischen Orden an den ›exotischen Gast‹. Diese europäische Karriere hat Sourindro Mohun mit eigener Originalität in seinem Verlagshaus in Bow Bazar Kolkata in fortgeführten Folgen publizieren lassen.[4] Darunter befindet sich auch ein Schreiben von Kaiser Wilhelm I. ebenso wie vom Prince of Wales.

The Englishman und die *Indian Daily News* berichteten wiederholt über

2 Vgl. den Beitrag von Maria Schetelich in diesem Band.

3 Vgl. S. M. Tagore: List of Articles forwarded to the Government of Saxony, for presentation to the Royal Museum at Dresden. Kalkutta 1882.

4 Vgl. Public Opinion and official Communications. About the Bengal Music School and its President. Hg. v. Calcutta Bengal Music School. Kalkutta 1876, S. 27 ff. Additional supplements to the Public Opinion 1877, 1882.

musikalische Veranstaltungen im Palast von Paturiaghat, Kalkutta, als prominente gesellschaftliche Ereignisse, zu denen sowohl europäische Damen und Herren der Kolonialgesellschaft als auch ›natives‹ versammelt waren.[5] Die abendlichen Unterhaltungen waren immer mit speziellen Präsentationen eigener Musikinstrumente verbunden. Als Besonderheit wurde in allen Berichten ein unverstandenes Musikinstrument, das ›Nyastaranga‹ erwähnt, dessen Schalltrichter offenbar der Verstärkung gutturaler Kehlkopftöne diente und von allen bewundert wurde.[6] Zu den illustren Gästen zählte u. a. auch Otto E. Ehlers, ein abenteuerlich Weltreisender und Sammler aus Deutschland.[7] Sein zeitgenössisches Literaturdokument schildert recht anschaulich die Person und gesellschaftliche Reputation des Raja Sourindro Mohun aus dem Tagore-Geschlecht in seiner bengalischen Heimat. Ehlers beschrieb seinen Besuch in Kalkutta, um 1880:[8]

Wenige Tage nach meinem Eintreffen in Calcutta erhielt ich eine Einladung des Radja Sourindro Mohun Tagore, in seinem Palaste einer mir zu Ehren veranstalteten Musikaufführung beizuwohnen. Irgend eine Zeitung hatte die Nachricht verbreitet, ich sei nach Indien gekommen, um die Musik des Landes zu studieren, und der erste Förderer indischer Tonkunst, Sourindro Mohun Tagore, hatte es sich nicht nehmen lassen wollen, mir, als Musiker von Fach, die Honneurs der Hauptstadt Bengalens zu machen. Getreu meinem Grundsatze, die Feste zu feiern, wie sie fallen, erschien ich zur festgesetzten Stunde im Palaste des Fürsten. An der Treppe empfing mich ein kleines, unbedeutend aussehendes, freundlich grinsendes Männchen in bengalischer Tracht und geleitete mich in einen europäisch ausgestatteten Raum des ersten Stockwerks. Da ich den Mann für einen Bediensteten des Radja hielt, setzte ich mich nieder und fragte: »Wo ist der Fürst?« Ludwig der XIV., als er sein historisches »L'état c'est moi!« aussprach, hätte unmöglich ein selbstzufriedeneres Gesicht machen können, wie mein kleiner Bengale, als er meine Frage mit den Worten: »Der Fürst bin ich«, beantwortete. »Sehr angenehm, Ihre werte Bekanntschaft zu machen«,

5 Vgl. ebd.

6 Dieses Instrument ist in den Sammlungen in Dresden nicht enthalten, im Katalog *List of Articles*, Teil I ›Class J. Musical Instruments‹ wird es nicht erwähnt. Aber bei den übergebenen persönlichen Bildern und Familienporträts wird ein Nyastaranga-Spieler beschrieben. Die Bilder sind jedoch nicht in die Sammlungen des Museums übergegangen und derzeit nicht nachweisbar, vgl. Tagore (wie Anm. 2), S. 36 f.

7 Otto E. Ehlers verkaufte seine Souvenire, die er aus allen besuchten Ländern mitbringen konnte, er hatte sie käuflich erworben oder als Gastgeschenke erhalten, auch an die königlichen Sammlungen in Dresden – heute im Museum für Völkerkunde Dresden, SES/SKD. Seine Reiseberichte gehörten zu den Bestsellern um 1900.

8 Otto E. Ehlers: An indischen Fürstenhöfen. Berlin: Allgemeiner Verein für deutsche Literatur 1894, S. 373–375.

erwiderte ich, »doch wo sind die Musikanten?« Auf einen Wink des Fürsten erschienen drei ölige, gemästete Babus, und nachdem sie unter den in allen Winkeln herumliegenden und stehenden Instrumenten gewählt hatten, begann das Konzert. Um offen zu sein, muß ich gestehen, daß mich die sonderbaren Instrumente weit mehr interessierten, als die Leistungen der Musikanten, aber ich fühlte mich verpflichtet, da ich als Musikreisender geladen war, ein möglichst verständnisvolles Gesicht zu machen. Ich spielte meine Rolle vorzüglich, bis nach Beendigung des Konzertes mein Wirt mit mir zu disputieren begann, mir auseinandersetzte, daß die europäische Musik mit ihren halben Tönen keinen Vergleich aushalten könne mit der indischen, die über viertel und selbst achtel Töne gebiete u. s. w., und ich es für angezeigt hielt, ihm die Eröffnung zu machen, daß ich ebenso wenig Musiker sei, wie er etwa Seiltänzer, und daß ich, da ich mich in meiner Jugend hauptsächlich damit beschäftigt habe, in der Musikstunde meine Klavierlehrer zu ärgern, es nicht viel weiter, als zu der Kunst des Pedaltretens und zur Ableierung der ersten acht Takte der »Schönen blauen Donau« gebracht habe. Der Radja war sichtlich enttäuscht, aber er ließ mich diese Enttäuschung nicht merken und that alles Mögliche, mich zu unterhalten. [...] Beim Abschiede überreichte mir der Fürst mehrere Bände selbstverfaßter musikalischer Werke, sowie ein wagenradgroßes Rosenbouquet und versprach mir eine Sammlung bengalischer Musikinstrumente, welches Versprechen er auch in wahrhaft königlicher Weise eingelöst hat.

Seit 1899 gibt es am Royal College of Music in London alljährlich eine Preisverleihung zu Ehren von Sourindro Mohun Tagore für westliche klassische Musiker.

Der Dichter Rabindranath Tagore (1861–1941)

Um 1900 drang ein weiterer Spross des Tagore-Klans ins Bewusstsein der europäischen Literatur- und Kunstwelt. In vielen Vorträgen und Gesprächen stellte Rabindranath seine aus der Muttersprache Bengali ins Englische übertragenen Gedichte und kleinen Theaterstücke in englischer Gesellschaft vor und schrieb neue Poesie in englischer Sprache. Nachdem er Ende Oktober 1913 von einer wiederholten Englandreise nach Indien zurückgekehrt war, erreichte ihn am 14. November 1913 die Nachricht, dass ihm der Literatur-Nobelpreis für seine Gedichtsammlung *Gitanjali* zugesprochen worden war. Der produktive Bengali-Dichter hatte selbst einige seiner Erzählungen und Gedichte ins Englische übersetzt und in London verlegen lassen. Er faszinierte nicht allein durch literarische Meisterwerke, sondern auch durch einen neuen Lebensstil, der in dem zusammengestellten Gedichtband *Gitanjali* (Sangesopfer) sehnsuchtsvoll

Abb. 2: Rabindranath Tagore, schreibend, Repro

zum Ausdruck kam. 1914 lag das Werk erstmalig auch in deutscher Sprache vor – intuitiv erfasst von dem damaligen Lektor Kurt Wolff beim Rowohlt-Verlag in Leipzig.[9] Die deutschsprachige Aufnahme war zunächst zurückhaltend und im *Simplicissimus* auch recht sarkastisch ob des unbekannten Orientalen. Rainer Maria Rilke unterstützte jedoch den jungen Kurt Wolff. Am 6. 12. 1913 schrieb er in einem Brief aus Paris:[10]

Der deutschen Ausgabe des Rabindranath Tagore sehe ich mit Spannung entgegen. Eben hat uns hier André Gide mit seiner Empfindung dieses Dichters vertraut gemacht, und seine Übertragung des Gitanjali, daraus er einige Proben enthusiastisch vorbrachte, scheint von der Strömung dieser Gedichte wirklich getragen zu sein. Die Buchausgabe ist eben im Verlag der Nouvelle Revue Française ausgegeben worden.

In Bengalen nannte man Tagore auch den »Großen Trostspender«, weil es ihm gelungen sei, nicht nur Ideen, Gefühle oder Philosophie in seinen Versen wiederzugeben, sondern »die Ganzheit im Einzelnen« zu beschreiben: »Es ist wie die Sonne, die sich in einem Regentropfen widerspiegelt.«[11] Es gelang ihm, den »Lesern eine Vorstellung vom Ganzen durch […] Geschichten und Gedichte zu vermitteln.«[12] Schöpferische Impulse erhielt er aus dem gesellschaftlichen Kontext. Martin Kämpchen analysierte:[13]

Rabindranath Tagores Wunsch, die Großstadt Kolkata zu verlassen, um einen *Brahmacharya Ashram* zu gründen – seine Vision von echter Bildung, die einem Kind erlaubt, sein Potenzial voll zu entfalten – sein Engagement für das Volk auf dem Land und ein Leben von schlichter Schönheit verschmelzen miteinander zu einer solch neuen Lebenskunst. Sie ist die Interpretation einer

9 Vgl. hierzu den Beitrag von Martin Kämpchen in diesem Band.

10 Kurt Wolff: Briefwechsel eines Verlegers 1911–1963. Hg. v. Bernhard Zeller u. Ellen Otten. Frankfurt a. Main: Scheffler 1966. S. 137.

11 Martin Kämpchen: Von Tagore berührt. In: Perspektiven Indien 24 (2010), H. 2, S. 70–75, hier S. 70 f.

12 Ebd., S. 71.

13 Ebd.

alten traditionellen Lebensweise, die auf ganz individuelle und persönliche Art ausgelegt wurde.

»Gurudev« nannten ihn seine Schüler in höchster Verehrung.

Tagores Deutschlandreisen

Zwischen Mai 1920 und Juli 1921 unternahm der Dichter seine fünfte Auslandreise, die gleichzeitig seine erste größere Europa-Reise war. Kurt Wolff hatte sich inzwischen von Rowohlt getrennt und seinen eigenen Verlag in Leipzig gegründet. 1919 bezog er ein neues größeres Verlagshaus in München, arbeitete aber weiterhin mit kleineren Verlagshäusern in Leipzig und Berlin zusammen. Wolff plante die erste deutsche Gesamtausgabe des dichterischen Werkes von Rabindranath Tagore und förderte daher dessen Besuch in den deutschen Städten ebenso wie die Verbreitung des Werkes und der Ideen des asiatischen Literatur-Nobelpreisträgers in den Medien. Die beiden größten Tageszeitungen in Dresden, der *Dresdner Anzeiger* und die *Dresdner Nachrichten* begleiteten den Dichter »mit der würdevollen, hohen Erscheinung, die durch zwei tiefe und ausdrucksvolle Augen belebt«[14] wird, während seiner Deutschlandtour in fast täglichen Mitteilungen und dicht gefolgten Kolumnen in der Rubrik »Kunst und Wissenschaft«. Noch bevor er in Dresden auftreten konnte, wurden der Dichter und sein Werk ausführlich vorgestellt.

Am 29. Mai 1921 war im *Dresdner Anzeiger* zu lesen:[15]

Rabindranath Tagore. Rabindranath (mit betontem i und langem a in der Schlußsilbe) heißt zu deutsch: dessen Herren die Sonne und Indra sind. Sein Vater war Maharshi Devendranath Tagore. Tagore bedeutet Gott oder Herr und ist ein vererbbarer brahmanischer Ehrentitel. Tagore ist die englische Schreibweise, die richtige in der Bengalisprache ist Thakur mit langem betontem a. Man erfährt dies und weiteres in einer umfangreichen Schrift, die im Furche-Verlag erschienen ist: Rabindranath Tagore als Mensch, Dichter und Philosoph von Emil Engelhardt (448 S. 60 M). Wer sich über den Dichter, Gelehrten und Sozialreformer genau unterrichten will, wird gut tun, dieses Buch zur Hand zu nehmen. Engelhardt ist ein gründlicher Kenner indischen Wesens, indischer Kultur im allgemeinen und der Werke Rabindranaths im besonderen. Über sein Leben hat er in seinen Erinnerungen geschrieben, die Engelhardt im Verlauf seines Buches vielfach wörtlich anführt. In Europa ist Rabindranath, der jetzt im

14 Egon Eickstedt: Der Stammbaum von Rabindranath Tagore. München 1928, S. 12.
15 Dresdner Anzeiger, 29. 5. 1921.

61. Lebensjahre steht, bekannt geworden, als ihm [...] der literarische Nobelpreis zuerkannt wurde. In seiner Heimat war er damals längst als der eigentliche Nationaldichter und der geistige Führer seines Volkes allen bekannt und von allen geliebt. Er hatte im Laufe von 34 Jahren eine unübersehbare Menge von Gedichten, Dramen, Erzählungen, Romanen, Abhandlungen in mehr als sechzig Büchern und verschiedenen Zeitschriften veröffentlicht und daneben auf mannigfache Weise an dem Kampfe gegen die sozialen Mißstände und an den Bestrebungen zur Erneuerung der indischen Kultur teilgenommen.

Rabindranath wurde am 7. Mai 1861 in Kalkutta geboren als Sproß einer alten Brahmanenfamilie, die zu der geistigen Aristokratie des Landes gehört und seit fast einem Jahrtausend in dessen Geschichte eine rühmliche Rolle spielt. Sein Vater hieß im Volke »Der große Seher«; er war ein Frommer und eine Einsiedlernatur echt indischer Prägung; sein Name ist unlösbar verknüpft mit der Geschichte des Brahma Samadsch, der monotheistischen Kirche Indiens, der freiesten und geisterfülltesten Religionsgemeinschaft des Landes, deren Geist dann im Dichten und Denken des Sohnes ihren tiefsten und vollendeten Ausdruck gefunden hat. So ist Rabindranath schon durch seine Abkunft der Erbe der einheimischen indischen Kultur, und vielleicht niemals sind alle schöpferischen Kräfte eines großen, alten, reichbegabten Kulturvolkes so vollständig in der Leistung eines Mannes zusammengefaßt und in ihm selbst Gestalt geworden. Dichtung, Religion und Philosophie, Musik und Kunst, Geschichte und Sage, Philologie und Kritik, Erziehung, Sozialreform und Politik, alle sind in seinem Werk beschlossen oder doch irgendwie von ihm gefördert. Aber die Hauptsache in diesem mannigfachen Wirken ist doch die Dichtung. Innerhalb der Dichtung hat er alle Gattungen gepflegt und in allen zahlreiche bedeutende und eigenartige Werke geschaffen, doch der eigentliche Kern seines Schaffens, das Herz, von dem alles andere gespeist und belebt wird, ist die Lyrik, das Lied. Rabindranath ist Liedersänger, Volkssänger in einem so vollständigen und ursprünglichen Sinne, wie wir es uns schwer vorstellen können. Seine Gedichte, an Kunstvollendung und Reinheit der Form den schönsten ebenbürtig, die je geschaffen wurden, sind zugleich Volkslieder; sie sind in ihrer Masse Gemeingut des bengalischen Volkes geworden und werden in Stadt und Land, bei der Arbeit und am Feierabend, zu Hause wie bei Festversammlungen gesungen. Das ist nur möglich, weil sie nicht die Gefühle einer bestimmten Bildungsschicht oder gar die privaten Erlebnisse eines besonderen Individuums zum Inhalt haben und nirgends kompliziertere Kulturverhältnisse voraussetzen. Das Dorf, die freie Natur ist ihr Schauplatz und das allgemeine Menschenleben, Liebe und Kinderglück, Leben und Tod, Naturfreude und Vaterlandsliebe, Gottesgewißheit und Verlangen nach Gott, der ganze Umfang der ewigen Urgefühle, die von jedem nachempfunden werden können, ist ihre Welt. [...]

Es ist deshalb erfreulich, daß uns Engelhardt eine solche Fülle von Proben aus Rabindranaths Dichtungen in eigenen vorzüglichen Übersetzungen gibt, die das ganze Buch durchziehen und es damit doppelt wertvoll machen. Wir geben hier eines wieder, das Engelhardt als eines der reifsten und durchseeltesten Gedichte seines Schöpfers bezeichnet:

Oft frag ich mich: Wo liegen wohl verborgen
Die Grenzen, da ich Mensch und Tier erkennen,
Da doch ein Herz niemals mit Worten nennen
Kann, was es fühlt. An welchem fernen Morgen
Der Schöpfung lief durchs erste Paradies
Der schlichte Pfad, da sich die Herzen trafen
Von Tier und Mensch? Es sind noch nicht entschlafen
Die Spuren, die ihr ständig Schreiten ließ,
Ob sie auch die Verwandtschaft längst vergessen.
Doch plötzlich weckt ein dämmerndes Erinnern
So wortlos auf: es klingt Musik im Innern
Von Mensch und Tier. Im Menschenantlitz lasen
Des Tieres Augen – zärtlich voll Vertrauen.
Es blickt der Mensch in seine Augen nieder,
Beglückt – bewegt. Es ist als ob sich wieder
Nach langer Trennungszeit zwei Freunde schauen
Durch Masken – daß sie, so verkleidet, kaum einander kennen.

»Die Vögel, denen Gott Lieder gab, daß sie ihre Lieder wiedergäben, sind Rabindranaths besondere Lieblinge. Ihr Sang ist das Echo des Morgenlichts, das die Erde zurückhallt, und ›der laute Chor der bunten Zwitschervögel‹ grüßt die junge Welt und singt dem Menschen von Freude und Liebe.«

Rabindranath ist aber nicht bloß Dichter, sondern auch sozial wirkender Mensch. Unter seinen praktischen Gründungen ist die wichtigste die Eröffnung einer Knabenschule nach Art unserer Landeserziehungsheime in Schantiniketan bei Bolpur. Sein Vater hatte sich dort an abgelegener Stelle ein Grundstück erworben, um da jährlich einige Monate in völliger Einsamkeit und inniger Gemeinschaft mit Gott zu verbringen. An dieser geweihten Stätte sollte nun die Jugend des Landes, fern vom Getriebe der Welt, mit dem Geist indischer Frömmigkeit durchtränkt werden. Diese Schule, die sehr klein begann und anfangs mit manchen Schwierigkeiten zu kämpfen hatte, ist allmählich zu großer Blüte und hohem Ansehen gelangt. Sie ist jetzt der Hauptbelang des Dichters. Das praktische Wirken Tagores ist durchaus auf die Vereinigung der Menschheit gerichtet, ganz besonders auf die Herstellung einer geistigen Gemeinschaft zwischen den beiden Hälften der Kulturmenschheit, deren Entwicklung so verschiedene Wege gegangen ist und die gerade deswegen aufeinander angewiesen sind: Asien und Europa. Schon in seiner Person, in seinem dichterischen und philosophischen Werke vereinigt er die uralte Weisheit des Morgenlandes mit den feinsten Blüten abendländischer Kultur, die ihm beide von klein auf vertraut sind. Und seine Dichtung, seine Reisen und Vorträge haben eine unermeßliche Wirkung in diesem Sinne gehabt. Aber er verfolgt dies Ziel auch mit bewußter Absicht. Er hat den kühnen Plan gefaßt, in Schantiniketan eine internationale Universität ins Leben zu rufen, wo Vertreter des Ostens und Westens sich zusammenfinden sollen zu intimeren Kennenlernen und zum Austausch ihrer geistigen Güter.

Tagores ganzes Dichten und Denken ist, wie Engelhardt sagt, darauf gerichtet, die Welt des Schöpferischen als Aufgabe und Möglichkeit uns als werdende Wirklichkeit zu zeigen. Er weigert sich, von dem Maschinenzeitalter die Erlösung zu erwarten. Er findet die Entfesselung des in ihm eingekerkerten Ewigen nur aus der Berührung und Einswerdung mit dem Ewigen in der Welt. Wir können nicht weiter auf Rabindranaths Philosophie eingehen. Für Europa ist sie wenig geeignet. Ein Engländer, der lange Jahre in enger Verbindung mit dem indischen Geistesleben stand, sagte Engelhardt einmal, für uns Europäer habe es immer etwas Einlullendes. Engelhardt glaubt auch aus eigener Erfahrung, daß nur der einigermaßen an die großen Inder herankommt, der einige Zeit in den Tropen gelebt hat. »Der seelische Druck der Tropen auf den Europäer ist ja ungemein tiefgreifend, oft grundlegend umgestaltend. Man ist wie aus der raschen Welt herausgenommen in eine Jenseitigkeit und Zeitlosigkeit. Daher rührt auch die Gefahr des Verträumtwerdens, sich einem Stimmungsrausch hinzugeben, der müden Untätigkeit, einer fast gelangweilten Zuständlichkeit.«

Dieser Gefahr sollte man sich in Deutschland, wo wir jetzt wahrlich alle Tatkraft brauchen, angesichts der Tagore=Mode voll bewußt sein. Mit Recht betont daher der Berner Professor der Philosophie R. Herbertz in der Neuen Züricher Zeitung die Notwendigkeit für Europa, sich gegen indische Ideen zu verteidigen. Er weist darauf hin, daß berufene europäische Beurteiler des indischen Geisteslebens, wie Hermann Oldenburg, Paul Deußen, Karl Joël, sich mit gutem Grunde nichts versprechen von einer Berührung der europäischen mit der indischen Gedanken- und Gefühlswelt. Herbertz ist sogar davon überzeugt, »daß es eine schwere Gefahr, ja den Untergang der europäischen Kultur bedeuten würde, wenn sie sich den Tagoreschen Ideen voll hingeben wollte«. Er schreibt: »Der ›Kulturmensch‹ ist aus dem Stand der paradiesischen Unschuld herausgetreten. Er hat vom Baum der Erkenntnis gegessen. Er ist aus dem Paradies des Erlebens und der ›Hingabe an die Natur‹ vertrieben. Fortan muß er im Schweiße seines Angesichts sein Brot – auch sein intellektuelles Brot – verdienen. Nunmehr muß die ›Kraft der Besitzergreifung‹ an die Stelle der Kraft der Vereinigung treten, die im paradiesischen Zustand genügte. Im Paradies gab es keine Kultur. Und umgekehrt: in der Sphäre der Kultur läßt sich kein Paradies mehr pflanzen. Wehe Europa, wenn es auf das Flöten jener morgenländischen Paradiesvögel hört, die uns auf immer entrückt bleiben, die uns aber von Beschaulichkeit und unbefleckter Erkenntnis zwitschern. Wahrlich, ihr täuscht, ihr ›Beschaulichen‹!

Bereits zwei Tage zuvor hatte der *Dresdner Anzeiger* auf Veranstaltungen mit Tagore in Darmstadt hingewiesen:[16]

Rabindranath=Tagore=Woche in Darmstadt. Zwischen 5. und 20. Juni findet an der Schule der Weisheit in Darmstadt eine Tagore=Woche statt, die allen, die der Wunsch tatkräftiger Unterstützung des völkerverbindenden Wirkens des großen indischen Weisen zu diesem zieht, die Möglichkeit geben soll, mit ihm in persönliche Beziehung zu treten. Tagore hat die Verfügung über seinen Aufenthalt in Deutschland dem Grafen Hermann Keyserling überlassen, von der [sic!] er sich verstanden fühlt. So soll Tagore in Darmstadt die Möglichkeit geboten werden, auf die ihm vertraute indische Art zu lehren, in vertrauter Zwiesprache oder kleinem Kreis in den stillen Räumen der Schule der Weisheit oder in den schönen Gärten des Großherzogs von Hessen, als dessen Gast er leben wird. Zu dieser Woche mag jeder nach Darmstadt kommen; Bedingung ist, daß er sich vollkommen den Weisungen des Grafen Keyserling fügt, der die Verantwortung für die ersprießliche Regelung dieser Zeit übernommen hat, und persönlich nötigenfalls Dolmetscher sein wird. Um eine Überlastung der Geschäftsstelle zu vermeiden, werden briefliche Anfragen nicht beantwortet. Man kann sich zu Privatquartieren bei der Geschäftsstelle der Schule der Weisheit, Paradeplatz 2, vormerken und sich in die ausliegende Liste eintragen lassen. Die öffentlichen Vorträge werden außer für Mitglieder der Gesellschaft für freie Philosophie, die freien Zutritt haben, gegen Entgelt stattfinden. Es wird jedem Gaste nahegelegt, zum Beweise seiner Erkenntlichkeit in der Geschäftsstelle, entsprechend seinen Möglichkeiten, eine Spende für die indische Universität Rabindranath Tagores Shantiniketan, sei es in Geld oder in Büchern, niederzulegen.

Die *Dresdner Nachrichten* berichteten am 4. Juni 1921 in der Kolumne »Kunst und Wissenschaft«:[17]

Der indische Dichter Rabindranath Tagore hielt in der Berliner Universitäts=Aula einen Vortrag über die Geheimnisse der Wälder. Der Andrang zum Vortrag war so stark, dass die Sicherheitspolizei die Gänge des Saales hatte räumen müssen. Nach einer kurzen Begrüßungsansprache des Universitätsdirektors Seckel gab der englische Dichter in englischer Sprache einen Vergleich der indischen mit der abendländischen Kultur. Während die Quelle der ersteren die Stille der

16 Dresdner Anzeiger, 27. 5. 1921, desgleichen in Dresdner Nachrichten, 28. 5. 1921.
17 Dresdner Nachrichten, 4. 6. 1921.

Wälder sei, sei das Meer, mit dem die Männer des Nordens täglich zu kämpfen hätten, das Lebenselement der Poesie des Westens.

Am 7. Juni wurde erneut die Tagore-Woche in Darmstadt angekündigt; viele Dresdner scheinen der Einladung gefolgt zu sein.

In der Abendausgabe des *Dresdner Anzeiger* vom 4. Juli 1921 wurde auf Wunsch des Dichters das Fazit eines Briefwechsels zwischen Tagore und Rudolf Eucken aus Dresden veröffentlicht, da Tagore bedauere, keine Zeit für einen Besuch dieser Stadt gehabt zu haben. Dieser Brief sei eine[18]

allgemeine Antwort auf die vielen Fragen über sein Verhältnis zu Deutschland zu veröffentlichen. Der Brief lautet in deutscher Übersetzung:

›In unseren Schriften ist ausgesprochen, dass es drei Wege gibt, das Unendliche zu verwirklichen gemäß den individuellen Temperamenten. Nämlich durch Wissenschaft, durch Liebe, durch Handeln. Die Pfade dahin sind Philosophie, Religion, Wissenschaft. Aber, hingegeben dem Wahnwitz selbstsüchtiger Leidenschaften und dem Mangel an Reinhaltung des Geistes haben die Menschen fast überall ihr Glück verloren, und falsche Philosophie, falsche Religion, falsche Kunst haben über uns unermeßliches Unglück ergossen. Es war die Aufgabe Europas, die Ära des Karma Yoga heraufzuführen, die Vollendung der Seele durch die Tat. Aber es kam die Versuchung, durch Handeln die Vollendung des eigenen Selbst zu erstreben. Europa hat gelitten, und die Welt wartet gespannt darauf, zu sehen, ob es aus seinen Leiden lernt. Wenn es die Bestimmung Deutschlands ist, den Leidensweg bis zum Ende zu durchschreiten, um der modernen Zeit Sünde willen, und wenn es rein und stark daraus hervorgeht, wenn es das Feuer entzündet hat, als ein Licht auf dem Pfad in die große Zukunft, zum Aufschwunge der Seele zu wahrer Freiheit, dann wird Deutschland in der Geschichte der Menschheit gesegnet. Ich trage mit mir die herzliche Gastfreundschaft Ihres Volkes und Ihres Landes, und ich hinterlasse euch meine Liebe und mein Mitgefühl.‹

Am 14. Juli 1921 bringen die *Dresdner Nachrichten* »Tagore Nachklänge« an prominenter Stelle:[19]

Die Begeisterung, die man dem indischen Dichter Rabindranath Tagore gelegentlich seiner Anwesenheit in Deutschland entgegenbrachte, mußte wie bei ihrer Maßlosigkeit nicht anders zu erwarten war, ihren lebhaften Rückschlag erfahren. Es sind sehr ernste Stimmen laut geworden. Alfons Paquet, der in

18 Dresdner Anzeiger, 4. 7. 1921.
19 Dresdner Nachrichten, 14. 7. 1921.

der »Glocke« schwere Zweifel geltend gemacht hat, ob Tagore das Wesen des europäischen Menschen voll begriffen habe, kommt zu der vorwurfsvollen Frage: »Wie kann er, wenn er mehr als ein Dichter wäre, an den Völkern so flüchtig vorübergehen, auf denen wirklich noch etwas wie eine Hoffnung für die europäische Zukunft und für die Zukunft aller Menschen ruht!« Und Friedrich Lienhardt klagt im »Türmer«: »Nur mit ernster Wehmut lesen wir diese Versuche, unserem Volke einen fremden Helfer und Heiland vorzustellen. Selber tief durchdrungen vom Glauben an ›Deutschlands europäische Sendung‹, haben wir immer wieder der Ueberzeugung Ausdruck gegeben, daß aus uns selber, aus dem Volke eines Wolfram und Walther, eines Goethe und Schiller, eines Luther und Dürer und Bach, eines Meister Ekkehard und Böhme und Fichte die Erneuerung unseres Menschentums hervorgehen müsse. All unsere Lebensarbeit geht dahin, dieses Vertrauen zu stärken und diese Schöpferkraft zu wecken. Und immer wieder lenkt man nach außen ab – diesmal nun in ein östliches Gedankenspiel! ... Die Freunde des indischen Dichters müssen sich jetzt doch wohl sagen, daß dies nicht der Weg ist, wie man Innerlichkeit und Stille – ich bitte: Innerlichkeit und Stille! – an unser zerrüttetes und zerrissenes Volk heranbringt.«

Am 19. Juli 1921 werden in der gleichen Zeitung und Spalte »Rabindranath Tagores europäische Eindrücke« dagegen gesetzt:[20]

Vor seiner Rückreise nach Indien hat sich im Auftrage Tagores dessen indischer Reisemarschall Bomanji über die abendländischen Eindrücke des indischen Philosophen gegenüber dem Vertreter eines Londoner Blattes geäußert. Wenn Tagore bei seinem Auftreten in Amerika an vielen Stellen einer gewissen Zurückhaltung, wenn nicht sogar Ablehnung begegnet sei, so hätten englische Agenten die Schuld daran, die ihn als England=Gegner, Deutschland=Freund und Bolschewisten verdächtigt hätten. In Großbritannien hat der große Indier nur einen Vortrag gehalten, in London; denn er habe gar kein Hehl daraus gemacht, daß die Mentalität des Briten, der nur auf seine eigenen Angelegenheiten bedacht sei, von seiner Sportvergessenheit [sic!] ganz abgesehen, seinen Lehren kein Verständnis entgegenbringe. Er habe sich daher zu der Fahrt nach dem Festlande entschlossen, wo ihm sowohl die Intellektuellen, wie auch das Volk auf das herzlichste begrüßt hätten. Tagore sprach sich dann sehr abfällig über den westlichen Nationalismus aus und nannte ihn Barbarei und Kannibalentum. Wenn der Westen sich dem Osten zuwende, so geschehe dies nur in der Absicht, ihn wirtschaftlich auszubeuten, während ein geistiger Austausch der beiden Kulturen bisher versäumt worden sei. Von der Schweiz, Dänemark, Oesterreich und Deutschland hat Tagore wesentlich bessere Eindrücke mitgenommen.

20 Dresdner Nachrichten, 19. 7. 1921.

Zum Winter 1921 plante der Verleger Kurt Wolff eine erste deutschsprachige Ausgabe der Gesammelten Werke von Rabindranath Tagore der begeisterten Öffentlichkeit vorzulegen. Deshalb gingen die Berichterstattungen über das Werk und die Philosophie des »indischen Weisen« in den Tageszeitungen der Kulturstadt Dresden auch weiter, nachdem Tagore Deutschland bereits verlassen hatte. Am 20. Juli 1921 veröffentlichte der *Dresdner Anzeiger* einen langen Artikel über das neu vorgelegte Werk *Sadhana, der Weg zur Vollendung*:[21]

Dieses Buch des indischen Weisen, der soeben in Europa, besonders aber in Deutschland so hoch gefeiert worden ist, wurde aus der von Rabindranath selbst veranstalteten englischen Ausgabe von Helene Meyer-Franck ins Deutsche übertragen. Es enthält buddhistische Weisheit, Religion und Sittenlehre in der persönlichen Auffassung Rabindranaths. Inhalt des Buches ist: Die Beziehungen des einzelnen zum Weltganzen, das Bewußtsein der Seele, das Problem des Übels, das Problem des Selbst, die Selbstverwirklichung in der Liebe und im Handeln, die Verwirklichung der Schönheit und des Unendlichen. Der Gegenstand der Abhandlungen ist weder vom Standpunkt des Philosophen noch von dem des Gelehrten behandelt worden. Zugrunde liegen vielfach die Upanishaden, die zur heiligen Schrift, zur Offenbarung des Buddhismus gerechnet werden und die ältesten Denkmäler der indischen Spekulation und der religiösen Mystik überhaupt sind. Sie behandeln, wie Rabindranath selbst im Vorwort erklärt, zumeist in legendenhafter Einkleidung und in dialogischer Form, die tiefsten Fragen der Methaphysik in einer sehr eigenartigen Mischung von mythologischer Phantastik, spielender Symbolik und philosophischem Tiefsinn. Abgesehen von der buddhistischen Lehre ist Rabindranath, wie aus dem Buche hervorgeht, auch mit europäischem Wissen, mit abendländischer Bildung vertraut. Von Jesus spricht er wiederholt, an Plato, an Kant und Hegel, an Goethe wird man beim Lesen wiederholt erinnert. Zweck des Buches ist, abendländischen Lesern Gelegenheit zu geben, mit dem alten Geiste Indiens in Berührung zu kommen, wie er sich in den heutigen Schriften des indischen Buddhismus offenbart und sich auch im heutigen Leben wirksam erweist. Man darf das wohl ohne weiteres als Werbung für den Buddhismus erklären, worauf auch die ganze Reise Rabindranaths durch Europa hinweist. Tatsächlich soll, wie eine deutsche buddhistische Monatsschrift mitteilt, noch im Monat Juli eine buddhistische Gemeinde für Deutschland gegründet werden!

Hier geben wir einige Andeutungen über den Inhalt des Buches. Er sagt selbst, daß die Lehren der großen buddhistischen Propheten Anlaß zu endlosen Auseinandersetzungen geben, wenn wir versuchen, sie dem Wortlaute nach

21 »von Rabindranath Tagur. [sic!] Kurt Wolf Verlag. München.«, Dresdner Anzeiger, 20. 7. 1921.

zu verstehen, statt sie in unserem eigenen Leben zu verwirklichen. Liest man die abweichenden Übersetzungen aus den Upanishaden in dem vorliegenden Buche neben denen von Deussen – zum Beispiel S. 181 – so wird einem die Vieldeutigkeit indischer mystischer Schriften ohne weiteres klar.

Ausdrücklich bekämpft Rabindranath die Behauptung einiger moderner Philosophen in Europa, daß der Brahma Indiens eine bloße Abstraktion sei, eine Verneinung alles dessen, was in der Welt ist, daß der Unendliche nirgends als in der Methaphysik zu finden sei. Diese Lehre sei dem in Indien herrschenden Geiste entgegen. Vielmehr war dieser stets bestrebt, die Gegenwart des Unendlichen in allen Dingen sich vorzustellen und zu bejahen, und dieser Glaube begeisterte ihn. Heißt es doch in den Upanishaden: »Es wird uns zur Pflicht gemacht, alles, was in der Welt ist, als eingehüllt in Gott anzusehen. – Ich beuge mich wieder und wieder vor Gott, der im Feuer und im Wasser ist, der die ganze Welt durchdringt, der in den jährlichen Ernten ist wie in den die Jahre überdauernden Bäumen.«

Über die Frage, ob in Indien die Auslöschung des Selbst als das höchste Ziel der Menschheit angesehen werde, sagt Rabindranath: »Nicht nur im Buddhismus und in den indischen Religionen, sondern auch im Christentum wird das Ideal der Selbstaufgabe mit aller Eindringlichkeit gepredigt. Das Christentum gebietet, diesem Leben abzusterben, der Tod ist das Symbol der Befreiung des Menschen vom Leben, das nicht das wahre Sein ist. Er ist dasselbe wie das Nirvana, das Symbol des Erlöschens der Lampe. Die für Indien typische Vorstellung ist, daß die wahre Befreiung des Menschen die Befreiung von der avidya, von der Unwissenheit ist. Unsere Unwissenheit läßt uns meinen, daß unser Selbst als Selbst etwas Wirkliches sei, daß es seinen vollen Sinn in sich habe. Wenn wir diese falsche Auffassung vom Selbst haben, dann versuchen wir so zu leben, daß wir das Selbst zum letzten Ziel unseres Lebens machen. Dann sind wir zur Enttäuschung verurteilt. Wenn jemand mit höchster Sorgfalt seinem Selbst ein Fest bereitet, so zündet er ein Feuer an, ohne den Teig für sein Brot zu haben; das Feuer flackert auf und verzehrt sich selbst bis auf den letzten Funken, wie das unnatürliche Tier seine Jungen verzehrt und stirbt.«

In seiner Rede an Sadhu Simha sagt Buddha: »Es ist wahr, Simha, daß ich Tätigkeit rüge, aber nur solche Tätigkeit, die in Worten, Gedanken oder Taten zum Bösen führt. Es ist wahr, Simha, daß ich Auslöschung predige, aber nur die Auslöschung von Stolz, Lust, bösen Gedanken und Unwissenheit, nicht von Vergebung, Liebe, Barmherzigkeit und Wahrheit.«

Den Unterschied zwischen dem Abendland und Indien findet Rabindranath darin, daß die modernen Kulturen, von der altgriechischen an, zwischen Stadtmauern großgezogen wurden, eine Wiege von Stein und Mörtel haben, daß dagegen die indische Kultur in Wäldern geboren wurde. Das Abendland unterwirft sich die Natur und scheint stolz darauf zu sein; als ob wir in einer feindlichen Welt lebten, wo wir alles, was wir brauchen, einer fremden und widerwilligen

Ordnung der Dinge gewaltsam entreißen müssen. Dagegen suchten die alten indischen Waldweisen die große Harmonie zwischen dem Geiste des Menschen und dem Geiste der Welt zu verwirklichen. Indien hat die eine große Wahrheit erkannt, daß wir in Harmonie sind mit der Natur; daß der Mensch denken kann, weil seine Kraft in Harmonie ist mit der Allkraft, und daß seine Zwecke auf die Dauer niemals mit dem Zwecke der Natur feindlich zusammenstoßen können. In Indien wird es dem Menschen zur ersten Pflicht gemacht, sich stets der Tatsache bewußt zu sein, daß er mit Leib und Seele allen Dingen um ihn herum aufs engste verwandt ist, und daß er die Morgensonne, das fließende Wasser, die fruchtbringende Erde begrüßen muß als die Offenbarung derselben lebendigen Wahrheit, die ihn an ihrem Busen hält. (Hier liegt der Grund, warum in Indien ein ganzes Volk, das sich einst von Fleisch nährte, diese Nahrung aufgab aus dem Gefühl der Liebe zu allem Lebenden – eine Tatsache, die einzig dasteht in der Geschichte der Menschheit.)

Die Rabindranathsche Lehre, daß das Unendliche und das Endliche eins seien, und andere Ausführungen gehen ins Mystische hinüber. Wertvoll ist jedenfalls seine Predigt zur Liebe. Hier sagt er u.a.: »Wir können nie den Menschen richtig erkennen, wenn wir ihn nicht lieben. Eine Kultur darf nicht nach der Summe der Macht, sondern nach der Summe der Menschenliebe beurteilt und gewertet werden, die sie entwickelt und in ihren Gesetzen und Einrichtungen ausdrückt. Die erste und letzte Frage, die sie zu beantworten hat, ist, ob und wie weit sie in dem Menschen mehr ein geistiges Wesen oder eine Maschine sieht. Allemal wenn eine alte Kultur in Verfall geriet und starb, geschah dies aus Ursachen, die das Herz gefühllos machen und den Wert des Menschen herabsetzen: wenn entweder der Staat oder eine Gruppe von Machthabern anfing, in dem Volk nur ein Werkzeug ihrer Macht zu sehen; wenn der Mensch dadurch, daß er schwächere Massen zur Sklaverei zwang und sie durch jedes Mittel niederzuhalten suchte, seiner eigenen Liebe zur Freiheit und zu ehrlichem Spiel Hohn sprach und damit die Grundlage seiner Größe zertrümmerte. Die Natur kann sich nie durch Kannibalismus irgendwelche Form erhalten. Denn das wahre Wesen der Menschen kann nur durch Liebe und Gerechtigkeit genährt werden.« Über diese Art von Kannibalismus, die den Menschen als bloße Ware betrachtet, ihn nur nach seinem Nutzen schätzt und ihn in eine Maschine verwandelt, spricht sich Rabindranath an anderer Stelle (S. 148 ff.) noch viel deutlicher aus. Gegenüber dem Egoismus, der uns von Gott trennt, betont Rabindranath immer von neuem den hohen Wert der Liebe: »In der Liebe versinken und verlieren sich alle Widersprüche des Lebens. Nur in der Liebe sind Einheit und Zweiheit nicht im Widerstreit. Die Liebe muß zugleich eins und zwei sein. Nur die Liebe ist Bewegung und Ruhe zugleich. Unser Herz ist ewig rastlos, bis es die Liebe findet, und dann hat es seine Ruhe. Aber diese Ruhe selbst ist eine intensive Form der Tätigkeit, wo höchste Ruhe und rastlose Tatkraft sich in Liebe begegnen.«

An anderer Stelle sagt er: »Das Verstehen des anderen verbindet uns mit einem Teil seines Wesens, aber das Band, das die Liebe schlingt, macht ihn uns ganz zu eigen. In der Liebe ist das Gefühl der Verschiedenheit ausgelöscht, und die menschliche Seele hat ihr letztes Ziel erreicht, indem sie aus den Schranken des Ichs hinaustritt und die Schwelle der Unendlichkeit überschreitet. Daher ist die Liebe die höchste Seeligkeit, die der Mensch erlangen kann, denn durch sie allein erkennt er selbst, daß er eins mit dem All ist.« Diese tiefe Auffassung der Liebe, die aus der Anschauung der Upanishaden stammt, mag auch uns einleuchten, jedenfalls mehr als die nicht immer auf klaren Grundlagen stehende Philosophie Rabindranaths überhaupt; und aus Rabindranaths Sittenlehre heraus mag man den Zug zum indischen Wesen, der durch gewisse Kreise unseres Volkes geht, am ehesten billigen. Im ganzen wird man sich dem Urteil Engelhardts anschließen, daß die indische Lehre mit der Natur und dem Klima des Landes eng zusammenhängt und unseren europäischen geistigen und seelischen Bedürfnissen nicht recht entspricht. Immerhin: das vorliegende Buch mit seinem edeln Gehalt und seiner köstlichen, dichterisch durchglühten Sprache darf uns als ein Gruß aus dem fernen Osten in unsere trübe und verworrene Gegenwart, als eine Hand, die sich uns von dort gütig und freundschaftlich entgegenstreckt, willkommen sein.

Tagore in Dresden

Im September bis Oktober 1926 hielt sich Rabindranath Tagore erneut in Deutschland auf. Bereits am Sonntag, dem 5. September 1926, wurde in den *Dresdner Nachrichten* ein Vortrag angekündigt, den Tagore am 4. Oktober im Gewerbehaus in Dresden halten sollte, organisiert durch Dr. Karl Wolff. Der Kartenvorverkauf erfolgte in Karl Tittmanns Buchhandlung auf der Prager Straße.[22] Tagores Vortrags- und Reiseprogramm in Deutschland wurde in der größten Dresdner Tageszeitung regelmäßig berichtet und in der Kolumne »Kunst und Wissenschaft« kommentiert. Am 13. September war zu lesen:[23]

Tagores Vortragsreise in Deutschland. Rabindranath Tagore wird nach Beendigung seines Berliner Aufenthaltes in Breslau, Beuthen, München und Köln über die »Philosophie des indischen Volkes«, in Nürnberg über »Zivilisation und Fortschritt«, in Stuttgart, Düsseldorf, Dresden und Rostock über »Das Problem des künstlerischen Schaffens« sprechen. Auf dem Rückweg von seiner

22 Vgl. Dresdner Nachrichten, 5. 9. 1926.

23 Dresdner Nachrichten, 13. 9. 1926.

Europareise beabsichtigt Tagore, sich noch einige Zeit in Palästina und Aegypten aufzuhalten.

Am 3. Oktober teilte die Direktion des Albert-Theaters in den *Dresdner Nachrichten* mit, »daß Rabindranath Tagore nach seinem Vortrag im Gewerbehaus der Aufführung seines Dramas ›Das Postamt‹ im Albert-Theater beiwohnen wird.«[24]

Am 3. Oktober besuchte Tagore die Tanz-Schule von Mary Wigman in Dresden, berichteten wiederum die *Dresdner Nachrichten*[25]. Und am 5. Oktober nimmt der Tagore-Bericht wieder die gesamte Kolumne »Kunst und Wissenschaft« der *Dresdner Nachrichten* ein:[26]

Tagore in Dresden. [...]

Vom philosophischen Geiste der Inder sprach der Dichter im Saale des Gewerbehauses, den eine festliche Schar von Hörern füllte und überfüllte. Im hohen Lehnstuhl saß der indische Weise im rotgelben Gewand, mit dem schönen, wallenden, weißen Bart, den sanften Augen, dem schlanken, zarten Wuchs, viel älter und ehrwürdiger erscheinend, als seinen 65 Lebensjahren gemäß wäre. Gewiß ein erlesener und feiner Mensch und ein seelenvoller, musikalisch-lyrischer Dichter. Aber kein Denker in europäischem Sinne. Das zeigte sein Vortrag deutlich. Anfangs mit ungewöhnlich hoher, greisenhaft heller Stimme die englischen Worte vereinzelt, stoßweise aneinanderreihend, schwoll die geistige Leidenschaft seines Sprechens am Schluß, wo er vom Blatte las, zu einer klangvollen Melodie an. Abschnittweise verdolmetschte Professor Pandit Tarachand Roy, Lektor am Indogermanischen Seminar der Universität Berlin, die Gedanken des Dichters. Das geschah mit einer freien Beherrschung des deutschen Ausdrucks und einer Natürlichkeit des deutschen Tonfalls, die erstaunlich waren. Dieser Inder sprach fast völlig wie ein Deutscher.

Der Gedankengang des Vortrages Tagores begann mit Hervorhebung des wissenschaftlichen Geistes Europas, dem in Indien die Atmosphäre eines Gesamtgefühls im ganzen Volke gegenübersteht. Alle atmen die gleiche Luft philosophischen Geistes ein, mehr oder weniger bewußt, und hoch wie niedrig sind in Indien von den Vorstellungen der Philosophie durchzogen, wie in Europa die Menschen von der Wissenschaft erfüllt sind. Die Ueberwindung der Avidya, der Unwissenheit, vollzieht sich im indischen Volksgeist durch das große Gesetz des Schauens. Die Erfassung des Wahrheitsgehalts über die Grenzen der Erscheinung hinaus geschieht durch Leben in der wirklichen geistigen Welt. Jener Dualismus zwischen Sein und Sollen, jene zwei Sphären unseres Lebens,

24 Dresdner Nachrichten, 3. 10. 1926.
25 Vgl. hierzu den Beitrag von Gabriele Gorgas in diesem Band.
26 Dresdner Nachrichten, 5. 10. 1926.

jener schmerzenerregende Kampf zwischen Realität und Idealität, wird durch das innere Erschauen beider Welten überwunden. Dieses liegt den Indern seit Jahrtausenden im Blute. Nur in der Versöhnung der Gegenpole der begrenzten und der unbegrenzten Wahrheit ist die Freiheit zu finden. Die geschichtliche Entwicklung der indischen Religion führte von der Vielgötterei zu diesem Monismus von innen und außen. Der Inder will sich nicht der Erscheinungsform entziehen (wie vielfach geglaubt wird), sondern in die Tiefen des Unbegrenzten tauchend, sucht er die Wahrheit. Mit zwei schönen dichterischen Bildern machte Tagore diese Beziehungen anschaulich. Wie man den Geist einer fremden Sprache nicht ohne Kenntnis ihrer Grammatik erfassen kann, wie eine das Unbegrenzte erfassende Seele auch in den verwelkten Blumen ihr Wesen durchdringt, so erschließt sich dem Inder die Wahrheit aus der Durchdringung des Endlichen mit dem Unendlichen. Zu dieser Erlösung ist der Weg aber lang und fordert Geduld und Ruhe der Seele. Mit einem Blick auf den Geist der Hast und Selbstvernichtung im Zivilisationsbetrieb Europas schloß der Redner seine Schilderung der philosophischen Volksseele Indiens, durch die nur deutlich wurde, daß Europa in der Philosophie ein Wissen, der Osten ein Schauen und Erleben sucht.

Für den Beifall des Saales dankte Tagore mit der bescheidenen Geste des Zusammenlegens der Hände. Dann sprach er einige seiner Dichtungen, zwei davon bengalisch, die anderen englisch. Und jetzt kam seine wahre Seele, die Dichterseele zum Durchbruch. Es war sehr fesselnd zu hören, wie zuerst Professor Tarachand Roy die Gedichte deutsch aus dem Gedächtnis mit großer rezitatorischer Lebendigkeit vortrug und dann der Dichter selbst die innere Melodie seiner Verse erklingen ließ, sehr zart und schalkhaft, warm und herzlich. Doch indische Musik der Verse erklang erst in der bengalischen Ursprache, jener Sprechgesang, der in den orientalischen Gebetsrufen und Volksgesängen tönt, der lang hin wallende Rhythmus, den auch die altindischen Gedichte haben, die volksmäßige Gesangslinie, die Tagores Gedichte in seiner Heimat zu Volksliedern gemacht hat. Die Auswahl aus seiner überreichen Lyrik traf allerdings nur jene Kindergedichte aus der Sammlung »Der zunehmende Mond«, anmutige, naive Bildchen, die wohl den Dichter als feinen Kenner des Kinderherzens zeigen, die aber nichts bringen, was uns nicht auch liebe deutsche Dichter an solchen Gefühlswerten gegeben haben.

Zu Ehren der Anwesenheit des Dichters in Dresden hatte das Albert-Theater sein Bühnenspiel »Das Postamt« für eine einmalige Vorstellung einstudiert. Rabindranath Tagore wohnte mit zwei indischen Damen, die ebenso durch ihren Typus wie durch die schönfarbigen Gewänder und Tücher auffielen, in der Loge der Vorstellung bei. Vorausgegangen war eine literarisch- musikalische Feier, in der nach einführenden Worten von Lucy v. Jacobi Paul Smolny eine Prosaerzählung Tagores las und Lotte Minkwitz Gedichte und Hymnen sprach. Paul Aron (Klavier), Paul Bornemann (Violine), und Bernhard Günther (Cello) spielten den ersten Satz eines Trios von Cyrill Scott, einem modernen englischen Komponisten. In der von Smolny geleiteten Aufführung des »Postamtes« trat Deli Maria Teichen zum ersten Male überhaupt vor das Publikum in der Rolle des Knaben Amal, des kranken, todgeweihten Kindes, dem alle Menschen um seiner Zartheit und Verklärtheit willen Liebes tun, bis sein hoffender Glaube, der König selbst werde zu ihm in die niedere Hütte kommen, durch den Eintritt des größten Herrschers, des Todes, erfüllt wird. Die Dichtung ist fein und zart, gewiß, aber sie ist doch nur Lyrik und Stimmung. Wir haben in den feinen Frühwerken Hofmannsthals die gleiche, uns noch näher berührende Schönheit und Beseeltheit, und in »Hanneles Himmelfahrt« von Hauptmann eine uns tiefer menschlich erschütternde Tragödie der Kinderseele. Fräulein Teichen erwies sich wohl als hoffnungsvolles Talent, doch für die Gebrechlichkeit des kranken Kindes und seine blumenhafte Seele war ihre Erscheinung wenig geeignet. Die Herren Willi, Martens, Xylander, Smelding, Benden traten in Charakterrollen hervor, die Stimmung des ganzen Spiels war farbig und poetisch, eine schöne Huldigung für den Dichter, dem Hanns Fischer nach Verlesung einer englischen Ansprache, in der er Tagore als Menschen und Dichter feierte, einen herrlich weißen Blumenstrauß darbrachte. Von der Loge aus dankte Rabindranath Tagore den unermüdlichen Beifallsspendern und erfreute sie durch einige warmherzige englische Dankesworte.

So warm und eifrig feierte Dresden einen indischen Dichter.

Dr. Felix Zimmermann.

Nach weiteren Besuchen in Europa und Ägypten bestieg Rabindranath Tagore zusammen mit seinem Sohn Rathindranath und dessen Frau Pratima sowie der Enkeltochter Nandini am 7. Dezember 1926 das Schiff in Aden, um die Heimreise anzutreten. Es ergab sich, dass der Leipziger Anthropologe und Ethnologe Egon v. Eickstedt zusammen mit seiner Frau Enjo mit eben diesem Dampfer seine Expeditionsreise nach Indien antrat, die – vom Staatlichen Sächsischen Forschungsinstitut für Völkerkunde bei der Sächsischen Akademie der Wissenschaften zu Leipzig ausgerichtet – das Forscherpaar zwei Jahre lang auf dem Subkontinent fesselte. Während der Überfahrt kam es zu mehreren Begegnungen und Gesprächen mit dem Dichter, die Eickstedt in seinem Tagebuch festgehalten hat. Eickstedts persönliche Beschreibungen geben ein weiteres lebendiges Zeitzeugnis des berühmtesten Bengalen:[27]

27 Eintrag vom 16. und 18. 12. 1926; Tagebuch I (7. 12. 1926–12. 3. 1927) aus dem handschriftlichen Nachlass von Egon v. Eickstedt, übernommen vom Anthropologischen Institut der Universität Mainz im Museum für Völkerkunde Dresden, SES, bisher unveröffentlicht. Alle Zitate sind Übertragungen von Lydia Icke-Schwalbe und Nicole Höpfner, Leipzig.

Am nettesten ist es noch im Teesalon. Auch Rabindranath [Tagore] mit Sohn, Schwiegertochter u. Enkel halten sich gern hier auf. Es ist relativ kühl und still, die meisten Passagiere liegen am Hinterdeck. Ich habe Rabindranaths Sohn nach Mahalanobis gefragt, der den Dichter in Ungarn begleitete und den ich trotz Vermittlung nicht traf. Er war gar nicht nach London gekommen, sondern in Athen bzw. Budapest geblieben. Rathindranath stellte mich dem Vater vor, dem Enjo schon aufgefallen war, sie sähe so indisch aus. Wir plauderten ein Stündchen über unsere Reise. Der Dichter sprach gern von der Güte der Dschungelbewohner. Sie kennen die Kunst glücklich zu sein, aber die Missionare nehmen sie ihnen. Er wohnt selbst nahe Suri im Gebiet der Santal. Eine entlegene schwerzugängliche Gegend, meinte ich. Er: ich glaube nicht, dass es in Indien unzugängliche Gegenden gibt, ich glaube nicht, dass es noch nur ein ind. Land gibt, wohin nicht britische Beamte und Polizisten kommen. Sie würden fürchten, dass dort eine Revolution entstehen könne. [...] Kommen Sie auch nach Assam? Der Raja der Kuki ist mein Freund. Dann sprachen wir von den Saora. »In den Veden wird ein Stamm genannt, der Schavara heisst.« R. rät, an Anantha Krishna Iyer zu schreiben, der jetzt in Calcutta doziert. Er war selbst in Cochin und hat Interesse an den Nayar mit ihrer matriarchalischen Gesellschaftsordnung. R. spricht mit leiser Stimme langsam und gemessen. Gemessen ist auch sein Gang u. Wesen, er ist gewöhnt zu erzählen. Die Kinder an Bord werden totenstill vor stummem Staunen, wie der Weisshaarige das erste Mal würdevoll in seinem langen wallenden Gewand an ihnen vorüberschritt. Er hat die grossen mandelförmigen Augen der Or. [orientalischen] Rasse, voll Güte und Glanz. Ganz auffallend hell ist die Haut, sehr schmal die Nasenwurzel, sehr gross die Figur. Sein langer Bart ist nur mässig voll, die Locken noch grau. [...]

(Fahrt entlang der südöstlichen Küste Indiens, vor Kerala)

Am 15. zeigte mir Rathi die Küste + Travancore; hohe Berge in Nebelfetzen unter Wolken. Am Abend des 14. Kostümfest an Bord. Enjo in Kleidung von Frau Protima Tagore, der Dichter selbst schlug es vor, als wir einmal wegen Messg. [Messung] bei ihm waren. Er mag Enjo gern. Kenney in hocheleganter Pagentracht (nachher 1. Preis!) führte Enjo zu Tisch. Die kleine Nandini kam darnach in den Saal, sucht die Mutter unter den fremdartig gekleideten und springt auf Enjo zu, legt die Hände auf ihren Arm und sagt glücklich Mammi! – um zurückzuplatzen. Ein auch anthropologisch interessanter Fall.

Im Juli und August 1930 bereiste Rabindranath Tagore Deutschland zum dritten Mal. Wiederum begleiteten die Dresdner Tageszeitungen den verehrten Meister und kommentierten alle Bewegungen des Dichter-Philosophen. Bereits am 10. und 11. Juli kündigten der *Dresdner Anzeiger* sowie die *Dresdner Neuesten Nachrichten* (DNN) Tagores Vorträge und Begegnungsmöglichkeiten in Dresden an, die im Humboldt-Klub der Technischen Hochschule Dresden, im Studentenhaus in der

Abb. 3: Gurudev Rabindranath Tagore, Repro

Mommsenstraße 13, stattfinden sollten. Der *Dresdner Anzeiger* zeigt am 13. Juli an: »R. Tagore, der dieser Tage auch nach Dresden kommt, traf Freitag Nachmittag, von Holland kommend, zu einem längeren Aufenthalt in Berlin ein.«[28] In der DNN wurde Tagores Vortrag zum Thema »Principle of Arts« bereits für den 17. Juli angekündigt. Den Besuch in Dresden vorbereitend berichtete die DNN am 15. Juli über den Auftritt des Dichters Rabindranath Tagore in Berlin. Der Deutsche Kreis des Weltstudentenwerks hatte im Harnack-Haus in Dahlem zum Tee zu Ehren von Tagore geladen. Dabei sprach »der Dichter über ›Ideale Aktion und Probleme der Industrialisierung Indiens‹.«[29]

Am 18. Juli 1930 beherrschte Tagores Besuch erneut die größte Dresdner Tageszeitung mit einem Literaturbeitrag:[30]

Vergeistigte Menschlichkeit. Von Rabindranath Tagore

Jeder Gedanke ist ein Baustein am werdenden Schicksal! Jeder unserer Gedanken ist eine Realität! Eine Kraft! Es gibt eine höchste Macht und waltende Kraft, die alles durchdringt und alles belebt, und wir sind ein Teil dieser Kraft, und als solchem ist uns die Fähigkeit gegeben, durch dauerndes, schweigendes Verlangen, Beten oder Wünschen immer mehr von den eingeborenen Werten dieser höchsten Macht in uns zu ziehen.

Wer jemals gezwungen war, in einem häßlichen Hause zu wohnen, an einem schlechten Tische zu essen, unter Menschen zu leben, die ungeschliffen und gemein waren, der weigerte sich in seiner tiefsten Innerlichkeit gegen all dies Unwürdige. Er lebte geistig in einem schöneren Hause, an einem edleren Tische mit höheren Menschen, und dieser Zustand seines Gemütes hat ihn stets zum Besseren geleitet, ohne Mühsal, Zwang und Bitterkeit. Darum befestige sich im Menschen der Grundsatz: Sei reich im Geiste, reich in deiner Phantasie und im Bewußtsein (der materielle Reichtum folgt nach)! Denn wer sich immer auf

28 Dresdner Anzeiger, 13. 7. 1930.
29 Dresdner Neueste Nachrichten, 15. 7. 1930.
30 Dresdner Nachrichten, 18. 7. 1930.

der untersten Sprosse der Lebensleiter sieht und weder Kraft noch Phantasie hat, der wird auch sein Leben lang auf dieser untersten Sprosse stehen bleiben. Denn nur die herrschende Stimmung, ganz gleich, ob sie sieghaft oder gedrückt scheint, bewirkt in Wahrheit alle physischen Bedingungen des Lebens im voraus. Man soll und darf daher künftigen Möglichkeiten niemals eine Grenze setzen. Und darum darf der Mensch auch niemals denken: meine Fähigkeiten und Talente sind nur die des üblichen Durchschnittes. So denken viele unbewußt und schließen sich in eine Lüge ein. Aber sie vergessen dabei eines: die peinlichen Folgen der Lüge! Sie trennen sich dadurch vom Pfad der höheren Wahrheiten ohne Not, und sie nehmen sich damit die Möglichkeiten, die Grenzen der heutigen Welt jemals zu übersteigen.

Wir saugen die Gedanken der Menschen auf, mit denen wir am meisten sympathisieren und verkehren. Sind sie minderwertig und leben sie gedanklich in niederen Sphären, so werden wir dauernd Schaden erleiden, denn immer ist es der höhere Geist, immer ist es der feinere Geist, der in ungleicher Gemeinschaft unterliegt. Erfolgreiche werfen uns gleich Fäden die Gedanken des Erfolges zu; von den Erfolglosen geht immer ein Mangel an Ordnung, Systematik, Geduld oder gläubiger Kraft aus, der von uns eingesogen wird wie Wasser von einem Schwamm. Darum ist es wohl besser, gar keinen Verkehr mit den Menschen zu pflegen, als den mit zerfahrenen, ziellosen Menschen, denn ihre Gedankenströme isolieren uns von den Wesen unserer eigenen Art: von unseren wahren Freunden.

Wir haben ja bis jetzt nur die vagesten Vorstellungen, was das Leben bedeuten könnte, welche Möglichkeiten in ihm ruhen. Eine Ahnung des relativ vollkommenen Lebens wird der Menschheit erst mit der Befähigung kommen, ihren Leib nach Belieben erneuern, ihn nach Belieben behalten zu können. Einen Leib, frei von Schmerz und schön über alle Maßen. Daher üben wir die Stimmung der Demut vor einem unendlichen Bewußtsein und sind immer bereit, die wahren Werte und Wünsche zu erkennen und sie gleichsam von einer höheren Strömung zu empfangen.

Wer mehr und mehr teil hat an dem unendlichen Geist, wird immer rascher erneuert, physisch und psychisch, die Kräfte wachsen an ihren Wirkungen, alle Furcht fällt ab, wenn es offenbar wird, daß nichts zu fürchten ist für den, der im Gedankenstrom des unendlich Gütigen fließt. Wie ein Wunder scheint es, daß dann alle materiellen Dinge mühelos und ohne viele Anstrengung von unserer Seite in unser Leben treten. Wir staunen über das Rasen, Mühen und Schinden der Menschheit, die eben durch all diese Plage die Güter, nach denen sie strebt, von sich treibt. Die Erkenntnis beginnt in uns zu wachsen, daß das Leben, zu dem wir brufen sind, ein Aufsteigen von Glück zu Glück bedeutet, daß mühevolles Ringen ganz überflüssig wird, weil alle Dinge dieser Welt geistigen Strömungen folgen. Alles, was wir wollen, ruhig und ohne Ungeduld, aber fest und klar umrissen, wartet auf dem Wege auf uns, den wir gehen. Unsere Augen müssen es nur erfassen, müssen es nur aufzunehmen fähig sein. Gar keine Grenze ist der Macht gesetzt, der Gedankenstöme untertan sind. In der Fähigkeit des Menschen, sich geistige Wellen von einer feineren Art und höherer Intensität dienstbar zu machen, liegt das Geheimnis der Magie.

Ob Mann oder Frau, unser Leben kann nicht vollkommen sein, wir können uns nicht von Kraft zu Kraft emporbauen, bevor wir nicht unserer Ergänzung im anderen Geschlecht in unserem zweiten Ich begegnet sind und es spirituell erkannt haben.

Niemand aber darf von uns erwarten, sogleich und für alle Zeiten zu neuen Gesetzen, Prinzipien und Methoden des Daseins emporzuleben. Im vollen Bewußtsein ihrer Wahrhaftigkeit wird doch ein Teil sich still dagegen auflehnen, und dieser Teil ist das Materielle, die Erfahrung des Leibes, des Blutes und der Zellen.

Einen Tag später berichteten die *Dresdner Neuesten Nachrichten* im Feuilleton:[31]

Rabindranath Tagore spricht im Studentenhaus

In den letzten Jahren ist es sehr still um diesen indischen Dichter geworden. Und es gehörte doch einmal zum guten Ton, es war einmal Modesache, die lyrischen Gebilde des »Gärtners« zu kennen und zu preisen. In der O=Mensch=Zeit nach dem Kriege gab man auch auf diesen Sänger und Kalidasa=Nachfahren acht. Als einer der ersten ausländischen Gäste kam er vor zehn Jahren nach Deutschland. Das akademische Volk Münchens huldigte dem schauprächtig in einen lilaseidenen Talar gekleideten Wundermann, der einen Strauß roter Rosen anmutig im Arm zu halten pflegte und zuvor wohlgefällig die Tagore=Bände in den Schaufenstern der Stadt betrachtet hatte. Inzwischen ist Tagore viel in Europa herumgereist und hat ein neues Talent in sich entdeckt, zu den vielen, die er in sich verspürt, der Philosoph und Dichter, der Musiker und Dramatiker ist nun auch Maler geworden, um die Vielseitigkeit seines Empfindens deutlicher auszuprägen und wohl auch seinem etwas verwehten Ruhm in der alten Welt neue Impulse zu geben.

Auf Einladung des Humboldt=Clubs, der schon so viele hervorragende ausländische Gäste bei sich sah, ist er nun nach Dresden gekommen. Das Studentenhaus reicht kaum aus, die Schar der Neugierigen zu fassen. Die Spitzen der Stadt, der Behörden und der Hochschule haben sich eingefunden. Angetan mit einem schwarzen, weiß gefütterten Talar, mit einer hohen schwarzen Samtmütze auf dem weißbärtigen Kopf, betritt der Erwartete den überfüllten Raum.

31 Dresdner Neueste Nachrichten, 19. 7. 1930. Felix Holldack war seit 1920 Ordentlicher Professor an der TH Dresden für Internationales Recht und Rechtsphilosophie. 1930 veröffentlichte er »Die neue Universität«. 1934 wurde er zwangsweise in den Ruhestand versetzt. (vgl. Bedeutende Wissenschaftler der TU Dresden. Kustodie der TU Dresden 2005).

Etwas Priesterliches ist um ihn. Die ihn näher betrachten können, bestaunen seine helle, europäische Hautfarbe.

Gelassen hört er sich die Begrüßungsworte des ersten Vorsitzenden vom Humboldt=Club an. Prof. Dr. Felix Holldack spricht sie. Es ist eine Huldigung, die mit fast südasiatischer Höflichkeit Tagore als einen der Größten aller Zeiten preist und ihn mit keinem Geringeren als Augustin, dem philosophischen Stammvater der katholischen Kirche, vergleicht. (Man wird, selbst wenn man in diesem Fall die Hyperbel als rednerische Metapher gelten läßt, doch, um nicht in falschen Verdacht zu geraten, feststellen müssen, daß man selbst in Indien die Hügel des kleinen Vorgebirges nicht mit Gaurisankarspitzen zu vergleichen pflegt. Und daß auch Europens übertünchte Höflichkeit dies vermeiden sollte.)

An Höflichkeit steht ihm Tagore nicht nach. Er spricht einen Gruß an Deutschland, dem er sich von je verwandt gefühlt habe, er spricht über die seelische Gemeinschaft Indiens und Deutschlands. Vielmehr er singt nahezu. Mit einer hohen frauenhaften Stimme, die bald betend flüstert, bald flehentlich klagt. Er singt leise ein helles, exotisch gefärbtes Englisch, das vielen Zuhörern kaum verständlich gewesen sein dürfte.

Er wolle nicht als Philosoph reden, so führt er aus, er sei als Dichter gekommen. Für seine »Grundsätze der Kunst« findet er viele poetische Beispiele aus seinem Leben. Diese Grundsätze, sie sind eine Abwandlung alter europäischer Gedankengänge. Man findet die Ideenlehre Platos darin, und seine Ausführungen drehen sich eigentlich um das cartesianische »Cogito, ergo sum«, das er als ein »Ich empfinde, also bin ich« begreift. Einen Hymnus an die Wirklichkeit stimmt er an, an die Welt der Sinne, die ihm einzige Realität ist. Aufgabe des Künstlers: den Nichtsehenden sehen zu lehren. Erläutert mit blumigen, oft dunklen, manchmal humorvollen Beispielen aus seinen Erfahrungen. Und dabei empfindet man, daß dieser Sänger, der die Wirklichkeit preist, eigentlich sehr wirklichkeitsfremd ist, daß die Not seiner Landsleute sein weltabgewandtes Schaffen kaum beeinflußt, daß er nur allgemeine Gedanken ausspricht, die man in Europa schon ursprünglicher, überzeugender und verdichteter vernehmen konnte.

Sicherlich hat er recht, wenn er meint, Uebersetzungen vermögen den ersten Eindruck nicht zu vermitteln, wenn sie auch noch so glücklich gelungen sind. Und er zeigt es frappant an einem Beispiel. Er rezitiert englisch ein »Abendlied«. Sehr musikalisch, sehr wohllautend. Aber wie sachlich diese Sprache im Grunde ist, wird erst deutlich, wenn er in der klingenden Sprache seiner Heimat rezitiert. Da ist dann alles Musik. Ein rhythmisches Stampfen, ein wundersames Anschwellen und Verklingen, eine seltsame Tonmalerei in Worten, die das Ohr staunend und bewundernd aufnimmt. Hier glaubt man, daß Tagore sehr wohl ein Sänger und Rhapsode ist. Und gern hätte man mehr dieser fremdartigen, geheimnisvollen Musik vernommen, die das eigentliche Wesen Tagores auszuprägen scheint. Stärker als die verschlungenen Gedankengänge eines, seine

Abb. 4: Rabindranath Tagore mit seinem Neffen (in Berlin), Repro

großen (zu Goethes Zeiten den gebildeten Deutschen vertrauten) wirklich bedeutenden indischen Vorbilder nachempfindenden Poeten, der theoretisiert und ästhetisiert.

Und besonders nach dieser gesangvollen Wiedergabe seiner Dichtung wurde denn Tagore auch durch reichen, herzlichen Beifall geehrt. k. sch.

Die *Dresdner Volkszeitung. Organ für das werktätige Volk* veröffentlichte in ihrem Beiblatt am 19. Juli eine eigene Bewertung des indischen Dichters, dessen Auftritt bereits am 15. Juli mit Bild[32] angekündigt worden war:[33]

Zu Ehren Tagores, der gegenwärtig Deutschland durchreist, gab der Humboldt-Klub am Donnerstag einen großen, stark besuchten »Empfang«. Nach einer verständnisvollen Begrüßung durch Professor Holldack stellte sich der indische Dichter mit persönlichen Worten vor. Dann wurde der Inhalt seines Vortrags kurz deutsch angesagt; darauf hielt er ihn ausführlich und ungleich gedankenreicher in englischer Sprache; er handelt vom Wesen (den Grundsätzen) der Kunst.

Rabindranath Tagore ist vor einigen Jahren in Deutschland überschwänglich gefeiert worden. Bald darauf schlug die Stimmung um, und seitdem hielten ihn viele für einen mehr oder weniger fremdartigen, sich aber selbstgefälligen und dünnblütigen Philosophiedichter, der mit seinem silberlocken- und silberbartumwallten Schöngeisthaupt und seiner lieblich fließenden Nationaltracht als Saloninder rednerische Geschäftsreisen ausführt. Dies alles konnte keinem ernsthaften Leser der Werke Tagores einleuchten. Diese Dichtungen sind nicht von Europas Gedanklichkeit durchdrungen. Sie sind arm an Intellektualem: an Verstandeswerk. Aber sie sind reich an Lebens- und Welterfahrung, wie ein überaus kluger, wenngleich nicht zu europäischer Bewußtheit erzogener Mann sie sammelt und durchdenkt; reich sogar an jener gesteigerten und vertieften Erfahrung, die man nicht uneben »Weisheit« nennt. Tagores Dichtungen sind auch nicht knapp geformt und rational – auf errechnete Wirkung hin – gefügt. Sie haben dünnen, effektarmen Fluß und oft einen traumartigen Verlauf. Aber

32 Der indische Dichter Rabindranath Tagore mit seinem Neffen in Berlin. Dresdner Volkszeitung, Beiblatt, 15. 7. 1930, Kopie aus Stadtarchiv Dresden.
33 Dresdner Volkszeitung, 19. 7. 930.

innerhalb dieser Wesensart lassen sie die Hand eines Dichters erkennen,der um die langsamen, innerlichsten Wirkungen instinktiv Bescheid weiß und in jedem Augenblick sein Ziel kennt. Kurz, sie sind uneuropäisch, aber sie sind weder dünnblütig noch geistarm, sondern echt und tief. »Künstlich« kann man gerade das nicht herstellen! Solche Dichtungen wachsen, aber sie werden nicht gemacht.

Wem noch ein Zweifel an der Lauterkeit dieses Mannes geblieben sein sollte, der muß ihn vor seinem persönlichen Auftreten verloren haben. Sein Äußeres enthüllt sich da rasch als eine nationale Eigentümlichkeit, die dem Greis gewohnt und angenehmer sein mag als europäische Haar-, Bart- und Kleidertracht. Seelisch und geistig aber tritt dieser lebendige Vertreter der asiatischen Welt mit einer schlechterdings zwingenden, ja ins Herz zündenden, urechten Bescheidenheit auf. Wenn er sagt: Ich beanspruche nicht, als Philosoph zu Ihnen zu reden, sondern nur als Dichter, so ist das seine volle Ueberzeugung. Er weiß gut, daß in Europa der »Philosoph« am Maß seiner begriffebildenden Geistesschärfe, an seinem Vermögen zur theoretischen Abstraktion und zur logischen Arbeit gemessen wird, und daß er, Tagore, dazu nicht berufen ist; daß die Denkphantasie und Lebensweisheit, die Früchte reicher und tiefer Welterfahrung aber in Europa wohl als Weisheit gewertet werden, wenn der Beurteiler freundlich denkt, nicht aber als »philosophische« Leistungen. Doch gerade an Lebenskenntnis, Phantasie und weisem Wissen ist Tagore reich, wie sein schönes, bedeutendes Weltbild-Buch »Sadhana« vor Jahren schon bewies. So bekennt er sich als bloßen Dichter und spricht als solcher: anschaulich, Beispiele aus Leben und Erfahrung einflechtend, dichterische Erfindungen benutzend, und doch lebensnahe, wirklichkeitvertraut. Mit einer dünnen Kinderstimme, schüchtern fast, beginnt er zu sprechen und bekennt sich als innerer Freund Deutschlands und der Deutschen, uns durch Geistesart und Seelenweise nächstverbunden. Aber diese Stimme ist keines Kindes! Eine fast »listig« wirkende Klugheit durchdringt ihren schwachen Klang alsbald, und wie Tagore als Zeugnis und Gabe an die Hörer ein Abendgedicht erst englisch, dann bengalisch vorträgt, erstarkt sie zu vollem Klang und Hall, auf deren Schwingungen die Worte stark und eindringlich einherklingen.

Tagores Klugheit ist in Wahrheit nicht »listig«,sondern heiter und von einem berechtigten Gefühl der Ueberlegenheit untergründet, das ihn zu seiner spielend-munteren Redeweise antreibt. Er spricht langsam – Englisch ist nicht seine Muttersprache –, aber doch geistreich und mit witzfreiem, zartem Humor. Was man fortwährend empfindet, ist seine Wirklichkeitsnähe. Immer greift er Beispiele aus dem Alltag, aus allmenschlicher Erfahrung. Und sein ganzes Denken umkreist das Wirkliche. Was er über »Grundsätze der Kunst« im Humboldt-Klub ausführte, kann hier nicht alles wiedergegeben werden. Nur der Hauptgedankengang. Er betrifft die Frage Dichtung und Wirklichkeit. Denn wie in Europa zu der Zeit, als Tagores Anschauungen sich bildeten, Wirklichkeit zum Hauptproblem der Dichtung wurde (»Naturalismus«), so ist sie es ihm in Indien geworden. Er ist in kunst-technischer Hinsicht nicht reiner Naturalist, aber seine Stoffe sind Natur von immer und ewig und Menschtum mit seinen Problemen von heute und hier. Er schweift nicht in die Geschichte oder in Phantasiegefilde, selbst als Lyriker nicht in zeitlosen Gefühlsausdruck hinüber – es gibt Wirklichkeit. Und er weiß das und baut auf diesem Wissen seine bedeutsamen »Grundsätze« auf. Wirklichkeit begreift er als menschliches Erlebnis. Doch: »Wir kennen sie nicht, weil wir sie zu durch denken vermögen, sondern weil wir sie fühlen können.« »Wir leben in einer menschlichen Welt, die mit unserem Gefühl gesättigt ist. In nächste Beziehung mit dieser Welt zu bringen, ist die Aufgabe der Kunst. Wenn das Wirkliche uns nahe kommt, so erhält unser Dasein eine tiefere Harmonie. Das geht in Kunst und Schrifttum vor sich. Wissenschaft erforscht das Unbekannte, Kunst die Phantasie- und Gefühlserfahrungen des Menschen.« Der Dichter »geht auf Entdeckungsreisen« im Bereich dieser Erfahrungen und vermittelt das Erlebnis der Menschlichkeit. Er nimmt von uns weg das Gefühl,vereinzelt und einsam zu sein, weitet unser kleines Ich und führt zum Allmenschtum hin. Er weitet die Grenzen des Einzellebens. Wenn er seine Gesichte vom Wirklichen andere sehen läßt, ist er schöpferisch; was ihm wirklich ist, soll auch anderen wirklich sein. »Alle Kunst ist antwortendes Echo, das die Wirklichkeit dem Menschen entlockt.« »Ich habe das große Glück gehabt, nahe am Herzen der Wirklichkeit zu wohnen – ich mußte das ausdrücken in Worten, Musik, Linien, Farbe – ich konnte nicht anders!«

Alle Theorien, die Dichter und Künstler aufstellten, sind aus dem besonderen Wissen erflossen, das eigene Erfahrung ihnen eingab – sie waren Ausdruck ihrer persönlichen Schaffensart. Aber nur ein ganz gerade gewachsener, geniebegnadeter, grundehrlicher Mensch kann sich und seine Erfahrung so rein und zwingend ausdrücken wie Tagore, denn nur ein solcher denkt so unfehlbar aus der Tiefe des Erlebnisses in die Höhe der Einsicht. Es war ein starkes und bereicherndes Ereignis, den greisen Rabindranath Tagore von sich und der Kunst sprechen zu hören.

Sch.

Der Dichter-Philosoph suchte die Begegnung und das Gespräch mit Jugendlichen in unterschiedlichen Bildungs- und Erziehungseinrichtungen, baute er selbst doch mit leidenschaftlicher Kraft an seiner indischen Reformschule in Shantiniketan, dem ehemaligen Ashram, geistigen Rückzugsort seines Vaters am Rande des Dschungels nördlich des Gangesbeckens. Der *Dresdner Anzeiger* meldete am 21. Juli 1930:[34]

Rabindranath Tagore auf der Jugendburg Hohnstein.

34 Dresdner Anzeiger, 21. 7. 1930.

Nachdem vergangenen Donnerstag eine Kommission des Völkerbundes die Jugendburg Hohnstein besucht und unter starken Eindrücken dieses Zeichen deutscher Tatkraft verlassen hatte, kam am Freitag der berühmte indische Dichter und Denker Rabindranath Tagore, um diesem Mittelpunkte der deutschen Jugendbewegung einen Besuch abzustatten. Tagore war überwältigt von dem herrlichen Gesamtbild der trotzigen Burg, die in strahlendem Sonnenschein und Flaggenschmuck den großen Inder empfing. Deutsche Jugend, Jugend aus Dänemark und England, die zurzeit in der Burg als Gäste weilen, empfingen Tagore im hinteren Burghof mit einem frischen Lied. Der Burgwart begrüßte Tagore mit einigen herzlichen Worten, auf die Bedeutung der Jugendburg Hohnstein als Mittelpunkt der deutschen Jugendbewegung, als Sammelpunkt der Jugend fast aller europäischen und vieler außereuropäischen Länder hinweisend. In gewählter blumenreicher Sprache dankte Tagore mit tiefbewegter Stimme. Möge die Jugendburg, so schloß er seine warme, herzliche Ansprache, weiterhin dem gegenseitigen Kennenlernen und Verstehen der Jugend aller Nationen, aller Völker, aller Rassen und so dem Menschheitsfrieden dienen.

»Tagore als Maler« titelte der *Dresdner Anzeiger* am 19. Juli 1930 und stellte die Sonderausstellung von Werken Tagores vor:[35]

In einem der Ausstellungsräume des Sächsischen Kunstvereins hängen Bilder von Rabindranath Tagore. Kaum daß die Welt weiß, daß der große indische Dichter auch ein Meister in der Beherrschung von Farbe und Linie ist, darf sie sich schon von seinem Schaffen überzeugen. Es geht hier nicht um Stil und Richtung, oder um Altes und Modernes; vielmehr bedeutet für Tagore die Malerei nur ein neues künstlerisches Ausdrucksmittel, das er mit aller Unbefangenheit und Naivität benutzt, um dichterische Visionen festzuhalten. In den letzten zwei Jahren – früher hat er nicht gemalt – hat er mehrere hundert Bilder geschaffen, reine intuitive Schöpfungen, frei von jedem Manierismus. Die Musikalität seines Wesens liegt in diesen eigenartigen Malereien. Man findet in ihnen die Mystik des Orients ebenso wie die klare Gestaltung irgendeiner abendländischen Schule; aber nirgends ist Anlehnung, nirgends Nachahmung. Welch ein Schaffensdrang tut sich hier kund, welch ein innerer Reichtum! Tagores Bilder sind ein Stück seiner

Abb. 5: Tagore am Rednerpult im Sächsischen Kunstverein in Dresden, Zeichnung von M. Meinholdat, Repro

35 Dresdner Anzeiger, 19. 7. 1930.

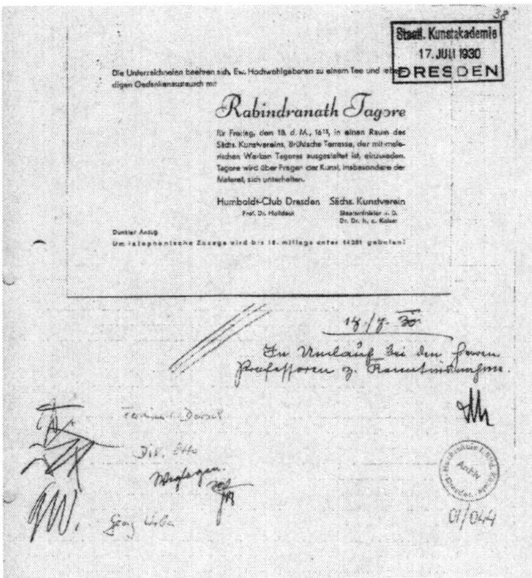
Staatl. Kunstakademie
17. JULI 1930
DRESDEN

Die Unterzeichneten beehren sich, Ew. Hochwohlgeboren zu einem Tee und ... digen Gedankenaustausch mit

Rabindranath Tagore

für Freitag, den 18. d. M., 16¹⁵, in einen Raum des Sächs. Kunstvereins, Brühlsche Terrasse, der mit malerischen Werken Tagores ausgestellt ist, einzuladen. Tagore wird über Fragen der Kunst, insbesondere der Malerei, sich unterhalten.

Humboldt-Club Dresden — Sächs. Kunstverein
Prof. Dr. Holldack — Staatsminister a. D. Dr. Dr. h. c. Kaiser

Dunkler Anzug
Um telephonische Zusage wird bis 18. mittags unter 14281 gebeten!

18/7. 30

Abb. 6: Einladung zum Kunstgespräch mit Rabindranath Tagore am 18. 7. 1930

Seele, sind Dichtung und Musik, eigenartig, ohne Pose, ohne Konstruktion, naturrein aus einer naiven Seele hervorgekehrt.

Am Freitagnachmittag wurde der große Künstler von Mitgliedern des Humboldtklubs und des Sächsischen Kunstvereins in diesem Raume, in dem seine Werke aushängen, empfangen. Eine Teestunde benutzte man, um sich mit dem seltenen Gast auszutauschen. Von den Wänden herab redeten die Werke des Meisters eine eindringliche Sprache. Selten genug mag in diesen Hallen ein Gast zum Tee gebeten worden sein.

Als Tagore die Schwelle des Raumes betrat, begrüßte ihn der 2. Vorsitzende des Sächsischen Kunstvereins Oskar Schmidt mit Worten des Dankes und der Wertschätzung. Er erinnerte auch daran, daß vor einem reichlichen Jahrhundert Goethe dem Verein aufrichtiges Interesse entgegengebracht hatte. Was den kleinen Kreis, der sich hier zusammengefunden hatte, noch eben lebhaft beschäftigte – nämlich die Eigenart der ausgestellten Malereien –, streifte Tagore gleich im Anschluß an seine Dankesworte. Er bezeichnete seine Werke als »Dinge, die sich selbst formten, ohne daß ich weiß wie.« Nur in Deutschland und besonders in Dresden sei ein »weiter Hintergrund künstlerischer Erfahrung« vorhanden, und wenn auch die geringe Anzahl der Bilder keine endgültige Beurteilung seiner Kunst ermögliche, so läge ihm doch daran zu erfahren, was die Werke sind und was sie bedeuten. »I want to discover myself«, fuhr er fort und fügte hinzu, daß er sich selbst am wenigsten über diese Arbeiten Rechenschaft geben könne. Er betonte auch, daß er niemals in seinem Leben eine technische Ausbildung im Zeichnen und Malen erhalten habe.

Im Laufe des Beisammenseins gab Tagores Dolmetscher Dipl.-Ing. Natscheff vom Humboldtklub noch einige kurze Erläuterungen über Art und Entstehung der Arbeiten, die aus einem inneren Bedürfnis des Künstlers heraus geschaffen worden seien. Tagore selbst habe die Art seines Schaffens als ein »Besessensein« bezeichnet. Er glaube auch, daß seine Kunst diejenige seines Vaterlandes ebenso wie die abendländische umfasse.

Vom stellvertretenden Vorsitzenden des Kunstvereins wurde vorgeschlagen, eine Kommission von bedeutenden Malern einzusetzen, die Tagores Werke beurteilen und ihm ein schriftliches Gutachten darüber zufertigen sollen. Vielleicht läßt sich der Vorschlag dahin erweitern, für die Begutachtung auch andere

Künstler heranzuziehen, die über den Rahmen des rein Fachlichen hinaus die Eigenart der Kunstschöpfungen des großen Genius bewerten.

Die erhalten gebliebene Einladung »zu einem Tee und lebendigen Gedankenaustausch mit Rabindranath Tagore« erging an die »Herren Professoren« der Staatlichen Kunstakademie Dresden. Sie wurde von Otto Dix, der im Oktober 1926 als Professor an die Dresdner Kunstakademie berufen worden war,[36] von Georg Wrba, Ferdinand Dorsch u. a. zur Kenntnis genommen.[37]

Tagores Malerei wurden in der Sonntagsausgabe der *Dresdner Neuesten Nachrichten* kommentiert:[38]

Auf seiner Europareise begleitet ihn diesmal eine Sammlung eigener Aquarelle, die er in allen Städten seiner Vortragstournee ausstellen läßt. In Dresden sind sie im Kunstverein, im Raum neben der Kuppel die nächsten vierzehn Tage zu sehen. Tagore ist auch als Maler Epigone. Ein verspäteter Expressionist. Er malt Köpfe und Figuren als Ornamente. Bald in eckig, scharfkantig kubistischen Formen, bald in Kurven, die sich schwer und mühevoll krümmen, oft auch in Windungen, die wie nachempfundener Jugendstil erscheinen. Seine Farbe ist Schwarz, manchmal ins Braun oder auch ins Violett abgewandelt. Aus ihm läßt er stärkere Farbwerte, wie Kornblumenblau, Zinnoberrot oder Grün, aufleuchten. Die Köpfe gibt er oft nur dadurch, daß er die Umrisse ohne alles andere weiß in dem Schwarz der übrigen Fläche ausspart. Man sieht, er geht auf mystische Wirkung aus. Das wird auch in einzelnen Blättern erreicht, die von fern an Klee erinnern. Freilich ist Tagore stark im Ornamentalen befangen. Merkwürdig ist, daß meist in den scharfkantigen Blättern teuflisch satanische Fratzen auftauchen. Und ein Zynismus spricht daraus, den man bei diesem sanften Lyriker nicht erwarten würde. Mit indischer Kunst, wie man sie in Plastik und Architektur kennt, hat jedenfalls Tagores Malerei nichts zu tun. g.p.

Einen Tag später wurde die Rezension zu Tagores Ausstellung in der Berliner Galerie Ferdinand Möller nachgeholt:[39]

Daß ein fast achtzigjähriger Dichter sozusagen aus heiterem Himmel anfängt, statt mit Worten, mit der Farbe zu dichten, ist verwunderlich, obwohl es an Beispielen der Doppelbegabung in Dichten und Malen nicht fehlt. Das Besondere

36 Vgl. Dresdner Nachrichten, 5. 10. 1926.

37 Vgl. das Dokument im Archiv der Hochschule für Bildende Künste Dresden. Die Einladung ist unterzeichnet von Prof. Dr. Holldack für den Humboldt-Club Dresden und Staatsminister a. D. Dr. Dr. h. c. Kaiser für den Sächsischen Kunstverein.

38 Dresdner Neueste Nachrichten, 20. 7. 1930.

39 Dresdner Neueste Nachrichten, 21. 7. 1930, dort irrtümlich »Ferd. Müller« genannt.

des Falles Tagore ist das späte und unerwartete Hervorbrechen des malerischen Gefühls. Er selber erzählt, daß Kritzeleien in seinen Manuskripten aus Streichungen von Textstellen hervorgegangen, ihm den Anstoß boten, sie weiter zu führen, ihnen Ordnung und Sinn zu geben und sie schließlich zu selbständigen Erfindungen auszumalen. Grundlage ihres Wesens ist dasselbe, was seinem ganzen Schaffen zugrunde liegt: Rhythmus; innere Bedeutung gibt ihnen ein weiches lyrisches Gefühl. Das alles könnte sich sehr gut mit der Form indischer Tempelskulpturen und Miniaturen verbinden. Aber davon ist wenig bei dem Dichter zu spüren; kaum, daß man sich an javanische Motive erinnert fühlt, und auch das fast mehr in der Umbildung durch den modernen Holländer Thorn-Prikker. Man könnte oft auch an Nolde oder Rohlfs denken, sehr unbestimmte Verwandschaften; aber all solche Formerinnerungen sind ganz unwesentlich. Man kann Tagore aufs Wort glauben, der jede Kenntnis heutiger moderner Kunst abstreitet. Der Weg von Manuskript=Kritzeleien und Dekoration von Schriftseiten liegt offen und mit Beispielen belegt vor uns. Hier hat die uralte Kunst des Schreibens, die Tagore mit sicherstem Gefühl ausübt – und zwar auf hindostanisch wie auf englisch –, wirklich sich zur Uebung in Malerei erweitert. Mit großem farbigen Geschmack und einer seltenen Delikatesse in dekorativer Bekleidung viereckiger Flächen hat er mancherlei Erfindungen hingeschrieben. Tiere, Fabelwesen, Gesichter, Landschaften; nicht ohne Kenntnis der Natur, aber im ganzen doch ornamental und leichten Geblüts, ohne malerischen Nachdruck und ganz ohne bildnerischen und räumlichen Ehrgeiz. Ein anmutiges Schaumgebäck, dem der Ruf des Dichters zu einer größeren Bedeutung verhilft, als ihm an sich zukommt.

P. F. S.

Am 27. Juli und am 3. August 1930 wird erneut auf die Ausstellung und den großen Anklang verwiesen. Bis zum 10. August waren die Werke von Rabindranath Tagore in Dresden zu sehen, bevor er sie auf seine weiteren Reisen mitnahm und im September in St. Petersburg ausstellte.[40]

Auch im Nachklang des persönlichen Auftretens von Rabindranath in Dresden beschäftigt die Vielseitigkeit des Dichters und die Breite der geistigen Anstöße Dresdner Tageszeitungen und ihre Leser. So ist auch ein Besuch des Dichters in den Ufa-Studios in Babelsberg die feuilletonistische Meldung wert:[41]

40 Letzte Erwähnung im Dresdner Anzeiger, 10. 8. 1930. Tagores Bilder wurden im Rahmen Dresdner Kunst 1930 (Brühlsche Terrasse) ausgehängt.

41 Dresdner Neueste Nachrichten, 22. 7. 1930.

Tagore spricht spontan ins Tonfilm=Mikrophon. Das Nachrichtenblatt der Ufa versendet einen Bericht, der in episch-dramatischer Form den Besuch des indischen Dichterphilosophen in den Produktionsanlagen der Ufa in Neubabelsberg schildert. Man setzte dem alten Herrn eine Probe zu der neuen Operette »Die Drei von der Tankstelle« vor. Dann heißt es wörtlich: »Der greise Gelehrte nahm an dem Gesehenen – es wurde eine Kabarettszene mit Lilian Harvey, Olga Tschechowa und Fritz Kampers gedreht, wobei im Parkett vier Tanz-Girls auf ebenso viel von fachkundigen Händen gespielten Flügeln ein Ballett tanzten – lebhaften Anteil.« [...] »Dann wurde noch eine Tonfilmaufnahme Tagores angefertigt, bei der der berühmte Gast spontan eines seiner schönsten und bekanntesten lyrischen Gedichte in bengalischer Sprache ins Mikrophon sprach.« – Ein Bericht, der die zweifellos respektabeln Literatur- und Sprachkenntnisse der Verfasser geradezu bengalisch beleuchtet. Uns aber will es bedünken, daß dieser greise Weise aus dem Morgenlande im wallenden Priestergewande immer wehr von seiner Weltabgewandtheit verliert und durch eine erstaunliche Vorliebe für allermodernste abendländische Betriebsamkeit ersetzt.

Abb. 7: Selbstporträt Rabindranath Tagore, Repro

Im *Dresdner Anzeiger* vom 19. August 1930 standen Tagores musikalische Schöpfungen, komponiert im Volksliedton, im Mittelpunkt:[42]

Ist ihm eine neue musikalische Schöpfung geglückt, so singt er sie meistens mit melodiöser halblauter Stimme seinem Neffen, Dinendrath Tagore, vor, den der Dichter selbst gern scherzhaft als »Schatzkästlein all meiner Lieder« bezeichnet. Dinendrath bringt getreulich alle melodiösen Einfälle seines Onkels zu Papier, was gar nicht immer ganz einfach ist, da die indischen Notenzeichen für die Niederschrift einer solchen Komposition häufig versagen. Ein Indologe und Musikforscher namens Bake hat sich nun während eines längeren Aufenthaltes in Tagores Universität Shantiniketan der Mühe unterzogen, des Meisters Gesänge durch Vermittlung Dinendraths zu studieren und – soweit möglich – zu übertragen. Ein Teil der Kompositionen Tagores wird demnächst in Paris von der Bibliothèque musicale du Musée de la Parole herausgegeben werden. [...] Einige Tagoreplatten bestehen bereits im Musikalienhandel. Rein indische Kompositionen Tagores sind aber auch durch einfache Grammophonplatten nicht

42 Dresdner Anzeiger, 19. 8. 1930.

vollständig wiederzugeben, da die Übertragung der rhythmischen Begleitmusik (Fingerknipsen, Kastagnettengeräusche u.a.) durch das Grammophon bisher nicht möglich war.

Selbst von Tagores Reisen in den USA erfährt die Dresdner Fan-Gemeinde aus dem *Dresdner Anzeiger*. Am 22. Oktober 1930 war zu lesen, dass Rabindranath Tagore in New Haven (Connecticut) erkrankt sei. Sämtliche Vorträge mussten abgesagt werden, während er sich in der Behandlung eines Spezialisten für Herzleiden befand. Erst im Januar 1931 kehrte Rabindranath Tagore von dieser seiner 11. Auslandsreise nach Shantiniketan zurück. Es war sein längster Auslandsaufenthalt (begonnen im Februar 1930), der ihn durch ganz Europa und bis in die USA geführt hatte.

Im Mai 1931 beging er seinen 70. Geburtstag. Angeregt durch Prasanta Chandra Mahalanobis, einen engen Vertrauten und Begleiter Tagores vom Presidency College Calcutta, sandten Freunde und Bewunderer, Schriftsteller, Politiker und Geistesschaffende aus allen Kontinenten Gratulationsschreiben in Verehrung und Hochachtung gegenüber dem unermüdlich anregenden Universalisten. Sie alle wurden zusammengefasst und von Ramananda Chatterjee als *The Golden Book of Tagore. A Homage to Rabindranath Tagore from India and the World* in Kalkutta ediert. Am 27. Dezember 1931 konnte dem hochverehrten Jubilar das in Leder gebundene Werk überreicht werden. Mahalanobis würdigte Rabindranath als großen Humanisten. »Rabindranath has placed his faith in the kingdom of Man on earth, rich with the variety of human relationships. For him true freedom lies in the growth of personality from the life of the flesh to the life of the spirit which finds it supreme expression in the divinity of Man in eternal.«[43] Die Liste der Gratulanten mit sehr persönlich gehaltenen Adressen liest sich wie ein ›who is who‹ von Künstlern, Literaten, Wissenschaftlern, Universitätslehrern von Norwegen bis China und Japan.

Seine letzte Auslandsreise 1934 führte Tagore nicht mehr nach Deutschland. Umgekehrt empfing er nun Besucher aus Europa, inklusive Deutschland, und Amerika in seiner »offenen Universität« *Vishva-bharati*.

43 The Golden Book of Tagore. A Homage to Rabindranath Tagore. From India and the World, in Celebration of His Seventieth Birthday. Hg. v. Ramananda Chatterjee. Kalkutta: The Golden Book Committee 1931.

ZURÜCK ZUM SPIEL: TAGORES PHILOSOPHIE DER PÄDAGOGIK*

Alokeranjan Dasgupta

Anstatt Tagores pädagogische Philosophie diskursiv zu untersuchen, möchte ich ein paar Worte darüber verlieren, wie diese meine eigene Schulzeit in Santiniketan beeinflusst hat. Ich schließe mich der Auffassung Radhakrishnans an, der der Meinung war, dass Tagore keine speziell eigene Philosophie hatte. Denn wir müssen annehmen, dass die Philosophie eines Dichters nicht einem bestimmten Denksystem unterworfen ist, sondern dieses vielmehr ästhetisch ausformt. In diesem Sinne hat Tagore indische und westliche philosophische Vorstellungen miteinander verschmelzen lassen und sie dadurch von innen heraus endgültig auf eine Weise verwandelt, dass sie den Anforderungen seines eigenen kreativen Prozesses dienlich waren.

Indem er dies tat, löste Tagore sich von den vorbestimmten Modellen der Teleologie. Es wäre falsch, anzunehmen, dass unser *Visva-Kavi* (universaler Dichter) die Absicht hatte, seinen Lernenden, deren Leben durch Erfahrungen in seinen Ashrams geprägt waren, eine Art zielorientierten Denkens aufzuerlegen, das sich so auswirkt, dass diese in ihren späteren Leben eine utilitaristische Perfektion erlangen.

Vor kurzem stieß ich zufällig auf einen Brief von Tagore, der an C. F. Andrews adressiert war. In diesem schrieb er, dass er eine Reise nach Australien abgesagt hatte, weil er sich um die Blüten kümmern müsse – die Seelen der Schüler in seinem Ashram. Er fügte hinzu, dass er sich darüber bewusst war, dass diese Blumen dazu bestimmt waren, Früchte zu tragen, doch für ihn war der Prozess dorthin von vorrangiger Bedeutung.

Obwohl dieser Prozess der Vergänglichkeit unterworfen ist, sollte man nicht übersehen, dass der wahre Kern der pädagogischen Philosophie Tagores sich auf die Schönheit bezieht, die allem Sein und Werden innewohnt. Ich denke, Friedrich Schiller, einer der Vorgänger Tagores, drückt das Herzstück dieser Philosophie sehr gut aus, wenn er meint: Nur beim Spielen ist der Mensch ganz er selbst. Meines Erachtens hat

* Überarbeitete Rede von A. R. Dasgupta beim Tagore-Symposium, das im Rahmen der Feiern zum 150. Geburtstag des Dichters im März 2011 in Marbach stattfand.

diese Art von Spiel oder Verspieltheit in Santiniketan Einzug gehalten. In dem allerersten *Baitalik* oder Morgengebet, an dem ich teilgenommen habe, hörte ich den Chor den Refrain eines Tagore-Liedes singen:

> Spielen lässt die Blüten erblühen, und die Früchte gedeihen
> Die Wellen des Spiels hallen wider in Wasser und Erde.

Einige Tage später sang derselbe Chor ein weiteres *Baitalik*, ein Lied aus Tagores allegorischem Drama *Achalayatan* (Die veraltete Einsiedelei), dessen Refrain lautet:

> Wir arbeiten so, wie wir spielen – weißt du das, Bruder?
> Daher fürchten wir uns nicht vor welcher Arbeit auch immer.

In all jenem steckt auch ein Funken Ironie. Denn war Santiniketan, das aus Tagores experimentellem Bewusstsein entstanden war, nicht bereits als veraltete Einsiedelei abgestempelt worden? Konventionen hatten schon längst die Oberhand gewonnen. Im pädagogischen Bereich gab es kaum mehr eine Spur von Experimentierfreude. Unsere Lehrer und Pädagogen waren sich jener Stagnation jedoch bewusst und schreckten nicht vor Selbstkritik zurück.

Eines Tages wollte Hirendranath Datta, unser Englischlehrer, dessen Ruf sehr darunter leiden musste, dass er *Lady Chatterley's Lover* übersetzt hatte, das besagte Drama aufführen. Subhadra, eine unbedeutende Figur in *Achalayatan*, ein argloser Rebell im Teenager-Alter, wird von den Ashrambewohnern dazu gezwungen, eine lange Zeit der Buße und der Reue auf sich zu nehmen, weil er das verbotene Nordfenster geöffnet hatte, hinter welchem die Außenwelt existierte. Keiner meiner Freunde wollte die Szene mit Subhadra spielen. Niemand erklärte sich dazu bereit, eine Straftat zu bereuen, die gar keine war. Ich bot an, sie zu spielen, doch scheiterte auf miserable Weise daran, im entscheidenden Moment zu weinen. Ich hatte meinen Text wie eine Aufziehpuppe mit einer Genauigkeit gelernt, die Hirendra verärgerte. Er überredete mich dazu, hier und da einen Satz auszulassen und flehte mich an, meinem Kummer durch spontane Tränen Ausdruck zu verleihen. Bei der letzten Aufführung gelang mir das sogar! Ich erinnere mich noch daran, wie Hirendra mir in der Pause gratulierte und mich umarmte – als ich noch immer bitterlich weinte. Mir sind Anekdoten zuwider, und doch glaube ich, dass dieses Beispiel den Aspekt der läuternden Befreiung in Tagores Drama deutlich veranschaulicht.

Wenn man bedenkt, dass fast alle von uns bei der Aufführung von Tagores Dramen teilnehmen mussten, wäre es nicht falsch, zu schlussfolgern, dass wir im Ashram darin unterrichtet wurden, während des Spielens Fehler zu begehen – eine Verspieltheit, für die wir nicht bestraft wurden. Diese maßgebliche Abwesenheit von Strafe ist demnach ein zentraler Aspekt in Tagores Philosophie der Pädagogik. Das, worin ihre Essenz bestand, war *Ananda* (Glückseligkeit), der Ausdruck von Vertrauen gegenüber der Seele und deren Befreiung.

Es gab ein weiteres dramatisches Unterfangen, an welchem wir mit überschwänglicher Freude teilnahmen: der Erhaltung der Natur um uns herum. Wir wuchsen auf mit Tagore-Liedern wie »Kommt zu unsrem Hof / zarte Gast-Bäumchen / begleitet die gütige Menschheit / kommt zu unsrem Haus.« Als dieses Lied in der *briksharopan* oder Baumpflanz-Zeremonie gesungen wurde, erweckte es ein mitreißendes Erleben in uns, welches nichts mit Naturromantik oder Naturmystizismus zu tun hatte. Es war vielmehr eines Dichters Vorwissen, welches Ökologie als einen grundlegenden Teil der Erziehung eines Kindes vorsah. Falls der Beiname des universellen Dichters auf Tagore zutrifft, sollte hier insbesondere Bezug genommen werden auf die Signifikanz von *oikos*, der universellen Wohnstätte – im griechischen Sinne des Wortes.

Ich möchte betonen, dass wir weder ein Lehrbuch noch einen Kommentator hatten, welcher uns die Wichtigkeit ökologischer Vorstellungen erläuterte. Vielmehr realisierten wir die Botschaft des Dichters in der alltäglichen Atmosphäre des Begreifens unserer Umgebung – ganz ohne den Druck einer Autorität.

Ich erinnere mich daran, wie unser Geografielehrer nach einer Baumpflanz-Zeremonie ohne einen erkennbaren Zusammenhang eine Passage aus Tagores letzten Schriften zitierte. Vielleicht geisterten die Nachklänge des Rituals in seinem Kopf herum, denn ganz plötzlich las er folgenden Text vor:

> Der Mensch ist ungezügelt. Als er im Walde lebte, existierte zwischen ihm und der Natur eine harmonische Übereinstimmung. Doch als er sich in einen Stadtbewohner verwandelte, verlor er jegliches Empfinden für die Natur. Jener Mensch fällt den Baum, der ihm einst göttliche Gastfreundschaft angeboten hatte, nur um sein Stadthaus aus Holz und Steinen zu errichten.
>
> ... Und nun gibt es den Wald nicht mehr. Eine Katastrophe liegt vor uns. Und das ist nicht speziell ein Problem Indiens. Überall in der Welt ist es ungemein beschwerlich, die Wälder vor der menschlichen Habgier zu beschützen. In den USA wurden riesige Wälder erodiert. Sandstürme dehnen sich über ihnen aus und verschütten weite Flächen, nachdem sie diese zerstört hatten.

Im Alter von ungefähr elf Jahren waren wir fasziniert von dem Charme bengalischer Prosa und begriffen nicht, dass wir unsere ersten Lektionen in Ökologie erhielten – ein Thema, das seitdem unentrinnbar gegenwärtig und dringlich geworden ist.

Hinter all diesen visionären Antrieben steckte das Prinzip der Schönheit als erzieherische Norm. Lassen Sie mich auf eine Episode verweisen, die ziemlich amüsant ist. Als ich zu einem Test erschien, um direkt für die sechste Klasse zugelassen zu werden, hielt mich Nirmal Chandra Chattopadhyay, der gerade unter einem Mangohain unterrichtete, an, das Wort ›schön‹ (beautiful) zu buchstabieren. Ich habe es geschafft und wurde damit in jene Klasse aufgenommen. Diese Anekdote mag darauf hindeuten, dass Schönheit für Tagore ein Konzept war, das von Linealität und Geschmeidigkeit geprägt war. Wahrlich kreierte er in einigen Essays eine Aura von Erhabenheit gemäß der upanishadischen Denkrichtung – zum Beispiel als er das Keat'sche Motiv »Truth is beauty, beauty truth« (Wahrheit ist Schönheit, Schönheit Wahrheit) ausweitete.

Doch allmählich ließ sich ein erkennbarer Wandel hin zum Empirischen verzeichnen. Nach der legendären Tagore-Woche im Juni 1921 in Darmstadt sagte Tagore dem Organisator Graf Keyserling:

> Schönheit hat nichts harmonisches oder erfreuliches an sich. Wenn ich in einem trägen Seinszustand bin und etwas wahrnehme, was mich wach macht und zu Bewusstsein bringt, würde ich diese Wahrnehmung schön nennen. Ich habe immer versucht, diese bewegende Erfahrung unter den jungen Ashrambewohnern von Santiniketan zu kultivieren. Im Grunde ist es die Erkenntnis jedes einzelnen, was ich als Schönheit betrachte.

Die Antwort von Graf Keyserling war gleichermaßen verblüffend faszinierend. Er stellte fest, dass Alexander Gottlieb Baumgarten im 18. Jahrhundert eine neue Ästhetik begründete, indem er deren Konzept von dem griechischen Wort *aisthesis* mit der Bedeutung Bewusstseinslehre ableitete, und fügte hinzu, dass Baumgarten es ebenfalls vermied, die Darstellung von etwas Hübschem, im üblichen Sinne des Wortes, als ein Ausdruck von Schönheit zu betrachten.

In diesem Zusammenhang kann ich nur sagen, dass dies zweifellos das Erbe war, auf das wir Santiniketaner stolz sein können: die eigenen Neigungen betonen und sie weiterführen. Es oblag uns in jener Zeit nicht einmal, der Institution namens Tagore anzuhaften. Wir gediehen in einer Atmosphäre der Freiheit, die endlos war und die durch keinerlei pädagogische Reglementierung zensiert wurde.

Ich habe Euch versprochen, in meinen Ausführungen persönlich zu bleiben. Darum möchte ich zum Schluss in Nostalgie schwelgen und ein paar Erfahrungen mit Euch teilen. Es war in Santiniketan, da ich Gefallen an meinem selbsternannten Marxismus fand. Ein marxistischer

Guru kam aus Kalkutta, und wir waren bereit, konvertiert zu werden. Amartya Kumar Sen, der angehende Noble Laureate und Tan Lee, ein Klassenkamerad aus China, der sich niemals hatte träumen lassen, sich in einen Kommunisten zu verwandeln, haben mir bei diesem Prozess geholfen. Die kommunistische Partei operierte zu jener Zeit vermehrt im Untergrund, und uns drei Jugendlichen bereitete es höchstes Vergnügen, deren revolutionäre Flugblätter, die sich gegen die neu erworbene Unabhängigkeit Indiens richteten, in Umlauf zu bringen. In angrenzenden Dörfern suchten wir Schlupfwinkel für unsere Abenteuer und schlichen in die Wälder von Birbhum. Eines Tages begannen Amartya und ich ein Abenteuer und bestellten uns eine kleine Menge Drucklettern aus Gummi aus Kalkutta. Wir beabsichtigten, ein Anti-establishment Flugblatt zu drucken. Unsere Utopie schien näher zu rücken, als uns die Minipresse, die in einem Paket enthalten war, durch die Post erreichte. Wir begannen schnurstracks, das Flugblatt vorzubereiten – auf Amartyas Bett. Unweigerlich beschmierten wir das Bett, als wir die Tinte einfüllten. Amitadidi, Amartyas Mutter, lächelte über diese Misere und ermutigte uns, indem sie sagte: »Spielt weiter, Kinder, spielt weiter!«

Mein Fazit: Das könnte nirgendwo anders geschehen als in Santiniketan, dieses Lernen durch Spielen.

TANZ ALS EIGENSTÄNDIGE KUNST
Rabindranath Tagore besuchte am 3. Oktober 1926 die Wigman-Schule in Dresden

Gabriele Gorgas

Dass sich Rabindranath Tagore bei seinem Dresden-Besuch 1926 auch für Tanz interessierte, insbesondere für das ungewöhnliche Schulprojekt der Tänzerin Mary Wigman, ist in keiner Weise verwunderlich. Bekanntlich hatte er auf dem Gebiet der Musik, des Tanzes und der dramatischen Künste in seiner bengalischen Heimat und darüber hinaus nachdrücklich dafür gesorgt, dass Frauen ihre künstlerischen Fähigkeiten öffentlich zur Schau stellen konnten, was ihnen zuvor untersagt war. »Taten sie es dennoch«, äußerte der Hallenser Indologe Heinz Mode in seiner 1976 veröffentlichten »Spurensuche« zu Tagore, »so wurden sie als Prostituierte gesellschaftlich verfemt.« Der vielseitige Gelehrte, Pädagoge und Künstler Rabindranath Tagore hatte Mädchen in seinen Stücken in besonders wirkungsvollen Rollen auftreten lassen. Und schließlich auch das Publikum außerhalb seiner Schule, zuerst in Bengalen und später in ganz Indien, an das Auftreten von Frauen in Rollen gewöhnt, die lange Zeit von männlichen Darstellern übernommen worden waren. Es müsse ihm als bleibendes Verdienst angerechnet werden, so Heinz Mode, »daß er eine neue hohe Blüte des indischen Tanzes initiierte, dessen Kontinuität seit langem unterbrochen und dessen Ruf durch die Tempeltänzerinnen-Prostitution vor allem in der Zeit der englischen Herrschaft in Indien so stark gesunken war.«[1]

Zum anderen ist auch auffällig, dass viele der bildkünstlerischen Arbeiten von Tagore eine deutliche Affinität zu Tanz und Bewegung aufweisen. Zuweilen ganz konkret, wenn er beispielsweise ein Blatt (Tusche auf Papier) mit dem Titel *Tanzende* versieht. Oder auch assoziierend wie in *Jagender Mann* (nach 1931, Tusche und Pinsel auf dünnem Papier), wobei er eine Studie entwirft, die eigenwillig und rätselhaft eine Art bewegten Grundgestus der Thematik umreißt.

Rabindranath Tagore besuchte am 3. Oktober 1926 in Begleitung seines Sohnes Rathindranath und dessen Frau sowie weiterer Gäste nicht von ungefähr die Wigman-Schule im damals eher bescheidenen Gebäude auf

1 Alle Zitate aus Heinz Mode: Rabindranath Tagore. Auf den Spuren des Dichters und Denkers in Indien und Bangladesh. Berlin: Union 1976, S. 158.

der Bautzner Straße 107 (zuvor Schillerstraße 17). Zu diesem Zeitpunkt war das Haus noch recht beengt zu erleben – der berühmte »Gelbe Saal« als Erweiterungsbau wie auch andere Details der »neuen Wigman-Schule« entstanden erst im darauffolgenden Jahr. Die Tänzerin, Choreografin und Tanzpädagogin konnte die hochgeschätzten Gäste nicht persönlich empfangen – sie hielt sich damals nicht in Dresden auf. »Das Jahr 1926 steht für Mary Wigman im Zeichen der Reisen: von Januar bis April Tournee mit der Tanzgruppe, im Herbst drei Monate Solo-Gastspiele quer durch Deutschland«, bemerkte dazu Hedwig Müller in ihrer 1986 erschienenen Wigman-Biografie.[2] Sechzehn Tänze habe Wigman für das Programm der im Oktober beginnenden Tournee zusammengestellt, darunter auch zwei, die fortan zu ihren Lieblingswerken zählten und über Jahre im Repertoire blieben, der *Hexentanz II* und die *Drehmonotonie*, beide uraufgeführt am 1. Oktober 1926. Sie »gelten der Ekstase, dem Rausch des Lebens, das sie in diesen Jahren des Erfolgs mit vollen Zügen genießt«[3], schreibt Hedwig Müller, und zugleich sind sie Zeugnisse ihres besonderen Interesses für fernöstliche sowie Tanzeinflüsse aus dem Nahen Osten.

Abb. 1: Im Tanzsaal der Mary-Wigman-Schule: Tagore mit Schwiegertochter Pratima, Foto: Ursula Richter

Tagore und seine Begleiter wurden, wie die überlieferten Aufnahmen der bekannten Dresdner Theater- und Tanzfotografin Ursula Richter belegen, von Mary Wigmans jüngerer Schwester Elisabeth empfangen – auch diese hatte letztlich die veränderte Schreibweise des Familiennamens von Wiegmann zu Wigman übernommen. Als 27-Jährige kam sie von Hannover nach Dresden, um in der Schule den »Haushalt« zu führen, nahm Unterricht in den Laienklassen von Berthe Trümpy und durfte schon bald selbst Laien- und Kindergruppen unterrichten. Möglicherweise war am 3. Oktober ebenso Hanya Holm zugegen – später eine der Ikonen der Tanzmoderne in den USA –, aber das lässt sich schwer nachweisen. Hingegen ist bekannt, was den indischen Gästen in dieser erlebnisreichen Stunde von den Wigman-Schülern an Tänzen vorgestellt wurde. Das beschreibt in seinem etwas ausschweifenden Artikel in den *Dresdner Nachrichten* vom Folgetag ein Reporter namens F. v. L. Da möchte man trotz des

2 Hedwig Müller: Mary Wigman: Leben und Werk der großen Tänzerin. Weinheim/Berlin. Beltz 1986, S. 133.
3 Ebd., S. 134.

Abb. 2: Rabindranath Tagore, an der Wigman-Schule, Foto: Ursula Richter

unterschiedlichen Vornamenkürzels annehmen, es könnte sich um Ivar von Lücken handeln, ein baltischer Bohemien und Dichter aus dem Umkreis des Malers Oskar Kokoschka, aber das scheint – allein schon stilistisch gesehen – eher unwahrscheinlich zu sein. Obwohl Kokoschka in seinem Antwortbrief (Villeneuve, 20. 4. 1965) auf eine Anfrage von Wulf Kirsten zu Ivar von Lücken bemerkte hatte: »Mary Wigman, die Tänzerin, muß ihn auch gekannt haben.«[4]

Möglicherweise interessierte sich Tagore im Verhältnis von Tanz und Musik speziell auch für jene Frage, die für Mary Wigman und ihr Wirken richtungsweisend wurde. Als Schülerin der *Bildungsanstalt für Rhythmische Gymnastik* des Schweizer Musikpädagogen Emile Jaques-Dalcroze in Hellerau nahe Dresden war sie zunächst davon überzeugt, dass musikalischer und körperlicher Rhythmus untrennbar miteinander verbunden seien – das Credo der Ausbildung beinhaltete die Entwicklung von Bewegung zu Musik. Doch das hatte nachweislich an diesem Ort nur bedingt etwas mit Tanz zu tun. Und Mary Wigman wurde, auch in der Begegnung mit Rudolf von Laban, schon bald »die Unabhängigkeit der tänzerischen Äußerung von musikalischer Führung zum persönlichen Anliegen«[5]. Ein sehr wesentliches, neues Herangehen, das den Tanz in dieser Zeit, der bislang eher eine ›nette‹ Zugabe zur Musik gewesen war, zu einer eigenständigen Kunst aufwertete. Und das verlangte zunehmend auch entsprechende neue Kompositionen sowie realisierbare Instrumentierungen. Die Anwendungsmöglichkeiten von »Geräuschmusik« in der Wigman-Schule dürften Tagore bei seinem Besuch gewiss interessiert haben.

Für ihn wird allein schon das selbstbewusste Auftreten der Tänzerinnen, ihre künstlerische Präsenz und Akzeptanz in der Öffentlichkeit von Belang gewesen sein, und dafür waren Wigman-Schule, Wigman-Gruppe und insbesondere auch Mary Wigman selbst Beispiele ersten Ranges. In der Dresdner Schule, dem »Zentralinstitut«, hatten sich 1926/1927 (laut Schulberichten) etwa 110 »Dauerschüler« eingeschrieben. Hinzu kommen zudem die Teilnehmer der Laienkurse sowie noch eine Vielzahl von

4 Oskar Kokoschka: Briefe IV 1953–1976. Hg. v. Olda Kokoschka u. Heinz Spielmann. Düsseldorf: claassen 1985, S. 166.

5 Müller, Mary Wigman (wie Anm. 2), S. 134.

Schülern in den Zweigschulen, die mittlerweile von diplomierten Tänzerinnen u. a. in Hamburg, Erfurt, Frankfurt, Berlin eröffnet wurden. »Wer an diesen Schulen seine Ausbildung absolvierte, muß das letzte Jahr in Dresden verbringen, bei der Meisterin Unterricht nehmen und dort seine Prüfungen ablegen.«[6] Überliefert ist auch, dass wenige Jahre nach Tagores Besuch eine Inderin in Dresden Schülerin von Mary Wigman war. Zohra Segal, geboren 1912 in Saharanpur und ausgebildet am Queen Mary's Girls College in Lahore, reiste Ende der zwanziger Jahre mit ihrer Tante nach Europa und absolvierte Anfang der dreißiger Jahre die Tanzausbildung an der Wigman-Schule. 1935 schloss sie sich, nachdem sie diese auf der Europa-Tournee erlebt hatte, der international gefragten Gruppe von Uday Shankar an, dem Begründer des modernen indischen Tanzes. Zohra Segal lehrte zudem Anfang der vierziger Jahre am Uday Shankar India Cultural Centre in Almora, war in Großbritannien wie auch in Indien eine bekannte Film- und Bühnendarstellerin.

Die Fotografin Ursula Richter, die 1926 den Besuch von Tagore in der Wigman-Schule dokumentierte – sie besaß seit 1914 ein Atelier in Dresden –, hatte sich nicht nur auf die Porträtfotografie von Bühnenkünstlern der Oper und des Schauspiels spezialisiert. Sie widmete sich auch ganz besonders Bewegungsstudien, schuf damit wichtige Zeugnisse zum Theater- und Tanzleben zwischen 1913 und 1935. 1926 beteiligte sie sich mit Aufnahmen von Mary Wigman an der Deutschen Photographie-Ausstellung in Frankfurt am Main.

Dresden war in den berühmten Zwanziger Jahren des 20. Jahrhunderts eine Stadt im Aufbruch – mit diversen künstlerischen Inspirationen und Experimenten. Und Tagore, der sich jederzeit neugierig und offen gegenüber neuen Entwicklungen zeigte, erhielt auch in seinen Begegnungen mit Künstlern Einblick in das damalige Zeitgeschehen. Bemerkenswertes ereignete sich zum Beispiel auch im Bereich der Bildenden Künste sowie an den Dresdner Theatern. Justament Anfang Oktober 1926 wurde an der Kunstakademie die Entscheidung getroffen über die Nachfolge von Otto Gussmann: In der Sitzung des Professoren-Kollegiums am 6. Oktober gab es die offizielle Bekanntgabe zur Berufung des Berliner Malers Otto Dix. Und Oskar Kokoschka, der noch immer vertraglich an die Kunstakademie gebunden war, sich aber hatte beurlauben lassen, sollte erklärtermaßen nach Dresden zurückgerufen werden, damit er die Lehrtätigkeit wieder aufnehme. In den Briefen und Geschichten von Kokoschka finden sich übrigens schon 1921 immer wieder launige, wenn auch fiktive Betrachtungen zu Tagore, darunter auch das Fantasiespiel im Brief an Anna Kallin vom 29. 6. 1921 aus Dresden: »Ich mußte Deinen Koffer aufbrechen. Ich habe

6 Ebd.

Abb. 3: Elisabeth Wigman mit Rabindranath Tagore am Eingang der Wigman-Schule, Foto: Ursula Richter

nötig gehabt, Dein Bild anzuschauen. Tagore, Posse und Rössler haben mir alle Zeichnungen geschleppt in die Ausstellung, weil ich nichts vorgesorgt hatte. Du mußt mir helfen, daß ich sie wieder bald bekomme.«[7]

Aufsehen hatte auch die im Juni 1926 eröffnete Internationale Kunstausstellung erregt, ein beredtes Beispiel für die internationale Ausrichtung im damaligen Kunstleben. Und auch die Bühnen der Stadt brachten spektakuläre, streitbare Inszenierungen und neue Werke heraus. Darunter im Schauspielhaus 1923 *Die Weber* von Gerhart Hauptmann sowie 1924 *Hinkemann* von Ernst Toller in der Regie von Paul Wiecke – ein Theaterskandal, der weit über Dresden hinaus politischen Zündstoff besaß.

Im Tanz beispielsweise hatte ebenso Gret Palucca, Schülerin von Mary Wigman und zunächst Mitglied der Wigman-Tanzgruppe, an Einfluss gewonnen. Sie begann 1925 in ihrer Wohnung in Dresden »An der Bürgerwiese 25« mit dem Unterrichten, begeisterte das Publikum mit diversen Solo-Auftritten und reiste ab der Spielzeit 1925/1926 mit eigener Gruppe erfolgreich durch Deutschland. Auch im Festspielhaus Hellerau gab es damals Versuche, die Glanzzeit der Rhythmik an diesem so magischen Ort erneut aufleben zu lassen, doch das erwies sich als ein wenig aussichtsreiches Unternehmen. Die neue Schule für Rhythmus, Musik und Körperbildung Hellerau übersiedelte 1925 nach Österreich und führte fortan den Namen Hellerau-Laxenburg. Aber dennoch hat sich, und das ist vor allem Emile Jaques-Dalcroze und seinem Schulprojekt zu danken, diese ganzheitliche, bewegte Vermittlungsform elementar-musikalischer Grundkenntnisse – ausgehend von der Hellerauer Blütezeit 1911 bis 1914 – international ausweiten und jeweiligen Entwicklungen und Kulturen zuordnen können. Und auch in der Gegenwart bietet nach Jahrzehnten verfälschender Nutzung das repräsentative Festspielhaus wieder Raum und Möglichkeiten für Künste und Künstler. Nicht von ungefähr gastierte bereits Mitte der 1990er Jahre auf ihren persönlichen Wunsch hin die berühmte indische Tänzerin und Choreografin Chandralekha mit ihren großartigen Tänzern und Musikern in Hellerau.

7 Kokoschka, Briefe II, 1919–1934 (wie Anm. 4), S. 23.

WO DER OSTEN DEM WESTEN BEGEGNET … – UNIVERSALITÄT IM BLICK AUF DAS KIND

Auf Tagores reformpädagogischen Spuren vom Ashram in Shantiniketan zur Jugendburg Hohnstein und zur »pädagogischen Provinz« Hellerau

Monika Pohl

Den 17. Juli 1930 werde ich niemals vergessen. An jenem Tag war die Burg Hohnstein im Elbsandsteingebirge – wie gewöhnlich in jenen Sommermonaten – vom fröhlichen Lachen und den Liedern junger Leute erfüllt, die hier ihre Ferien verbrachten.

Als wir gerade unter der riesigen Linde im Hofe der Burg saßen, berichtete man uns eine Neuigkeit, die uns alle in Aufregung versetzte. In einigen Stunden sollte der große indische Schriftsteller und Philosoph Rabindranath Tagore in der Jugendherberge eintreffen, um sich dort ein wenig umzusehen. […]

Im Burghof war ein langer Tisch aufgestellt worden. Er war festlich mit Sträußen bunter Sommerblumen geschmückt, und der warme Windhauch eines wolkenlosen Sommertages ließ die Blätter der sprossenden Linde rascheln, die noch heute auf dem Burghof steht. Der Tisch, an dem Tagore sitzen sollte, stand unter ihren schattenspendenden Zweigen.

Als Tagore aus dem Auto stieg, waren alle Augen auf seine schlanke und ehrwürdige Erscheinung in dem losen graubraunen Gewand gerichtet, auf seinen intelligenten Kopf mit dem wehenden weißen Haar und dem langen, stattlichen Bart. Tagore lächelte, als er all die jungen Leute sah, die sich um ihn versammelt hatten. Alles an diesem Mann war so natürlich, einfach und bescheiden, daß jeder von uns die große Geisteskraft verspürte, die dieser Mann ausstrahlte, ohne etwas von ihm gelesen zu haben.[1]

Der 16-jährige Sohn Helmut des Hohnsteiner Jugendburgwarts Konrad Hahnewald erinnert sich des Besuchs von Rabindranath Tagore am 18. Juli 1930. Der große Inder hielt auf der Burg Hohnstein eine Ansprache an die Jugend, in der er das Leben in Naturverbundenheit und Weltoffenheit preist. Er beendete seine Rede mit der »Hoffnung, daß es eines Tages auch

1 Helmut Hahnewald: Rabindranath Tagore in der Jugendherberge Hohnstein. In: Deutsche Demokratische Republik – Republik Indien. Traditionelle Fundamente der Freundschaft und Zusammenarbeit. Hg. v. Ministerium für Kultur der DDR. Berlin: Verlag Zeit im Bild Dresden 1985, S. 86 ff.

Abb. 1: Postkarte Burg und Stadt Hohenstein, Repro

Kindern meiner entfernten Heimat vergönnt sein möchte, mit Euch zu weilen, um das Ideal, das mir ein ganzes Leben lang vorgeschwebt hat: die Synthese des Westens mit dem Osten zu verwirklichen.«[2]

Tagores dritte Deutschland-Reise hat ihn wieder nach Dresden geführt, wo er – gefragter Gast im Humboldt-Klub und Kunstverein – auch Zeit findet, einer Einladung Konrad Hahnewalds auf die nahegelegene Jugendburg zu folgen.

Sohn Helmut erinnert sich weiter:[3]

Damals in Hohnstein war offensichtlich, daß Tagore mit großer Freude den Volkstänzen zusah bzw. den Liedern der Jugendlichen zuhörte. Es war augenscheinlich, wie sehr er das Schöne schätzte. Trotz seiner legendären Erscheinung machte er nicht den Eindruck eines Asketen, der sich alle Freuden des Lebens verwehrt. Er war ein Mann, der als Dichter und Denker nicht nur äußerst feinfühlig war, sondern als Kulturschaffender und großartiger Lehrer auch eine Persönlichkeit besaß, die, wie man spüren konnte, zwar durch Leid und Bitternis geprägt worden war, jedoch trotzdem starke Kraft und Optimismus ausstrahlte.

2 Das Zitat stammt aus einem Dokument aus den Städtischen Sammlungen Sebnitz, das unter der Signatur ›Ma 57:1-77-84‹ geführt wird. Leider kann nicht mehr rekonstruiert werden, aus welcher Zeitung der zitierte Artikel stammt. Dennoch kann vermutet werden, dass es sich um ein regionales Blatt aus der Sebnitzer oder Pirnaer Gegend handelt. Im Folgenden wird das Dokument, das im Umfeld von Tagores Besuch in Hohnstein gedruckt wurde, als ›Regionale Zeitung‹ angegeben.

3 Hahnewald, Tagore in Hohnstein (wie Anm. 11), S. 90. Interessant ist eine Anmerkung in den Archivmaterialien des Heimatmuseums Sebnitz/Städtische Sammlungen (Ma 57): Tagore weilte am 18. 7. 1930 auf der Jugendburg Hohnstein; im Gästebuch hat er sich jedoch unter dem 17. Juli eingetragen.

Ein Blick in die Dresdner Presse jener Tage im Juli 1930 lässt die dunklen Wolken geradezu physisch spüren, die über Deutschland heranziehen. Tagore, Lichtgestalt und Prophet, warnt eindringlich vor dem emporstrebenden Faschismus. Nicht ahnend, dass der Mann, der ihn, den Gast aus Bengalen, auf die Burg geholt hat, drei Jahre später zu den ersten Opfern gehören würde. 1933 ist die Jugendburg Hohnstein eines der ersten sogenannten Schutzhaftlager der Nationalsozialisten und der sozialdemokratische Konrad Hahnewald, der sich geweigert hatte, die Hakenkreuzfahne zu hissen, der erste KZ-Häftling. Ein unsäglicher Leidensweg beginnt für den Mann, der 1924 als Herbergsleiter die Jugendburg übernommen und die düsteren Burgmauern in eine sich finanziell selbsttragende Stätte frohen Jugendlebens verwandelt hatte.

Abb. 2: Hohnstein Burgplatz unter der großen Linde, links sitzend der Burgwart Konrad Hahnewald, Foto: Kurt Seifert

Innerhalb von zwei Jahren mobilisierte Hahnewald Jugendliche aus ganz Sachsen, die an Sonntagen ihre Jugendherberge renovierten und ausbauten, die Sammlungen veranstalteten, um Möbel zu kaufen. 1926 dann die feierliche Einweihung einer Begegnungsstätte, die Jugendliche vieler Nationen und Konfessionen zusammenführen wird. Delegationen aus ganz Europa, Afrika, Amerika, Neuseeland, China und Indien kommen nach Hohnstein – darunter Mitglieder des Völkerbundes (am 17. Juli 1930), aber auch Berühmtheiten wie Elsa Brandström und eben Rabindranath Tagore.

Im umfangreichen Archiv von Dr. Michael Hahnewald, Enkel des Hohensteiner Burgwarts, findet sich ein Bericht von 1929 über die »Freizeit für jugendliche Erwerbslose«. Darin ist zu lesen, dass die Burg Hohnstein im April des gleichen Jahres von indischen und englischen Teilnehmern der Indo-Europäischen Konferenz besucht wurde. Neben gemeinsamen Tänzen und Musizieren gab es auch eine Debatte zu Indiens Freiheitskampf.

Keimte hier die Idee, Tagore während seines nächsten Deutschland-Besuchs auf die Burg einzuladen? Denkbar wäre es!

Eine Ost-West-Synthese

Bei seiner umtriebigen Reisetätigkeit rund um den Globus und seinen legendären Begegnungen mit der internationalen Kunst- und

Abb. 3: Empfang von R. Tagore und Begleitung durch Burgwart Konrad Hahnewald im Burgaufgang am 18. 7. 1930, Foto: Kurt Seifert

Geistesaristokratie wurde der charismatische Bengale vor allem als Künstler wahrgenommen. Doch er war viel mehr: Universell gebildet und begabt und nicht zuletzt dank eigener leidvoller Kindheitserfahrungen begab er sich auch auf pädagogisches Terrain und hinterließ die Spuren eines Pioniers.

Die Synthese des Ostens mit dem Westen – darum ging es Tagore besonders. Zunächst hat er sie in sich selbst verwirklicht. Zutiefst religiös und zugleich zutiefst unorthodox, »denn die Menschheitsfamilie ist vereint in dem ›Einen Menschen‹«[4] bringt John Vallamattam Tagores Philosophie auf den Punkt. Das Erhaltenswerte und das Überlebte in seiner Kultur sind dem Inder außerordentlich bewusst – gleiches gilt aber auch für das Abendland. Und da ergeben sich weit reichende Korrespondenzen. Schon zur Jahrhundertwende beginnt sich hier in zahllosen Strömungen Kritik an der dekadenten westlichen Zivilisation zu regen.

Hellerau vor den Toren Dresdens wird als Schmelztiegel unterschiedlichster Reformen zum Mythos werden. Die Erfahrungen des Krieges potenzieren die Intentionen von einer neuen Welt, von einem neuen Menschen um ein Vielfaches.

Die Wege dahin sind unterschiedlich in ihrer Radikalität. Was aber alle eint, ist der Ansatz der Selbstreform. So wie Tagore erkannt hat, dass Indien von innen heraus wachsen muss, ist den Reformern des Westens klar, dass die Veränderung in ihnen selbst liegt. Ungeheuer ›bewegte‹ Zeiten brechen an, in denen alles wie in einem riesigen Netz miteinander verwoben scheint. Da ist die Lebensreformbewegung mit all den Naturheilkundlern, Vegetariern, Kleidungsreformern, Gymnastikanhängern, Nacktkulturanbetern, Abstinenzlern, Impfgegnern, sozialistischen Siedlern, Esperantisten etc.

Da ist die Gartenstadtbewegung, die Frauenbewegung, die Kibbuzbewegung, die Jugendbewegung – allen voran die Wandervögel – und

4 John Vallamattam: Paedagogik der Selbstverwirklichung. Erziehungs-Werk und -Gedanken Rabindranath Tagores. Thottakara/Kerala 1959, S. 147 [Dissertation der Univ. Münster].

damit in engem Zusammenhang die Reformschulbewegung. Vom Reformgeist in den Künsten ganz zu schweigen.

Jürgen Oelkers, Erziehungswissenschaftler aus Bern schreibt:[5]

Alle diese Ansätze entwickeln pädagogische Formen [...] weit häufiger aber brechen sie mit den Prinzipien von Verschulung überhaupt. Das gilt für alle anarchistischen Kommunen, für religiös-sozialistische Lebensgemeinschaften und nicht zuletzt für die Beziehungsexperimente der kulturellen Avantgarde. Ein Zentrum dieser Avantgarde ist der Monte Verità in Ascona gewesen.

Abb. 4: Empfang Tagores auf der Jugendburg Hohnstein, unter der Burglinde. Links am Tisch vorn: Tagores Dolmetscher; am Tisch sitzend (vom Blumenstrauß verdeckt) Burgwart Konrad Hahnewald, Foto: Kurt Seifert

Mary Wigman – Rabindranath Tagore besuchte ihre Schule 1926 in Dresden – unterrichtete an Rudolf von Labans 1913 gegründeter »Schule für Lebenskunst«. Gemeinsam mit Suzanne Perrottet hatte sie im gleichen Jahr Hellerau und die Bildungsanstalt Jaques-Dalcroze verlassen und war Laban auf den Monte Verità gefolgt. »›Tanz‹ wurde zum spirituellen Kult, zur Bewegungsseite der Lebensreform.«[6] Er diente der Selbsterfahrung und Selbstverwirklichung.

In diesem Sinn sind auch weitere berühmte Schulgründungen zu verstehen. Zum Beispiel Hermann Graf Keyserlings 1920 in Darmstadt eröffnete »Schule der Weisheit«. Der Kulturphilosoph, »im intellektuellen Deutschland der eloquenteste – und zunächst einzige – Fürsprecher von Rabindranath und seiner ›Botschaft‹«[7] veranstaltete hier im darauffolgenden Jahr eine Tagore-Woche, in Anwesenheit des Inders und unter großer Anteilnahme, auch von Dresdnern.

Ab 1924 eine gefragte Adresse in Berlin-Frohnau war das Buddhistische Haus des Arztes und Homöopathen Paul Dahlke, übrigens das älteste seiner Art in Europa. Der Vater der Neubuddhistischen Bewegung

5 Jürgen Oelkers: Reformpädagogik. Eine kritische Dogmengeschichte. Weinheim/München: Juventa 2005, S. 319.

6 Ebd., S. 320.

7 Martin Kämpchen: Rabindranath Tagore. Reinbek bei Hamburg: Rowohlt 1992, S. 87.

Abb. 5: Tagore auf der Burg Hohnstein am 18. 7. 1930, Foto: Kurt Seifert

in Deutschland hatte bei zahlreichen Reisen durch Asien erkannt, dass die östliche Religion durchaus mit den Grundlagen der westlichen Wissenschaft vereinbar ist.

Und auch der international bekannte Mystiker und Weisheitslehrer griechisch-armenischer Abstammung Georg I. Gurdjieff fühlte sich dieser Thematik verpflichtet, als er 1921 in die Gartenstadt Hellerau kam.[8]

Gurdjieff, ein äußerst charismatisch wirkender Mann, lebte in den frühen zwanziger Jahren einige Zeit in der Bildungsanstalt. Glaubt man den Berichten von Zeitzeugen, so erinnerte Gurdjieff mit seiner ungewöhnlichen Erscheinung und Kleidung und mit seiner sich an tibetanischen Weisheitsbüchern und am islamischen Sufismus orientierenden Heilslehre an einen sich nach Europa verirrten indischen Brahmanen. Während seines Aufenthaltes in Hellerau erstrebte er in der Bildungsanstalt die Etablierung seines bereits 1919 im georgischen Tiflis gegründeten »Instituts für die harmonische Entwicklung des Menschen«. In diesem sollte die Weisheit des tibetanischen Buddhismus und des islamischen Sufismus mit der rationalen Welterkenntnis des Westens zu einer neuen, harmonischen Einheit zusammenfließen.

Die von ihm entwickelten »Heiligen Tänze« entlehnte er den spirituellen Tänzen der sufistischen Derwische. Sie sollten »der harmonischen Entwicklung der Tänzer selbst sowie […] der Vermittlung des übernatürlichen, esoterischen Wissens an künftige Generationen«[9] dienen.

Gurdjieff weilte nur kurze Zeit in Hellerau. Schon 1922 zog er nach

8 Thomas Nitschke: Die Gartenstadt Hellerau als pädagogische Provinz. Dresden: Hellerau-Verlag 2003, S. 10.
9 Ebd., S. 117.

Fontainebleau, um dort, südlich von Paris, in einer Abtei – einer Waldschule gleich! – sein Institut erneut zu eröffnen. Wie ein indischer Brahmane – manchem mag Gurdjieff so erschienen sein, obwohl er doch von den zentralasiatischen Hochebenen kam ...

Ein indischer Brahmane von Geburt bereiste dagegen 1921 tatsächlich Deutschland: Rabindranath Tagore. Er kam zwar nicht bis Hellerau, seine Weisheit bezog er aus den Upanishaden, und seine Walderemitage lag weit vor den Toren Kalkuttas, in Shantiniketan.

Und doch, was ihn, den »Goethe Indiens«, mit all den unermüdlichen Botschaftern verband, war das, was Jahrzehnte später der Atomphysiker Fritjof Capra in seinem *Tao der Physik* als »Konvergenz von westlicher Wissenschaft und östlicher Philosophie«[10] beschreiben wird. Ken Wilber nennt es die »Integrale Weltsicht«, »Moksha«, das »kosmische Bewusstsein«. Rabindranath Tagore verwirklicht jene »Integrale Weltsicht« – wie unter einem Brennglas verdichtet – in seinem bis heute existierenden reformpädagogischen Vermächtnis, dem »Experiment im Ashram von Shantiniketan«: eine Schule, die 1901 für junge Bengalen eröffnet und 1921 um die Weltuniversität Vishva Bharati erweitert wird. Das Lernen unter freiem Himmel symbolisiert hier gleichsam das Lernen in freiem Geist – kosmopolitisch, pansophisch, universell.

Ein »Ort des Friedens« bildet sich heraus, an dem der Osten dem Westen begegnen kann, nicht elitär, sondern aus der Verwurzelung mit der umliegenden dörflichen Bevölkerung. Tagores Idee von der Selbstverwirklichung des Kindes erweitert sich hier in Shriniketan mit der Schule zur Dorfentwicklung zur Selbstverwirklichung der Gemeinschaft. Ländliche Kooperativen entstehen, Dorfbanken, selbstverwaltete Einrichtungen. Die Dorfkinder können sich in professionellen Handwerks- und Kunsthandwerksstätten ausbilden lassen. Man feiert gemeinsame Jahreszeitfeste unter Tagores kreativer Regie und organisiert Märkte für die einheimischen Produkte. Dazwischen reist Tagore im Tross von Vishva-Bharati-Schülern und -Lehrern durch ganz Indien, um selbstinszenierte Tanzdramen aufzuführen und so für universitäre Einnahmen zu sorgen. Derweil warten bereits die Pilger aus dem In- und Ausland – Politiker, Wissenschaftler, Reformpädagogen und Gastdozenten – vor den Toren von Shantiniketan, um Tagores bahnbrechendes Experiment kennen zu lernen.

10 Untertitel der revidierten Neuauflage (Frankfurt a. Main: Scherz 1995). 1. Auflage Boston: Shambhala Publications 1975 als *The Tao of Physics: An Exploration of the Parallels Between Modern Physics and Eastern Mysticism.*

Das Terrain der Pädagogik bietet dem Universalgenie »Die Konkretion des Geistigen«[11]. In der Jugend sieht er den Hoffnungsträger.

Im Einklang mit deutschen und weltweiten Reformpädagogen verspricht sich Tagore durch einen veränderten Blick auf das Kind Konsequenzen für eine Veränderung der Welt. Die New Education Fellowship, der Weltbund der Reformpädagogik – 1921 von Theosophen mit ins Leben gerufen und von Maria Montessori maßgeblich beeinflusst – soll die in religiös-philosophischer Hinsicht quintessentielle Idee einer universellen Bruderschaft in den Bereich der Pädagogik tragen.

Internationale Konferenzen – 1929 Tagore und Montessori in Helsingör, Dänemark –, der Besuch von Jugendburgen, Aufenthalte an Reformschulen dienen Tagore als Möglichkeiten des Erfahrungsaustauschs.

Pädagogik der Selbstverwirklichung

»Im Wachstum des Lebens hat jede Stufe ihre Vollendung: die Blüte sowohl als die Frucht.« Tagore verweist mit dieser Aussage auf die Idee von der Pädagogik der Selbstverwirklichung, die, bei aller Heterogenität in den reformpädagogischen Umsetzungen, von der Vollkommenheit des Kindes ausgeht und damit eine Art »philosophia perennis«, also »ewige Philosophie« verkörpert. Sie überwindet religiös-philosophische Grenzen zwischen dem Osten und dem Westen, indem sie die Identität von individueller Seele (Atman) und Weltseele (Brahman), von Mikro- und Makrokosmos im hermetischen Sinn anerkennt. Sie begreift das Kind als sich selbsterschaffendes und selbsterlösendes göttliches Geschöpf, das im Einklang mit der Natur und dem Kosmos zu leben vermag und somit zur Welterlösung beiträgt.

Die Reformpädagogen, wie überhaupt die Lebensreformer, orientierten sich zu Beginn des 20. Jahrhunderts religiös-philosophisch stark an der Theosophie (Neugnosis), die auch im Indien jener Zeit sehr verbreitet war, aber ebenso am evolutionistischen Monismus, an Nietzsche, an der Mystik, an der Naturreligion, am Neuplatonismus und an östlichen Religionen.

Meike Sophia Baader, die wissenschaftlich erstmals dezidiert die Transformationen des Religiösen in der Reformpädagogik erforscht hat, erläutert:[12]

11 Kapiteltitel aus Jean Gebser: Gesamtausgabe. Bd. 3. Ursprung und Gegenwart. Zweiter Teil. Schaffhausen: Novalis 1986, S. 686–690.

12 Meike Sophia Baader: Erziehung als Erlösung. Transformationen des Religiösen in der Reformpädagogik. Weinheim/München: Juventa 2005, S. 282, S. 10.

Insgesamt kann die Suche nach neuen religiösen Formen im Spannungsfeld von Individualisierung und Gemeinschaftsorientierung gesehen werden. Die Reflexion des Spannungsverhältnisses [...] ist möglicherweise überhaupt einer der Gründe für das Interesse an Religion und Religiosität um die Jahrhundertwende. Im Nationalsozialismus und seinen völkischen Vorläufern wird dieses Spannungsverhältnis dann einseitig Richtung »Gemeinschaft« aufgelöst.

Religion in der Moderne ist nicht mehr unbedingt institutionell an die Lehren der Kirchen und ihr Verständnis von Religion rückgebunden und damit auch nicht mehr an die Theologie, sondern zeichnet sich gerade durch das aus, was Nipperdey »vagierend« nennt.

Nach Baader sind die neuen Formen von Religiosität: »individuell, privatistisch, diesseitig, synkretistisch«[13]. Tagore fühlte sich vermutlich über die Mystik mit ihrer individuellen unmittelbaren Gotterfahrung vielen abendländischen Reformern nahe – und diese wiederum ihm. »Die Aufhebung einer Differenz zwischen Gott und Welt ermöglicht auch die Engführung des Monismus um 1900 mit asiatischen Religionen, wie sie etwa von der Theosophie [...] vorgenommen wird.«[14]

Der Biograf Martin Kämpchen zitiert den 21-jährigen Tagore:[15]

Eines Morgens stand ich auf dem Dach [unserer Wohnung in Kalkutta] ... Die Sonne stieg gerade durch die belaubten Kronen der Bäume auf. Während ich weiter beobachtete, schien mir plötzlich in einem Augenblick, als falle eine Hülle von meinen Augen. Ich sah die Welt in einem wunderbaren Glanz gebadet und Wogen der Freude und Schönheit auf allen Seiten emporsteigen. Mein Herz bedeckten schwere Schichten von Traurigkeit, die das universale Licht in einem Augenblick durchdrang und mein ganzes Inneres aufleuchten ließ... Während ich auf der Veranda stand, erschienen mir der Gang, die Gestalten, die Anmut der Gesichtszüge eines jeden Arbeiters, wer auch vorüberging, als außergewöhnlich wunderbar – als bewegten sich alle wie das Spiel der Wellen auf dem Meer des Universums. Von Kind an hatte ich nur mit meinen Augen gesehen, nun begann ich gleichsam mit meinem ganzen Bewußtsein zu schauen... Niemals zuvor hatte ich das Spiel der Glieder und Gesichtszüge beachtet, das stets sogar die kleinsten Handlungen der Menschen begleitet; nun war ich ständig von der Musik der Bewegungen des menschlichen Körpers in Bann geschlagen. Alle diese Bewegungen sah ich nicht isoliert, sondern als ein Ganzes. Tausende von Menschen gab es in diesem Augenblick überall auf der Welt, sie wohnten in verschiedenen Häusern, verrichteten unterschiedliche Tätigkeiten,

13 Ebd., S. 29.
14 Ebd., S. 67 f.
15 Kämpchen, Tagore (wie Anm. 7), S. 28.

besaßen unterschiedliche Bedürfnisse. Ich sah die Körperbewegungen aller Menschen in der ganzen Welt als Eines und entdeckte in ihnen die Zeichen eines großartig schönen Tanzes.

Martin Kämpchen resümiert:[16]

Diese mystische Erfahrung des Einundzwanzigjährigen drückt sich auf charakteristisch indische Weise aus: Das Einzelne und Persönliche ist auf einmal ins Universale transzendiert, das Konkrete löst sich in Rhythmen von Licht, Farben und Formen auf, die Welt-Erfahrung wird ein zusammenhängendes, harmonisierendes und sinnerfülltes Gewebe vor dem Hintergrund eines kosmischen Bewußtseins. Auslöser war das Erlebnis der Naturschönheit. Ähnlich durchzuckte den jungen Ramakrishna ein mystischer Blitz beim Anblick weißer Kraniche vor dunklen Regenwolken. Immer wieder ist Rabindranath auf seine ekstatische Freude an der Natur zurückgekommen.

So auch an jenem denkwürdigen 18. Juli 1930 auf der Burg Hohnstein, als er sich an die Jugend wandte:[17]

Ich denke, daß es ein unschätzbarer Vorteil für Euch sein muß, die Möglichkeiten hier zu erschöpfen, im Rahmen der Natur, fern von den vergifteten Kreisen der Großstadt, im Kreise so vieler gleichaltriger Kameraden die Ferienzeit zu verbringen. Ich war in meiner Kindheit nur halb so glücklich, denn meine Ferien waren einsam. Ich verbrachte sie aber auch im Schoße der Natur und habe an den einsamen Ufern des Ganges dem Windessausen und dem Wildentengeschnatter zugehört. Ich habe meinen Geist in der stillen Einsamkeit unserer indischen Landschaft für die späteren Aufgaben meines Lebens reifen und wachsen lassen. Was aber den wertvollen Teil Eures Zusammenseins mit Freunden aus allen Teilen Deutschlands und, wie ich sogar höre, aus anderen Ländern Europas ausmacht, ist die Gelegenheit, hier in der reinen Luft der Berge das verbindende Element menschlicher Gemeinschaft zu erleben.

Dass Tagore nach seinem Besuch in Dresden und Hohnstein Ende Juli 1930 zur legendären Odenwaldschule, dem vielleicht berühmtesten deutschen Landerziehungsheim überhaupt, weiterreist und im Anschluss zu den Nerother Wandervögeln auf die Jugendburg Waldeck, ist kein Zufall. Er trifft hier auf Gemeinschaften, die seinem in Shantiniketan verwirklichten Ideal entsprechen. Die Orte sind fernab naturentfremdeter

16 Ebd., S. 28 f.

17 Regionale Zeitung (wie Anm. 2) – Rede von Rabindranath Tagore auf der Jugendburg Hohnstein am 18. Juli 1930.

Großstädte, die Kinder und Jugendlichen kommen aus den verschiedensten Nationen, Religionen und sozialen Milieus. Dadurch, dass sie inmitten der Natur mit sich selbst verbunden sein können, sind sie auch miteinander verbunden.

Tagore noch einmal auf der Burg Hohnstein:[18]

Alles Trennende: der Haß, der Neid und die Eifersucht, sind mehr oder weniger Produkte und Lebenseigenschaften der großen Städte. Ich stehe nicht an, die Städte als die Eitergeschwüre unserer menschlichen Organisation zu nennen. Weit entfernt von deren verpesteten Luft könnt Ihr hier, im Herzen der Natur, zur Besinnung und zum Erlebnis der Liebe, der Duldung und der Freundschaft gelangen.

Als ehemaliger Ashramit erinnert sich Alokeranjan Dasgupta[19]

Das Motto für Santiniketan Yatra Visham Bhavatyekanidam (›wo die Welt zu einem einzigen Nest wird‹) erhielt Rabindranath von seinem prominenten Zeitgenossen Vidhusekhar Shastri.

Tagores Bemühungen, Santiniketan in die Weltkarte aufnehmen zu lassen, vermittelte das Gefühl, nicht abgesondert in einem kleinen Dorf namens Santiniketan zu leben, sondern Bürger einer Weltgemeinschaft ohne Beachtung von rassischen, regionalen oder religiösen Unterschieden zu sein.

Es war im Jahre 1946, als ich zum ersten Mal nach Santiniketan kam und sofort als Schüler der Pathabhavan – der 6. Klasse – zugelassen wurde, ohne irgendeinen starren Auswahltest bestehen zu müssen. Diese Liberalität war ganz nach Tagores Prinzipien, die jungen Menschen die Türen öffneten, um ihnen die Chance zu geben, sich selbst zu entfalten, inmitten einer Naturumgebung und ohne jeglichen Examensstress und strenge Zensuren.

Als Dasgupta erstmals nach Shantiniketan kam – Tagore war fünf Jahre zuvor gestorben – existierte dessen Experiment schon seit 45 Jahren, und eigentlich war es längst kein Experiment mehr. Nicht so bei Tagore – bei ihm erfindet sich alles immer wieder neu. Auch sein Vermächtnis. Es folgt einem Kerngedanken der Reformpädagogik: Für das Leben durch das Leben … und Leben ist Bewegung, Rhythmus.[20]

18 Ebd.

19 Alokeranjan Dasgupta: Mein Tagore. Ein Annäherung an den indischen Dichter Rabindranath Tagore. Heidelberg: Draupadi 2011, S. 87, 73.

20 Vgl. den Namen der Schule von Ovide Decroly, die 1907 in Brüssel eröffent wurde: Ecole pour la vie par la vie; Schulen, die anders waren. Zwanzig reformpädagogische Modelle im Überblick. Hg. v. Andreas Paetz u. a. Berlin: Volk und Wissen 1990, S. 17.

Als der Bengale 1901 in seiner Walderemitage auf dem Familienanwesen mit dem Experiment begann, hatte in Schweden Ellen Key mit ihrem gleichnamigen Buch bereits das *Jahrhundert des Kindes* proklamiert. Es war das Fanal für eine weltweite Erneuerungsbewegung auf dem Gebiet der Pädagogik. Bis dahin war Schule von Rohrstock und Zwang, seelischer Grausamkeit und verletzter Kindeswürde geprägt.

In einem Prozess der Synchronizität keimten erste Ansätze einer »Pädagogik vom Kinde aus«: Tagores kameradschaftliches Zusammenleben mit den jungen Bengalen inmitten der Natur von Shantiniketan (1901); drei Jahre zuvor die Gründung des ersten deutschen Landerziehungsheims durch Hermann Lietz bei Ilsenburg; Montessoris erstes Kinderhaus, die »Casa dei Bambini«, im römischen Elendsviertel San Lorenzo, das als »Sozialisation des eigenen Heims« für Eltern offen stand und verwahrlosten Kindern mit Sinnesmaterialien zum Lernen verhalf (1907); erste Versuchsschulklassen an deutschen Volksschulen noch vor dem Ersten Weltkrieg, so auch in Dresden; die ersten Unterrichtsstunden in Rhythmischer Gymnastik in der berühmten Bildungsanstalt Jaques-Dalcroze 1910 in Hellerau; die Gründung der Heppenheimer Odenwaldschule als Landerziehungsheim im gleichen Jahr.

Noch sind es unsichtbare Fäden, die sich mit Tagore verbinden. Sie werden mit den Jahren stärker. Die einen verkörpern gelebte Beziehungen, die anderen Verbindungen im Geiste.

Begegnung mit Maria Montessori

Mit ihr, der italienischen Ärztin und Reformpädagogin, teilte Tagore die Idee des All-Einssein. Während der Jahre des Faschismus unterstützte sie in Indien – gefördert von Gandhi, Nehru und der Theosophischen Gesellschaft – die Reform des Schulsystems mit ihrer Pädagogik. Ihrer eigenen Darstellung gemäß steht Montessori für eine »kosmische Erziehung« und geht davon aus, dass jedes Kind einen eigenen »Bauplan« hat sowie einen »absorbierenden Geist«. An seinen »Potentialitäten« habe sich die Erziehung in einer »vorbereiteten Umgebung« auszurichten, nach dem Prinzip »Hilf mir, es selbst zu tun«.[21] Montessori fand in Indien ihre Überzeugung bestätigt – und Tagore sah in Maria Montessori mit ihrer These von der »Selbsterschaffung des Kindes« eine kongeniale Partnerin für die Umsetzung seiner Vision von einer neuen, organischen, an Natur und Kosmos ausgerichteten koedukativen, demokratischen Pädagogik.

21 Rita Kramer: Maria Montessori. Leben und Werk einer großen Frau. Frankfurt a. Main: Fischer 1995.

Zahlreiche Tagore-Montessori-Schulen entstanden in ganz Indien. Kinder aus den unterschiedlichsten sozialen Schichten – Brahmanen und Unberührbare lernten in einem Montessori-Experiment harmonisch gemeinsam – wurden über einen inspirativ begleitenden, intrinsisch motivierten, weitestgehend autodidaktischen Weg in die Selbst- und Welterkenntnis und somit Autonomie geführt. Rabindranath Tagore schrieb in einem Brief an Maria Montessori:[22]

Wie Sie wissen, bin ich ein großer Bewunderer Ihrer Arbeit im Bereich der Erziehung, und wie meine Landsleute halte ich es für sehr günstig, daß Indien zu dieser Stunde Ihre Anleitung zum schöpferischen Ausdruck seiner selbst bekommen kann. Ich vertraue darauf, daß die Erziehung der Kinder, die jedem Werk des nationalen Wiederaufbaus vorangehen muß, in Ihrer Anwesenheit eine neue und dauerhafte Inspiration erfahren wird.

Eine andere gelebte Beziehung unterhielt Tagore zur Odenwaldschule. Heute manchem nur noch aufgrund des Missbrauchsskandals ein Begriff, war sie doch dereinst der Doyen unter den Reformschulen mit vielen berühmten Absolventen. Klaus Mann war einer ihrer Schüler. Meike Sophia Baader zitiert aus seinen Erinnerungen: »Die Götter des Ortes waren, außer Goethe und Plato, Buddha und ein nicht so sehr römisch als orientalisch stilisierter Jesus Christus.« Und weiter führt sie aus:[23]

Geheebs ›Sympathien fürs indische Wesen, für die indische Philosophie‹, so Mann, ›beeinflussten deutlich den Geist seiner Schule‹. Mann berichtet in diesem Zusammenhang von einem Kursus über indische Mythen und Lehren.

Wie Baader weiter schreibt, gehörte der Sohn Thomas Manns 1922 zunächst zur ›Familie‹ der Alwine von Keller. Sie hatte Paul Geheeb schon 1909 in Hellerau getroffen, wo er ursprünglich sein Landerziehungsheim ansiedeln wollte. Sie suchte für ihre Kinder eine moderne Schule, »frei, locker, spielend, imaginativ«.[24]

Da jedoch Geheebs Verhandlungen in der entstehenden Gartenstadt scheiterten, gründete er ein Jahr später in Oberhambach bei Heppenheim die Odenwaldschule. Die Beziehung zur ersten Gartenstadt Deutschlands blieb insofern bestehen, als Geheeb 1920 mit Carl Theil einen Odenwaldschullehrer zur Gründung der reformpädagogischen Neuen Schule nach Hellerau schickte und so seine in zehn Jahren erfolgreich

22 Ebd., S. 410 f.
23 Baader, Erlösung (wie Anm. 12), S. 238 f.
24 Ebd., S. 222.

erprobten Ideen auch dort umsetzen ließ. Alwine von Keller indes war in der Gartenstadt geblieben, um als Mutter und Lehrerin eine experimentelle Hauslehrerschule mit aufzubauen, in der neben ihren Kindern u. a. auch die von Tessenow, Dalcroze, Zollmann und Strauß ab 1912 lernen konnten. Hier im Privathaus der Familie Zollmann hatten anfangs sieben Kinder fünf Lehrer!

Elf Jahre früher, in Tagores fernem Shantiniketan, begannen fünf Lehrer unter Mangobäumen fünf Knaben auf ihrem Selbstbildungsweg zu begleiten.

Hellerau, die Odenwaldschule und Indien

Die Analogie des Anfangs sollte nicht die einzige Verbindung bleiben zwischen Alwine von Keller und Indien. 1916 verließ sie die Hellerberge gen Heppenheim, um dort bis 1933 an der Seite von Edith und Paul Geheeb maßgeblich die Geschicke der Odenwaldschule mitzugestalten, wozu in den 1920er Jahren auch die engen Beziehungen zur indischen Kultur gehörten. Außer Kontakten zu Tagore und Mahatma Gandhi gab es einen regen deutsch-indischen Austausch und den Gastdozenten Aurobindo Bose.

Ellen Schwitalski schreibt in ihrem Buch über die reformpädagogischen Pionierinnen der Odenwaldschule – mit dem markanten Titel *Werde, die du bist*: »Die indischen Gäste wurden in den Schulalltag einbezogen, vermittelten Schüler/-innen wie Pädagoginnen ihre Kultur und wurden als Bereicherung der Odenwaldschule erfahren.«[25] Und sie führt weiter aus:[26]

> *Ellen Teichmüller*, die Tochter der Odenwaldschullehrerin Alwine von Keller und auch Schülerin wie spätere Lehrerin am Landerziehungsheim, ist eine […] Schulgründerin, die ihre pädagogischen Kompetenzen im Ausland einsetzte. Sie heiratete 1931 den ehemaligen indischen Odenwaldschullehrer *N. V. Sharma* und gründete 1937 mit ihm die ›Children's Garden School‹ in Madras. Die indische Schule war nach dem deutschen Vorbild der Odenwaldschule als reformpädagogische Bildungsinstitution aufgebaut. […]
>
> Ellen Teichmüller-Sharma schuf ihre eigene Pädagogik aus Elementen der Kindergarten-Idee und der Montessori-Pädagogik. Durch Ausbildungskurse für Pädagog/-innen fand diese in Indien Verbreitung. Die Children's Garden School

25 Ellen Schwitalski: »Werde, die du bist«. Pionierinnen der Reformpädagogik. Die Odenwaldschule im Kaiserreich und in der Weimarer Republik. Bielefeld: transcript 2004, S. 209.
26 Ebd., S. 87 f. [Hervorhebungen im Original].

besteht noch heute in Madras und wird von den Töchtern Ellen Teichmüller-Sharmas geleitet.

Im Gegensatz zu den von den christlichen Missionaren gegründeten Schulen, die auf die Übernahme britischer Verwaltungsämter vorbereiteten (=*Macaulay System*, das der Fortsetzung der britischen Regierung diente), unterstützten die Sharmas die indische Kultur. Wichtige Prinzipien der Erziehung durch die Schule waren: Lernen ohne Angst, Unterricht in musischen und handwerklichen Fächern wie Musik, Tanz, Malen, Drama und Handwerk, Belohnung statt Bestrafung, Zusammenarbeit von Mitarbeitenden und Schulleitung, Freiheit in der Auswahl der Lerninhalte, Lernen mit Spaß und aus eigener Motivation, keine Hausaufgaben. Die Kinder sollten sich in der Schule nicht durch Kleidung eingeengt fühlen, deshalb war das Barfußlaufen erlaubt, Schuluniformen waren keine Pflicht. [...] Eine weitere wichtige Aufgabe, die die Sharmas sich gestellt hatten, war die Weitergabe von Bildung an arme Kinder sowie die Aufnahme von elternlosen Kindern. [...] Gegründet wurde die Schule mit sieben Kindern.

Wie sehr die Odenwaldschule mit Hellerau verbunden geblieben ist, zeigt sich auch am Beispiel von Elisabeth Rotten. 1929 hatte sie hier die reformpädagogisch orientierte Staatliche Wohlfahrtsschule mit Else Ulich-Beil gegründet. Acht Jahre zuvor war durch Rotten die New Education Fellowship (NEF) in Calais mit ins Leben gerufen worden.[27]

Der Kontakt der Odenwaldschule zu dieser Bewegung entstand 1920. In einem Brief vom 28.05.1920 wandte sich Elisabeth Rotten von der *Deutschen Liga für Völkerbund, Abteilung für Erziehung* an Paul Geheeb als ›einen an einer Erziehung zum Frieden und zur Völkerverständigung interessierten Pädagogen‹. Im Frühjahr 1921 hatte auch Beatrice Ensor, Vertreterin der *NEF*, Kontakt zu Geheeb aufgenommen. Seitdem wurde eng zusammengearbeitet, Schüleraustausch wurde organisiert, die Tagungen vorbereitet. Auch Edith Cassirer-Geheeb [und] Alwine von Keller [...] engagierten sich an dieser internationalen Vereinigung und nahmen an den in den folgenden Jahren stattfindenden großen Konferenzen der *NEF* teil.

So auch 1929 im dänischen Helsingör, wo, wie bereits erwähnt, Montessori und Tagore im Mittelpunkt standen. Elisabeth Rotten, die sich sehr für die Verbreitung der Montessori-Pädagogik engagierte, gründete noch während ihrer Hellerauer Jahre zusammen mit dem berühmten Psychologen Jean Piaget die Schweizerische Montessori-Gesellschaft.

Paul Geheeb, Alwine von Keller, Elisabeth Rotten – drei reformpädagogische Protagonisten, die eng mit Hellerau verbunden waren und

27 Ebd., S. 42 f. [Hervorhebungen im Original].

die Tagore begegnet sind. Und dennoch ist die »pädagogische Provinz« ganz offensichtlich nie in den Fokus des großen Inders geraten. Zumindest nicht in Gestalt eines Besuchs, obwohl es viele Gemeinsamkeiten, nicht nur im Geiste, gab. Dies gilt auch für die reformpädagogischen Experimente in Dresden selbst, wo seit Beginn der 1920er Jahre am Georgplatz eine Versuchsschule war und in der Johannstadt die berühmte Dürerschule als eines der wenigen staatlich-gymnasialen Reformschulmodelle der Weimarer Republik. Auch hier gab es viele Beziehungen zum Ausland, zur New Education Fellowship inklusive. – Und auch hier ist Tagore präsent.

Gerda Bräuer war 1930 mit zehn Jahren von einer experimentellen Volksschulklasse in die Dürerschule gewechselt und erinnert sich, dass in der elterlichen Wohnung ein Bild des großen Inders hing, darunter seine berühmten Worte:[28]

Ich schlief und träumte,
das Leben sei eine Freude.
Ich erwachte und verstand,
daß das Leben eine Pflicht ist.
Ich schritt zur Tat, und siehe da,
die Pflicht war eine Freude.

In diesem Zusammenhang ist erwähnenswert, dass Gerda Bräuers Vater, der Schulreformer Karl Otto Marx, in der Briesnitzer Volksschule eine Versuchsschulklasse führte und mit dem Hohnsteiner Burgwart Konrad Hahnewald befreundet war; außerdem ernährten sich alle vegetarisch. Tagore soll 1930 auf der Burg sehr die fleischlose Kost genossen haben. Der Fotograf Kurt Seifert erinnerte sich, dass Tagore auf eigenen Wunsch als einzige Erfrischung eine Schüssel Kirschen und ein Glas Wasser zu sich nahm.[29]

Im Jahr 1926 besuchte der Inder schon einmal Dresden – doch er war wohl ganz einfach zu spät gekommen, um die »pädagogische Provinz« noch kennen zu lernen.

Die Neue Schule Hellerau hatte bereits im Jahr zuvor aus finanziellen Gründen schließen müssen, A. S. Neills internationale Freie Schule – das Vorbild für Summerhill – schon 1924, und auch die Schule Hellerau für Rhythmus, Musik und Körperbildung schloss 1925 ihre Pforten. Im Jahr

28 Die Erinnerung an den Spruch wurde von Frau Bräuer mündlich an die Verfasserin des Artikels weitergegeben.

29 Mitteilung des Fotografen zum ›Kirschbild‹ – handschriftlich vermerkt auf Rückseite des Bildes. Im Archiv des Heimatmuseums der Stadt Sebnitz.

des Tagore-Besuchs löste sich dann auch noch die Handwerkergemeinde Hellerau auf.[30]

Das Gelände und die Gebäude der Bildungsanstalt, die noch fünf Jahre zuvor von erwartungsvollen, zuversichtlichen und hoffnungsvollen Lehrern und Schülern, von Tänzern, Künstlern und Handwerkern bevölkert worden waren, standen nun leer und verlassen. Die »pädagogische Provinz« gab es nicht mehr.

Einzig die staatliche Versuchsschule (als erster Bildungsweg) in der Nähe des Festspielgeländes existierte noch bis 1933. Dann wurde auch dort der Reformgeist zum Erlöschen gebracht – wie an so vielen progressiven Schulen in Deutschland. Eine Ära versank in Finsternis, die über drei Jahrzehnte zuvor in hellem Licht erstrahlt war.

Abb. 6: Der indische Dichter Rabindranath Tagore bei einem Besuch auf der Jugendburg Hohnstein am 18. 7. 1930, Foto: Kurt Seifert

Einsame Jahre in der »Lernfabrik«

Bittere Kindheits- und Schulerfahrungen hatten Reformer wie Neill und Tagore im Westen und Osten zu einer radikalen Pädagogik der Freiheit geführt. Martin Kämpchen zitiert aus den Lebenserinnerungen des Inders: »Von morgens bis abends klapperte die Lernmühle [...]. Die Fracht ›dieser vielen Schulstunden‹ ist zum großen Teil aus dem Boot gekippt und versenkt worden.«[31]

Kulturübergreifend sprachen Spötter im Nachhinein von »Schulkasernen«, »Lernfabriken«, »Zwangsanstalten«. Sicher, die Erfahrungen Tagores waren die eines indischen Brahmanen. Seine universelle Bildung prägte sein ganzes Leben, jedoch die Fülle erdrückte und verletzte ihn.[32]

Der Dichter erzählt, wie er beim dämmrigen Schein einer Rizinusöl-Lampe, gegen den Schlaf ankämpfend, lernte [...].

Mit knapp vier Jahren wurde Rabi eingeschult, und die nächsten zehn Jahre schickten ihn die Älteren von einer Schule zur anderen in der Hoffnung, der

30 Nitschke, Hellerau (wie Anm. 8), S. 113.
31 Kämpchen, Tagore (wie Anm. 7), S. 21.
32 Ebd., S. 20 f.

widerspenstige kleine Bursche werde unter der Disziplin einer Schule ausharren. Doch das eintönige, mechanische Einpauken von »Lernmaterial«, die lieblos leeren Wände der Klassenräume konnten seinen Geist nicht öffnen. Er vermochte nur aufzunehmen, was die Lehrer ihn lehren konnten zu lieben, was ihn begeisterte.

Tagore erlebte einsame Jahre – man erinnere sich seiner Worte auf der Burg Hohnstein! – und eine »Isolation durch jene fremde große Welt der Erwachsenen«, die nur durch seinen 12 Jahre älteren Bruder durchbrochen werden konnte. »Rabindranath bekannte: Hätte ich mich damals nicht von meinen Fesseln befreit, wäre ich für mein Leben verkrüppelt geblieben.«[33] Und nie der geworden, der er war, möchte man in Abwandlung des Leitspruchs der Odenwaldschule »Werde, der du bist«[34] hinzufügen: ein Mann voller überbordender Kreativität und Pioniergeist. Mit seinem Kosmos Shantiniketan schuf er einen radikalen Gegenentwurf zum englischen Schulsystem, das die indischen Kinder »auf eine Karriere als Beamte der Kolonialregierung vorbereiten«[35] sollte, die Muttersprache dabei total vernachlässigend. Tagore stellte diesem fremdbestimmten Weg den selbstbestimmten inneren Weg entgegen,[36]

indem er an das altindische Bildungsideal des »brahmacarya-asrama« anknüpfte, zumal die Swadeshi-Bewegung für die Belebung alter Ideale warb. Das Lebensmodell des Vier-Stufen-Wegs (catur-asrama-dharma) sieht auf der ersten Lebensstufe, dem brahmacarya-asrama, das gemeinschaftliche Leben der Schüler mit ihrem Lehrer (guru) vor. Der Guru unterrichtet die Kinder nicht nur in den allgemeinen Wissensfächern, sondern weist sie ins praktische Leben und in die Religion ein. Vieles davon vermittelt er informell und inspirativ, indem er vorbildhaft mit den Schülern zusammenlebt. Dadurch soll die Persönlichkeit des Schülers ganzheitlich entfaltet werden. Der Guru errichtet seinen Ashram außerhalb der Städte und Dörfer in einsamen Waldgegenden, einmal damit die Schüler in dieser Abgeschlossenheit die notwendige Sammlung auf ihre Erziehung finden, dann weil auf diese Weise auch die Natur zu einer Erzieherin der Kinder werden kann.

Rabindranath füllte diesen Lebensrahmen mit den eigenen, lange gehegten Ideen: Statt der Gefangenschaft in nackten Schulzimmerwänden – Unterricht im Schatten der Mangobäume; statt der öden Routine von Lehrbuch-Paukerei – die natürliche Formung der Kinder durch eine Atmosphäre von Ideen, durch die Lieblichkeit und Härte der Natur; statt autoritärer Schulmeister – inspirierende

33 Ebd., S. 23.

34 Vgl. Der Leitspruch der Odenwaldschule stammt von dem griechischen Dichter Pindar.

35 Kämpchen, Tagore (wie Anm. 7), S. 57.

36 Ebd. (Hervorhebung i. Original)

Persönlichkeiten, die die Kinder auch emotional und spirituell vorsichtig zu beeinflussen wissen. Rabindranath erlaubte den Kindern, kindlich zu sein, anstatt sie für ihr Kindsein mit Einschränkungen, Befehlen, äußerlicher Disziplin zu »bestrafen«. Er erlaubte ihnen, das Leben zu lieben, froh zu sein, sich als ein Teil von Natur und Kosmos zu erfahren. Rabindranath war davon überzeugt, daß Menschen, die in einer solchen umhegten Freiheit aufgewachsen sind, von selbst lernen, was sie individuell zu einem harmonischen und nützlichen Leben brauchen. Der Ashram von Santiniketan, einsam und ländlich gelegen wie die Ashrams, von denen in den klassischen Epen des Hinduismus die Rede ist, sollte seine Schüler vor allem durch die unsichtbare Einwirkung einer heiteren, natürlichen und inspirierten Atmosphäre formen.

Abb. 7: Rabindranath Tagore trägt sich ins Gästebuch ein, Burg Hohnstein, 18. 7. 1930, Foto: Kurt Seifert

Und dazu gehörte auch die bengalische Muttersprache:[37]

Da ich in meiner Kindheit Bengalisch gelernt habe, konnte sich mein Geist voll entwickeln. Das Lernen sollte, soweit wie möglich, dem Prinzip der Nahrungsaufnahme folgen. Mit dem ersten Bissen Speise muß der Appetit geweckt werden... Das ist nicht möglich, wenn der Bengale auf englisch unterrichtet wird.

Die Allegorie des freien Vogels, der die Lieder der Wälder singt und somit zu ihrer Stimme wird, taucht bei Tagore immer wieder auf. Nicht nur in *The Parrot's Training*[38], wo er ihm den zahmen Vogel im Käfig, die Flügel »kraftlos und tot«, gegenüberstellt. Auch einen Vortrag 1921 in Berlin überschrieb er mit dem Titel *Die Stimme der Wälder*. Er kündigte darin die bevorstehende Eröffnung der Weltuniversität Vishva-Bharati in Shantiniketan an. Ihre Schwerpunkte: regionale indische und asiatische Traditionen, Kulturen und Sprachen weltweit. Eine Schule zur ländlichen Entwicklung war 1914 in Shriniketan gegründet und 1922 an Vishva-Bharati angegliedert worden.

Die Kinder und Jugendlichen, die hier, »wo die Welt zu einem einzigen Nest wird«, lernten, sollten gleichsam frei wie Vögel sein können. Tagore wusste aber auch: Nur wer in der Erde verwurzelt ist, kann sich

37 Ebd., S. 22.
38 Vallamattam, Selbstverwirklichung (wie Anm. 4), S. 20 f.

Abb. 8: Der Dichter wird vom Burgwart und vielen Jugendlichen zum Abgang von der Jugendburg Hohnstein begleitet, Foto: Kurt Seifert

aufschwingen in geistige Höhen. Die Einbindung der jungen Leute in das dörfliche Leben erschien ihm daher sehr wichtig. Nach Martin Kämpchen prägten »Universalismus und konkreter Dienst an den Armen, an jenen Menschen, die Kultur im ursprünglichen Sinn betreiben, die Agrikultur«[39], den Kosmos Shantiniketan.

Und er war ein Tempel der Künste! All die Talente, die nach Vishva Bharati strömten, setzten mit dem Dichter seine Stücke in Szene, die »Gesamtkunstwerke aus Text, Musik, Liedern, Schauspiel und Tanz – gewissermaßen Darstellungen der Vielfalt musischer Interessen in Rabindranaths neuer Bildungsstätte«[40] waren.

Die Stimme der Wälder – nicht nur Tagore ließ sich von ihr inspirieren, auch ein Team des »Augenzeugen«, das 1961 einen zehnminütigen Dokumentarfilm für das Kino produzierte. Anlass war der 100. Geburtstag von Rabindranath Tagore. Man sieht schöne Bilder aus Shantiniketan, darauf der Guru inmitten seiner Schüler. Und plötzlich ein vertrauter Anblick: der Burghof von Hohnstein, die schattenspendende Linde, der lange Tisch, der Blumenstrauß – im Zentrum der charismatische Bengale mit Burgwart Konrad Hahnewald. Wenig später erzählt Sohn Helmut, mit Jugendlichen unter der Linde sitzend, wie er als 16-Jähriger Tagore an jenem 18. Juli 1930 begegnete. Erinnerungen, gebannt auf einen 35 mm-Film mit dem Titel *Stimme der Wälder*, gefunden im Archiv von Dr. Michael Hahnewald – Erinnerungen vor allem auch an einen bedeutenden Inder, der mit seiner Universalität über jeglicher Ideologie stand und im Blick auf das Kind eine Art »paedagogica perennis« verkörperte, die bis in die Gegenwart inspirierend wirkt.

39 Kämpchen, Tagore (wie Anm. 7), S. 97.
40 Ebd.

RABINDRANATH TAGORE IN DEUTSCHLAND – EINE LITERARISCHE ENTDECKUNGSREISE

Martin Kämpchen

In den Jahren 2011 und 2012 war das gesamte kulturelle Indien in Feierstimmung. Im Mai jährte sich der Geburtstag seines bedeutendsten Dichters, Rabindranath Tagore, zum 150. Mal. Jede Universität, jedes Literatur-Department, beinahe jedes College, auch wenn es fern in der indischen Provinz liegt, die Literatur- und Kulturakademien, die Fernsehkanäle – sie alle sind in diesem Jahr mit dem Mann mit dem langen Haupthaar und dem wallenden Bart und den schönen, ruhigen Augen beschäftigt. An den breiten Zufahrtsstraßen zum Flughafen Kalkuttas wurden riesengroße Plakate mit der Zahl 150 und dem Abbild des Dichters aufgerichtet, als sei er plötzlich ein Bollywood-Star geworden. Jede Zeitschrift, die auf sich hält, veranstaltet Tagore-Sondernummern, die literarischen Gesellschaften bringen Tagore-Anthologien heraus. Alles und jeder schmückt sich dieses Jahr mit Tagore, auch Institutionen, die mit Kultur wenig zu tun haben, wie Stadtverwaltungen, Banken und Großfirmen. Wer wollte, konnte den Geburtstag übrigens gleich zweimal feiern – am 7. Mai nach dem gregorianischen Kalender und am 9. Mai nach dem bengalischen Kalender, das ist der 25. Tag im Monat *baisākh*.

Es ist fast, als habe Goethe einen großen, runden Geburtstag! Es ist bombastischer, gewaltiger, ›larger-than-life‹. Denn Indien – ein Subkontinent – besitzt zwar viele bedeutende Kunstschaffende, doch eben nur diesen einen Nationaldichter, den bisher einzigen, dem die Würde eines Literaturnobelpreises verliehen wurde, den einzigen Dichter mit einer internationalen Ausstrahlung!

Diese Ausstrahlung war jedoch nicht naturgegeben, sie musste errungen werden. Als dem indischen Dichter Rabindranath Tagore am 14. November 1913 der Nobelpreis für Literatur verliehen wurde, fragte jeder in Deutschland: Wer ist dieser Mann mit dem schier unaussprechlichen Namen? Die schwedische Akademie, die den Preis verliehen hatte, veröffentlichte einen Lebenslauf, der mehr märchenhaft als realistisch war und zu den orientalisierenden Phantasien der Europäer eher beitrug, anstatt sie abzubauen. Bis heute bleibt Tagore der Mann mit dem langen Bart und dem würdigen Antlitz, den die Kinder, als sie ihm in den 20er Jahren in Deutschland begegneten, voll bewunderndem Schrecken den »lieben

Gott« und »Gott Vater« nannten. Seine Fama als »Mystiker«, »Prophet« und »Weiser«, als »Maharaja« lässt sich nicht ganz abschütteln. Obwohl inzwischen auch in Deutschland genug Möglichkeiten bestehen, von diesem verniedlichenden Tagore-Bild abzurücken und ihn als Dichter von Weltliteratur, als Pionier der Pädagogik, als modernen Maler und Religionsphilosophen kennenzulernen.

Wer war Rabindranath Tagore?

Rabindranath Tagore wurde im Jahr 1861 in Kalkutta in eine kulturell kreative Großfamilie geboren und fand in ihr ideale Bedingungen, seine Talente zu entfalten. Im großen Innenhof des Familienhauses spielten die Verwandten Theater, der junge Rabi begann Gedichte zu schreiben, Lieder zu komponieren, Theaterstücke zu verfassen und sie als Regisseur, Schauspieler, Tänzer und Sänger auf die Bühne zu stellen. Sein universales Genie bildete sich früh heraus, doch die wesentliche Berufung erkannte er in der Lyrik und seinen Liedern. Rastlos, rettungslos romantisch im Wesen, verliebt in die Natur mit ihren sich wandelnden Jahreszeiten, verschmähte er eine formale Erziehung, reiste stattdessen viel, las und stürzte sich in die literarischen Diskurse seiner Zeit. Schon als junger Mann besuchte Tagore England. Dort trieb er sich lieber in fröhlicher Gesellschaft herum, als Vorlesungen zu besuchen. Und als er in seinen Briefen mit größerer Begeisterung über Frauenbekanntschaften als über sein Studium schrieb, rief ihn der sittenstrenge Vater zurück und gab ihm ein einfaches, aber praktisches Mädchen zur Ehefrau.

Mit dreißig galt Rabindranath als der bedeutendste Lyriker seiner Sprache, dem Bengalischen. Das raue Leben außerhalb seiner privilegierten Zirkel lernte er jedoch erst kennen, als ihn sein Vater, ein Großgrundbesitzer und Unternehmer mit breiten kulturellen und spirituellen Interessen, in den Norden Bengalens ans Ufer des Flusses Padma schickte, um den Landbesitz der Familie zu verwalten. Rabindranath erlebte die Not der Pachtbauern, ihre kindliche Hilflosigkeit und tat zweierlei: Er gründete Genossenschaften und Banken, führte Formen der Selbstverwaltung ein; und er schuf die realistische bengalische Kurzgeschichte, in der er das Leben der Menschen in den Dörfern darstellte.

Als Rabindranath Tagore mit vierzig Jahren auf einen flachen Landstrich 150 Kilometer nördlich von Kalkutta übersiedelte, war wieder sein Pioniergeist am Werk. In dieser dörflichen Umgebung baute er eine Schule für seine Kinder und die einiger Freunde aus Kalkutta auf. Der Ort hieß Santiniketan, »Ort des Friedens«. Seine Idee war, die altindische Ashram-Gemeinschaft als Modell für eine holistische Erziehung aufleben zu lassen. Unermüdlich schrieb Tagore Lieder, auch Musikdramen und Tanzspiele für seine Schülerinnen und Schüler. Denn er wollte, dass sie spielend und singend lernten und mehr im Buch der Natur lasen als Schulbücher durchzupauken.

Von Santiniketan aus wirkte er einige Jahre im politischen Kampf um nationale Identität und Unabhängigkeit an führender Stelle mit, bis ihm deutlich wurde, dass der politische Kampf nicht seine Sache war. Inmitten ständiger Reisen und Aktivitäten ergoss sich ein Strom von Lyrik – insgesamt erschienen rund sechzig Gedichtbände – von Romanen, Erzählungen, Essays, Dramen und Briefen; außerdem schrieb und komponierte er über zweitausend Lieder, von denen viele zum heutigen Volksliedgut der Bengalen gehören.

Die Anstrengungen erschöpften ihn. Krank zog sich Tagore einige Monate zurück und reiste auf Rat der Ärzte 1912 zur Erholung nach England. In dieser Zeit fand er keine Kraft zu originalen Werken; stattdessen übersetzte er einige Dutzend seiner bengalischen Gedichte in rhythmische englische Prosa. Flugs beförderte der irische Dichter William Butler Yeats diese Texte, mit einem bewundernden Vorwort versehen, unter dem Titel *Gitanjali* zum Druck. Das war Ende 1912. Im Frühjahr 1913 war Tagore bereits in aller Munde, denn sein schmales Buch hatte in Kürze zehn Auflagen erlebt. Trotzdem war es eine Überraschung, als Rabindranath Tagore noch im selben Jahr für dieses eine Buch der Nobelpreis für Literatur zugesprochen wurde.

Für Rabindranath Tagore wurde die Verleihung des Literatur-Nobelpreises ein wesentlicher Einschnitt. Tagore ist der erste Nobelpreisträger der nicht-westlichen Welt. Viele Länder in Asien, Afrika und Südamerika waren damals im Griff europäischer Kolonisatoren, die sie nicht nur politisch knechteten, sondern auch kulturell demütigten. Darum wertete der Nobelpreis die Kultur, vor allem die Literatur Indiens auf, aber auch die Kultur aller Länder der sogenannten »Dritten Welt«. Darum konnte es geschehen, dass sich Tagore als Stimme Indiens, als Stimme Asiens und der unterdrückten Völker empfand. In ihrem Namen unternahm er neun große Weltreisen, auf denen er den Dichtern und Gelehrten, aber auch den Politikern der Gastländer begegnete. Er setzte sich für Völkerverständigung ein, für die Verständigung vor allem zwischen ›Ost‹ und ›West‹, zwischen den Kulturen und den Religionen. Er sprach sich gegen die Nationalismen jeder Couleur aus, auch gegen den Zionismus, und befürwortete eine Annäherung von Kolonialmächten und kolonisierten Völkern auf der Basis einer humanistischen Gemeinsamkeit.

In seiner Lyrik erneuerte sich Tagore bis hin zu seinen letzten Gedichten immer wieder. Die lyrisch-liedhaften Gedichte wandelten sich zu komplexen Hymnen, zu dramatischen Balladen und mündeten in den letzten Lebensjahren in existentiell fragende, wortkarge Gedichte, die auf Reim und Vers verzichtend die Alltagssprache vorzogen. Liebes-, Natur- und religiöse Lyrik durchziehen sein Werk wie kräftige Silberfäden ein Tuch. Aber auch Ironie, Humor, kindliche Lyrik und Nonsens-Verse entstanden aus seiner Feder. Seine religiöse Lyrik wendet sich gegen die asketische, weltverneinende Tradition des Hinduismus. Stattdessen sucht Tagore eine welt- und sinnenbejahende Spiritualität – eine Idee, die ihn ein Leben lang umtrieb und zu zahlreichen Gedichten inspirierte.

> Im Entsagen Freiheit zu finden,
> ist mir nicht vorbestimmt.
> In zahllosen Banden verstrickt, kost ich
> der Freiheit unsäglich Entzücken.[1]

Tagores letzte Lebensjahre waren gekennzeichnet von Krankheit, Erschöpfung und Enttäuschung. Die heraufziehenden dunklen Kriegswolken deprimierten ihn so tief, dass er zu einer schweren Verurteilung der westlichen Kultur ausholte. Noch vor Kriegsende, mit achtzig Jahren, starb Rabindranath Tagore im August 1941 in Kalkutta.

Tagore und das literarische Deutschland

Kehren wir zum Jahr 1913 zurück. Der Nobelpreis veränderte Tagores zurückgezogenes Leben auf dem Lande drastisch. Plötzlich war er eine internationale Berühmtheit geworden, die herumgereicht und bejubelt wurde. Er reiste durch Japan und China, fuhr bald nach dem Ersten Weltkrieg nach Amerika und Europa, besuchte Südamerika, Ägypten, später den Iran und Irak. Mussolinis Italien und die Sowjetunion luden ihn ein. Er traf Gelehrte und Dichter, Politiker und hielt überall Lesungen seiner Lyrik und Vorträge. Deutschland bereiste er dreimal mit überwältigendem Erfolg (1921, 1926 und 1930), Österreich zweimal (1921, 1926).

In deutscher Sprache wurde Tagore von Anfang im Kurt Wolff Verlag herausgebracht, der zunächst in Leipzig, dann in München beheimatet war.

Die Annahme des *Gitanjali*-Manuskripts durch den Kurt Wolff Verlag, der damals am Anfang stand, ist legendenumwoben. Kurt Wolff behauptete in Briefen an Franz Werfel und Walter Hasenclever, er habe Rabindranath Tagores englisches Buch vor dem Bekanntwerden des

1 *naibedya 30*. Übersetzung in: Rabindranath Tagore: Das goldene Boot. Lyrik, Prosa, Dramen. Hg. v. Martin Kämpchen. Düsseldorf: Artemis & Winkler 2005, S. 36.

Nobelpreises für seinen Verlag angenommen. Im Jahr 1962 schließlich, ein Jahr vor seinem Tod, schrieb Kurt Wolff einen zwanzigseitigen Radio-Essay über Rabindranath Tagore, in dem er die Ereignisse um Tagore Revue passieren lässt. In diesem bislang ungedruckten Text heißt es:[2]

Wer mich in diesem Sommer darauf aufmerksam machte, dass in London Verse eines indischen Dichter namens Rabindranath Tagore erschienen seien, die einen eigenen, aber auch in andere Sprachen zu übermittelnden Ton hätten, vermag ich nicht mehr mit Sicherheit zu erinnern. Möglich, ja wahrscheinlich, dass es Franz Blei war, der immer und überall herumschnuppernde Windhund mit der guten Nase. [...]

Nun, man konnte jedenfalls einmal nach dem Buch und den deutschen Übersetzungsrechten fragen. Das Buch hiess GITANJALI. Es kam und mit ihm der Bescheid, dass noch kein anderer deutscher Verlag danach gefragt habe. Und wie das leider oft bei den bösen Verlegern vorkommt: das Buch lag wochenlang herum, ohne dass sich jemand darum kümmerte. Hier darf die traurige Tatsache nicht verschwiegen werden, dass der Verleger, ich also, 26 Jahre alt damals, Englisch weder zu sprechen noch zu lesen vermochte – das hatte mir mein humanistisches Gymnasium nicht beigebracht. GITANJALI ging also zu Lektoren, und wie üblich, war, was sie zu sagen hatten, so widerspruchsvoll, dass die gutachtlichen Äusserungen einander aufhoben.

[...] Nach kurzer Unentschiedenheit entschloss ich mich zur Verlagsübernahme – nicht zuletzt, weil Übereinstimmung darüber herrschte, dass keine durch Reim oder komplizierte Formen verursachten Übersetzungsprobleme entstehen könnten.

Die positive Entscheidung fand eine Bestätigung völlig unerwarteter Art: der Nobelpreis 1913 für Literatur wurde Rabindranath Tagore verliehen noch bevor das Buch deutsch erschienen war.

Die Übersetzerin von *Gitanjali* war keine geringere als Marie-Louise Gothein, Mutter von Percy Gothein, einem Mitglied des Kreises um Stefan George. Sie erhob Einspruch gegen einige Änderungen im Übersetzungsmanuskript. Es kam zu einer Gerichtsverhandlung, bei der sich Frau Gothein vom besten Anwalt in Sachen Übersetzungsrecht in Leipzig vertreten lassen wollte. Der Zufall wollte es jedoch, dass sie an einen Anwalt gleichen Namens geriet, der von Übersetzungen keine Ahnung hatte. Gothein verlor das Verfahren. Die Angelegenheit schlug so hohe Wellen, dass es in Bonn sogar zu einem Duell kam. Bald wurde jedoch ein Vergleich zwischen Frau Gothein und dem Kurt Wolff Verlag ausgehandelt.

2 Kurt Wolff: Rabindranath Tagore. [masch.; Privatarchiv Wolfram Göbel, Berlin], S. 1 f.

Zur Geschichte, wie das *Gitanjali*-Manuskript angenommen wurde, gibt es eine Version, die derjenigen Kurt Wolffs widerspricht. Der Prager Schriftsteller und Feuilletonist Willy Haas, ein Mitarbeiter Wolffs, erinnerte sich acht Jahre nach Kurt Wolffs Tod (1971) in der Zeitung *Die Welt*:[3]

Ich war selbst dabei, als der erste ›Bestseller‹ in Deutschland enthüllt wurde. [...] Es war das Buch eines uns bis dahin völlig unbekannten Dichters, Rabindranath Tagore. Sein Name stand in einer Abendzeitung, denn ihm war soeben der Nobelpreis für Literatur verliehen worden.

›Von diesem Mann ist uns doch ein Gedichtband angeboten worden‹, sagte der bekannte Verleger Kurt Wolff, der im Empfangszimmer des Verlages stand und eben die Zeitung gelesen hatte. ›Wo ist das Manuskript? Her damit!‹

Man suchte und suchte, aber es war nicht zu finden. Schließlich stellte sich heraus: Das Manuskript des Nobelpreisträgers war von einem Hauptlektor des Verlages gelesen und abgelehnt worden. Es war vor einer Stunde mit der letzten Post abgegangen.

Ohne ein weiteres Wort zu sagen, setzte sich Kurt Wolff in seinen Wagen und fuhr zum Hauptpostamt. Er blieb eine reichliche Stunde weg. Aber dann kam er mit dem Manuskript unterm Arm zurück. Es war ihm tatsächlich gelungen, die riesigen Haufen der abendlichen Post unter der Aufsicht des Oberpostdirektors durchsehen zu lassen, und das Manuskript zurückzubekommen. Das war wahrscheinlich nur deshalb möglich, weil er den Direktor persönlich kannte.

Alle, die im Zimmer waren, standen gespannt herum, als das Manuskript ausgepackt wurde. Man las ein paar Seiten, und der Lektor, der es zurückgesandt hatte, wurde belobigt. Es war in der Tat eine recht schwache Sache. Aber Kurt Wolff, der ein Hans im Glück war, kannte natürlich auch die Übersetzerin. Er telefonierte ihr, daß ihr Manuskript angenommen sei, aber überarbeitet werden müsse, und klärte wohl auch gleich die Honorarfrage. [...] Die Übersetzung wurde schnell überarbeitet, und das Buch wurde mit einem für jene Zeit ungeheuren Reklameaufwand auf den Markt gebracht.

Die deutsche *Gitanjali*-Ausgabe erreichte bis 1922 eine Auflage von 67 000. Aber war Haas tatsächlich »selbst dabei«? Laut Wolfram Göbel kam Haas erst im »Frühjahr 1914« als Lektor zum Verlag,[4] während wir hier von Ereignissen sprechen, die im November 1913 vorgefallen sein sollen.

Ist Willy Haas' Version also eine gute Erfindung? Sie ist zumindest nicht Haas' Erfindung, denn sie war schon viel früher im Umlauf. Nach

3 Caliban [= Willy Haas]: Lesehilfen für notorisch faule Leser. In: Die Welt, 27. 12. 1971

4 Wolfram Göbel: Der Kurt Wolff Verlag 1913–1930, Expressionismus als verlegerische Aufgabe. Frankfurt a. Main: Buchhändler-Vereinigung 1977, Sp. 613.

Seiffhart, einem Mitarbeiter im Verlag, stammt sie von dem Künstler und Humoristen Hans Reimann, der beim Kurt Wolff Verlag angestellt war.[5]

Parallel dazu gab es eine andere Entwicklung. Rainer Maria Rilke hatte Kurt Wolff aus Paris geschrieben, welchen großen Eindruck André Gides Übersetzung des *Gitanjali* auf ihn gemacht hatte. Kurt Wolff kam dadurch auf die Idee zu fragen, ob Rilke selbst nicht eine Übersetzung aus dem Englischen ins Deutsche wagen wolle. Rilke lehnte nach gründlicher Überlegung ab und schrieb Kurt Wolff einen Brief:[6]

Lieber Herr Kurt Wolff, –

[...] ich entdecke zu der angeregten Aufgabe in mir nicht jene unwiderlegliche Berufung, aus der allein die endgültige, durchaus verantwortliche Leistung hervorgehen könnte. Zwar kommt mir manches aus diesen Strophen sehr nahe, aber es wird mir, sozusagen, von einer Woge von Fremdheit zugetragen, deren Bewegung ich kaum wiederzugeben verstünde, ohne mir irgendwie Zwang anzuthun. Das mag zum Theil in dem geringen Verhältnis begründet sein, das ich zur englischen Sprache empfinde; ich entfremde ihr so rasch, daß ich mich immer wieder ohne vielfachen Beistand in ihr nicht zurechtfinden kann.

Damit zerschlug sich die Hoffnung, auch in deutscher Sprache einen bedeutenden Dichter als Förderer oder Übersetzer von Tagores Buch zu gewinnen. In England war es William Butler Yeats, in Frankreich André Gide, in Spanien Juan Ramón Jiménez und in Russland Boris Pasternak, die sich etwa zur gleichen Zeit für Tagores lyrische Prosa einsetzten.

Doch auch ohne Rilkes Übersetzungskunst wurde Tagore ein Erfolg für Kurt Wolff. Er ließ sämtliche Werke, die auf Englisch von Tagore oder seinen Gefährten übersetzt wurden, unverzüglich ins Deutsche übertragen, sodass zwischen 1914 und 1925 nicht weniger als 25 Bücher erschienen, ebenso eine achtbändige Ausgabe von *Gesammelten Werken*, die erste Werkausgabe außerhalb von Bengalen. Nach Verlagsauskunft brachte es Tagore im deutschen Sprachraum auf eine Gesamtauflage von über einer Million.

Als Rabindranath Tagore im Jahr 1921, nach der Niederlage im Ersten Weltkrieg, in die deutsche Öffentlichkeit trat, war das kulturell-geistige Deutschland in einer Krise. Tagore wurde als »Messias« empfunden, der das deutsche Volk trösten und aufrichten wollte. Tagore selbst bekräftigte häufig die besondere Affinität der deutschen Kultur mit der indischen, womit er auch sein tiefes Mitgefühl für das geschlagene und gedemütigte

5 Vgl. Arthur Seiffhart: Inter Folia Fructus. Aus den Erinnerungen eines Verlegers. Berlin: Fundament 1948, S. 39.

6 Kurt Wolff: Briefwechsel eines Verlegers 1911–1963. Hg. v. Bernhard Zeller u. Ellen Otten. Frankfurt a. Main: Fischer 1966, S. 138 f.

deutsche Volk erklärte. Damit hatte auch sein enormer Erfolg zu tun. Dieser Erfolg beruhte jedoch im Wesentlichen auf der Wirkung von Tagores Persönlichkeit und weniger auf seinen Werken, die zweifach übersetzt – vom Bengalischen ins Englische und vom Englischen ins Deutsche – ernsthafter literarischer Prüfung nicht immer standhielten.

Der indische Dichter ließ sich von dem baltischen Philosophen Hermann Keyserling zu einer »Tagore-Woche« im erzherzöglichen Palais in Darmstadt bewegen, zu der auch Persönlichkeiten wie Martin Buber, Paul Natorp und Rudolf Otto erschienen; alle drei haben danach mehrfach über ihre Begegnungen mit Tagore geschrieben. Tagore traf außerdem Stefan Zweig in Salzburg, Thomas Mann in München und mehrmals Albert Einstein in Berlin. Der Teenager Bertolt Brecht schrieb eine verehrende Kritik über Tagores Buch *Der Gärtner*, Hermann Hesse veröffentlichte drei Buchbesprechungen, der bedeutende Indologe Heinrich Zimmer, Schwiegersohn Hugo von Hofmannsthals, schrieb Aufsätze über ein Theaterstück Tagores, Albert Schweitzer widmete Tagore ein ganzes Kapitel in seinem Buch *Die Weltanschauung der indischen Denker*. Mit anderen Worten, man kann behaupten, dass Tagores einmonatiger Besuch 1921 in Deutschland kulturelle und literarische Spuren hinterlassen hat und nicht nur das allgemeine Lesepublikum zu einer momentanen und oberflächlichen Begeisterung veranlasste.

Von besonderem anekdotischem Interesse ist Thomas Manns Begegnung mit Tagore. Er hatte die Einladung Hermann Keyserlings zur »Tagore-Woche« in Darmstadt abgelehnt. Dies begründete er in einem Brief an Keyserling mit dem recht indifferenten Eindruck, den Tagores Gedichte und Gestalt auf ihn gemacht habe; er schrieb:[7]

> Ich kenne einzelne, sehr seelenvolle Gedichte von ihm, die aber, da ich sie auf deutsch las, wie alle übersetzte Lyrik, doch keine recht unmittelbare Wirkung auf mich ausübten. Das Bild, das ich mir immer von ihm machte, ist malerisch, aber blaß, und gewiß that ich unrecht, von dieser subjektiven Blässe seines Bildes auf eine objektiv vorhandene zu schließen und mir den Mann und Dichter allzu pazifistisch-indisch vorzustellen, beseelt von einer etwas anämischen Humanität und prinzipiellen Milde.

Als Tagore Gast von Kurt Wolff in München war, konnte Thomas Mann nicht umhin, den Vortrag an der Universität und den Empfang in Wolffs Villa zu besuchen. Wie Mann auf Tagore reagierte, entbehrt nicht der Komik:[8]

7 Thomas Mann: Briefe 1889–1936. Hg. v. Erika Mann. Frankfurt a. Main: Fischer 1961, S. 188 f.

8 Ebd., S. 529 f., Eintrag vom 8. 6. 1921.

Fuhr um 11 mit K. zu Kurt Wolf zum Vortrag des R. Tagore. Ausgewählte Gesellschaft. Der Eindruck einer feinen alten englischen Dame verstärkte sich. Sein Sohn, braun und muskulös, maskuliner Typus. Ich wurde vorgestellt, sagte: It was so beautiful und schob K.[atja] vor ›my wife, who speaks english better than I.‹ Er hat meine Identität wohl nicht aufgefasst.

Mann hatte also seine Frau Katja vorgeschoben und sie die Konversation machen lassen, damit er mit dem »Indier« nichts zu tun haben brauchte. Der Weise aus dem Morgenland hatte den deutschen Großdichter nicht einmal erkannt! Nur zu verständlich, dass der Ironiker Thomas Mann zu Tagores romantischen Prosa-Übersetzungen kein Verhältnis entwickelte. Thomas Mann übrigens war einer der wenigen, der Tagores lyrische Prosa problematisierte, weil sie Übersetzungen waren, der also die Crux von Tagores literarischem Ruhm ahnte.

Dieser Ruhm verblasste, als die Nazizeit begann, während der Tagore totgeschwiegen wurde. Nach dem Zweiten Weltkrieg konnten seine alten Bücher im Hyperion-Verlag (Freiburg) zwar neu aufgelegt werden, doch die Popularität der 1920er Jahre war ein für allemal vorbei.

Tagore in Berlin und Dresden

Rabindranath hat bei allen drei Deutschland-Besuchen Berlin besucht, also im Jahr 1921, 1926 und 1930. Im Jahr 1926 war er sogar zweimal und im Jahr 1930 dreimal in Berlin. Deutschlands Hauptstadt war jener Ort, den er für seine Vorträge und Begegnungen bei weitem bevorzugte. Berlin benutzte er auch als eine Drehscheibe, es war also jener Ort, von dem er in andere Teile Europas weiterfuhr – nach Prag, nach Skandinavien und Moskau – oder zu dem er zurückkehrte. Im Jahr 1921 feierte Tagore in Berlin seine größten Erfolge, als er am 2. Juni seinen Vortrag über *The Message of the Forest* an der Universität wiederholen musste, denn die vielen Menschen, die keinen Platz im Saal fanden, mussten mit dem Versprechen einer Wiederholung am folgenden Tag beruhigt werden. Dies war ein Vortrag, den er an vielen Orten hielt, und Tagores Vision einer »Welt-Universität« beschrieb, an der Vertreter verschiedener Kulturen einander ihre eigene Kultur nahebrachten. Am Ende desselben Jahres gründete Tagore die Universität Visva-Bharati in Santiniketan.

Der bekannte Indologe Helmuth von Glasenapp, damals ein junger Lektor, wurde vom Kulturministerium zu Tagores Begleiter in Berlin bestellt. In seinen Erinnerungen beschreibt Glasenapp den Dichter als bescheiden und gutherzig. Der Dichter habe, so erinnert sich Glasenapp, seinen besonderen Respekt für das deutsche Volk bekundet, weil es in

Indien nicht dessen Reichtümer gesucht habe, sondern dessen geistige Werte.

In Berlin verbrachte Tagore viele Stunden mit dem Empfang von Besuchern. Seine deutsche Übersetzerin, Helene Meyer-Franck, und ihr Mann waren von Hamburg gekommen, um wie Privatsekretäre den Besucherstrom zu regulieren. Es gab auch kauzige Besucher – zum Beispiel eine Frau, die weder Englisch noch Bengalisch sprach und hoffte, mit dem Dichter telepathisch zu kommunizieren.

In Berlin besuchte Tagore ein Konzert, das von dem Finanzmann Fritz Andreae organisiert worden war. Dessen Frau Edith Andreae war eine im Kulturleben wohlbekannte Dame, die einen literarischen Salon betrieb. Ediths älterer Bruder war Walter Rathenau, der damalige Außenminister der Weimarer Republik, der ein Jahr später, 1922, ermordet wurde. In Berlin Grunewald hörte Tagore zum ersten Mal klassische deutsche Musik. Ein Bericht meldet: Zuerst war er überrascht, dann von der Musik gebannt und zutiefst gerührt. Diese Reaktion ist bedeutsam im Hinblick auf Tagores Gespräch mit Albert Einstein über Musik zur selben Zeit in Berlin. Edith Andreae unterhielt eine längere Korrespondenz mit Tagore, die noch unveröffentlicht ist.

Im Jahr 1930 erhielt der Berlin-Besuch Tagores noch einmal besondere Bedeutung, weil er dort in der Galerie Möller seine eigenen Gemälde ausstellte – zum ersten Mal in Deutschland. Danach wanderte die Ausstellung weiter nach Dresden und München.

Was den Besuch in Dresden im Jahr 1930 betrifft, sei hier nur an die bemerkenswerte Veranstaltung des Humboldt-Clubs am 17. Juli erinnert. Die »Deutsch-Ausländische Vereinigung Dresdener Akademiker« lud Rabindranath Tagore zu einem Vortrag zum Thema *Principles of Art* im Studentenhaus ein. Der Vorsitzende, Prof. Dr. Felix Holldack, hielt zunächst eine Ansprache, die auf blumig-verehrungsvolle Weise verkündete, dass Tagore »in der Musikalität des Wesens dem deutschen Genius gleicht«. Holldack wies auf Tagores neue Ausdrucksweise, die Malerei, hin. Sodann beschrieb er Tagores Lieder, die zu bengalischen Volksliedern geworden seien, seine Vaterlandsliebe, die er in seinen Liedern preist. »[V]ergeblich wird man in seinen Gedichten nach einem Zug der Feindschaft oder gar des Hasses suchen. Vergleichen wir in dieser Hinsicht Tagores Lieder mit dem, was wir vor kurzem von seinem gelehrten Landsmann hörten,« – gemeint ist M. K. Gandhi – »so könnte man fast an eine Methode des gewaltlosen Kampfes denken.« Schließlich sieht Holldack das Gemeinsame des Inders Tagore mit Europa in dem Streben nach ›Humanität‹. Darin vergleicht Holldack wortgewaltig den orientalischen Dichter sogar mit dem heiligen Augustin: »Es ist nicht Zeit heute […] des vielen Gemeinsamen zu gedenken, das in den Lebenswerken jenes überzeitlichen Kirchenfürsten und Tagores waltet: des heißen Wollens zu praktischer Gemeinschaftsgestaltung, des unversiegbaren Suchens nach der Wahrheit, der Schmetterlingszartheit der Sprache und der Blütenweichheit der Seele.«[9]

Die *Dresdner Neuesten Nachrichten* verwahrten sich allerdings gegen den übertriebenen Vergleich mit Augustinus.[10] Nach dieser Veranstaltung erschien in der Dresdner Volkszeitung eine ausführliche und differenzierte Analyse von Tagores Wirkungsabfall in Deutschland, der schon Mitte der 1920er Jahre einsetzte. Es lohnt sich, daraus einen langen Absatz zu zitieren, weil der Artikel Meinungen äußert, die nicht den damals landläufigen Trend widerspiegeln:[11]

Rabindranath Tagore ist vor einigen Jahren in Deutschland überschwänglich gefeiert worden. Bald darauf schlug die Stimmung um, und seitdem hielten ihn viele für einen mehr oder weniger fremdartigen, sich aber selbstgefälligen und dünnblütigen Philosophiedichter, der mit seinem silberlocken- und silberbartumwallten Schöngeisthaupt und seiner lieblich fließenden Nationaltracht als Saloninder rednerische Geschäftsreisen ausführt. Dies alles konnte keinem ernsthaften Leser der Werke Tagores einleuchten. Diese Dichtungen sind nicht von Europas Gedanklichkeit durchdrungen. Sie sind arm an Intellektualem [!]: an Verstandeswerk. Aber sie sind reich an Lebens- und Welterfahrung, wie ein überaus kluger, wenngleich nicht zu europäischer Bewußtheit erzogener Mann sie sammelt und durchdenkt; reich sogar an jener gesteigerten und vertieften Erfahrung, die man nicht uneben ›Weisheit‹ nennt. Tagores Dichtungen sind auch nicht knapp geformt und rational – auf errechnete Wirkung hin – gefügt. Sie haben dünnen, effektarmen Fluß und oft einen traumartigen Verlauf. Aber innerhalb dieser Wesensart lassen sie die Hand eines Dichters erkennen, der um die langsamen, innerlichsten Wirkungen instinktiv Bescheid weiß und in jedem Augenblick sein Ziel kennt. Kurz, sie sind uneuropäisch, aber sie sind weder dünnblütig noch geistarm, sondern echt und tief. ›Künstlich‹ kann man gerade das nicht herstellen! Solche Dichtungen wachsen, aber sie werden nicht gemacht.

Wem noch ein Zweifel an der Lauterkeit dieses Mannes geblieben sein sollte, der muß ihn vor seinem persönlichen Auftreten verloren haben. Sein Äußeres enthüllt sich da rasch als eine nationale Eigentümlichkeit, die dem Greis gewohnt und angenehmer sein mag als europäische Haar-, Bart- und Kleidertracht. Seelisch und geistig aber tritt dieser lebendige Vertreter der asiatischen Welt mit einer schlechterdings zwingenden, ja ins Herz zündenden, urechten Bescheidenheit auf.

9 Das Typoskript der Ansprache von Felix Holldack befindet sich in Rabindra-Bhavan, Visva-Bharati, Santiniketan.

10 Rabindranath Tagore spricht im Studentenhaus. In: Dresdner Neueste Nachrichten, 19. 7. 1930, vgl. den Beitrag von Lydia Icke-Schwalbe in diesem Band: Bengalen am Königlichen Hof in Dresden – Tagore auf den Wegen von Kunst und Wissenschaft in Sachsen.

11 Sch.: Tagore im Humboldt-Klub. In: Dresdner Volkszeitung, 19. 7. 1930.

Wenn er sagt: Ich beanspruche nicht, als Philosoph zu Ihnen zu reden, sondern nur als Dichter, so ist das eine volle Überzeugung. Er weiß gut, daß in Europa der ›Philosoph‹ am Maß seiner begriffebildenden Geistesschärfe, an seinem Vermögen zur theoretischen Abstraktion und zur logischen Arbeit gemessen wird, und daß er, Tagore, dazu nicht berufen ist; daß die Denkphantasie und Lebensweisheit, die Früchte reifer und tiefer Welterfahrung aber in Europa wohl als Weisheit gewertet werden, wenn der Beurteiler freundlich denkt, nicht aber als ›philosophische‹ Leistungen. Doch gerade an Lebenserkenntnis, Phantasie und weisem Wissen ist Tagore reich.

Übersetzungen ins Deutsche

Gerade weil die Übersetzungen, die der Kurt Wolff Verlag herausbrachte, literarisch nicht recht überzeugen konnten, worauf eigentlich nur Thomas Mann aufmerksam machte, erlebte das deutsche Publikum Tagore eher als Philosophen und Denker, anstatt als Dichter. Tagore selbst scheint sich dieser Situation durchaus bewusst gewesen zu sein. In den *Dresdner Neuesten Nachrichten* hieß es:[12]

Sicherlich hat [Tagore] recht, wenn er meint, Übersetzungen vermögen den ersten Eindruck nicht zu vermitteln, wenn sie auch noch so glücklich gelungen sind. Und er zeigt es frappant an einem Beispiel. Er rezitiert Englisch ein ›Abendlied‹. Sehr musikalisch, sehr wohllautend. Aber wie sachlich diese Sprache im Grunde ist, wird erst deutlich, wenn er in der klingenden Sprache seiner Heimat rezitiert. Da ist dann alles Musik.

Im Allgemeinen jedoch ließ man Tagores eigene englische Prosaübersetzungen, nach denen die deutschen Texte gestaltet wurden, gelten und hinterfragte nicht deren Wert. Man war zur damaligen Zeit noch nicht zu der Erkenntnis gekommen, dass hier ein Dichter sich selbst in eine fremde Sprache übersetzte, ein seltener Prozess, der leicht zum Scheitern führt. Im späteren Leben bedauerte es Tagore, etwa in seinen Briefen an den britischen Freund William Rothenstein, dass er die Weltbühne mit Texten in Englisch betreten hatte, die seinen Originalwerken nicht ebenbürtig waren. Doch da Tagore selbst seine Werke ins Englische übersetzt hatte, hielt man sie auch jahrzehntelang nach seinem Tod noch für authentisch.

In Deutschland war Tagore die Stimme des »mystischen Ostens«, der sich dem Mystik- und Mysterien-suchenden Westen zuwendet. Er wurde in die Tradition der deutschen Indologie eingeordnet, die im frühen

12 Ebd., vgl. Dresdner Neueste Nachrichten (wie Anm. 10).

19. Jahrhundert, gleichzeitig mit der deutschen Romantik, begann. Die deutsche Romantik hatte Indien als Land der Philosophie und Weisheit entdeckt. Daher sah das deutsche Publikum des frühen 20. Jahrhunderts in Rabindranath einen Vertreter der Philosophie und Weisheit Indiens – nicht so sehr eine literarische Figur.

Nur eine Person hielt es, noch zu Lebzeiten des Dichters, der Mühe wert, Bengalisch zu lernen, um Tagore im Original zu verstehen und zu übersetzen: Helene Meyer-Franck. Sie übersetzte zunächst Tagores Werke aus dem Englischen ins Deutsche. Doch als ab 1925 Kurt Wolff keine Bücher mehr zur Übersetzung anbot, weil Inflation und Währungsreform das Verlegen von Büchern beinahe unmöglich gemacht hatten, lernten Helene Meyer-Franck und ihr Ehemann Heinrich Meyer-Benfey, ein gelehrter Hamburger Germanistik-Dozent, Bengalisch. Helene Meyer-Franck gab nicht auf und konnte zwei schmale Bücher veröffentlichen: eine Übersetzung von drei Erzählungen im Jahr 1930, und nach dem Krieg, im Jahr 1946, eine Sammlung von übersetzter Lyrik aus *Gitanjali* und anderen Bänden.[13]

Helene Meyer-Franck und ihr Mann führten zudem eine Korrespondenz mit dem indischen Dichter, die 18 Jahre währte. Sie ist die längste und interessanteste Korrespondenz, die Tagore, der ewige Briefeschreiber, mit Deutschen führte. Die Briefe berichten ausführlich von Tagores Besuchen in Deutschland und den Umständen von Tagores Rezeption in Deutschland. Diese Korrespondenz ist soeben, zum Tagore-Jubiläum, unter dem Titel *Mein lieber Meister* in deutscher Übersetzung erschienen.[14]

Der ostdeutsche Verlag Volk und Welt war früh zu der Einsicht gekommen, dass als nächste notwendige Schritt Übersetzungen aus dem Bengalischen wichtig waren. Die DDR hatte ein besonderes Interesse an Tagore, weil er sich mit seinem typischen Idealismus für das Verständnis zwischen Nationen, Völkern und Religionen einsetzte. Das kam der Ideologie einer – kommunistischen – Völkerverständigung entgegen.

Jedoch waren die in Ostdeutschland verlegten Bücher noch nicht so ausgewogen editiert und philologisch reif, wie sie hätten sein können. Der Verlag brachte eine vierbändige Ausgabe *Rabindranath Tagore Ausgewählte Werke* mit zwei Romanen, einigen Novellen und Kurzgeschichten heraus. Während Gisela Leiste den Roman *Gorā* aus dem Bengalischen übersetzte (wobei sie die russische Übersetzung heranzog), wurde der Roman *Sandkörnchen im Auge* (*Cokher Bāli*), nach der englischen Version *Eyesore* übersetzt. Einige Novellen wurden gemeinsam von einem Deutschen

13 Rabindranath Tagore: Mit meinen Liedern hab ich dich gesucht. Hamburg: Deutscher Literatur-Verlag Otto Melchert 1946.

14 Rabindranath Tagore, Helene Meyer-Franck u. Heinrich Meyer-Benfey: Mein lieber Meister. Briefwechsel 1920–1938. Hg. v. Martin Kämpchen u. Prasanta Kumar Paul. Heidelberg: Draupadi 2011.

und einem Bengalen aus dem Original übersetzt. Dieselbe Konstellation befindet sich in dem Band mit Kurzgeschichten. Offenbar sprach der Bengale wenig Deutsch und der Deutsche wenig oder kein Bengalisch. Es war, als ob der Lahme den Blinden führte. In einer Anthologie mit dem Namen *Kabuliwallah, O Kabuliwallah*[15] wurde unbeabsichtigt das gleiche Gedicht zweimal übersetzt – einmal aus dem bengalischen Original *Sisu* und ein weiteres Mal aus Tagores englischer Übersetzung *The Crescent Moon*. Es dauerte weitere zwei bis drei Jahrzehnte, bis philologisch genaue und dichterisch angemessene direkte Übersetzungen erschienen. In England setzte William Radices Buch *Selected Poems of Rabindranath Tagore*, das 1985 erschien, als erster ein klares Signal für solche anspruchsvollen Übersetzungen.

In Deutschland hat Alokeranjan Dasgupta mit Lothar Lutze, seinem ehemaligen Professorenkollegen an der Universität Heidelberg, 1987 einen schmalen Band mit Übersetzungen aus dem Bengalischen von späten Gedichten Rabindranaths herausgegeben.[16] Meine eigenen Bemühungen folgen dem Beispiel von William Radice, dessen Übersetzungen mich inspirierten und die mir als Modell dienten, obwohl meine Auswahl sich merklich von seiner unterscheidet. Radice scheut sich nicht, jedes von ihm übersetzte Gedicht mit zahlreichen Anmerkungen zu versehen. Jedes Gedicht wird kurz vorgestellt, dann folgt ein Zeilenkommentar, der, wo nötig, die Bedeutung erklärt und die Schwierigkeiten bei der Übersetzung erläutert.

Meine ersten drei Bände von Übersetzungen habe ich in katholischen Verlagen herausgebracht, die offenbar weiterhin von dem Mystiker-Image Tagores zehren wollten. Danach gelang es mir, einen Band mit *Liebesgedichten* als Taschenbuch im Insel-Verlag herauszubringen, also in einem traditionsreichen Literatur-Verlag. Im Jahr 2005 endlich erschien ein 670-Seiten starker Band mit einer Auswahl aus Tagores Gesamtwerk: Lyrik, zwei Theaterstücke, Erzählungen, ein Kurzroman, Essays aus dem Bengalischen und aus dem Englischen, Briefe und Gespräche. Er erschien unter dem Titel *Das goldene Boot* im Verlag Artemis & Winkler in der Reihe *Winkler Weltliteratur*. Zum 150. Geburtstag Tagores veröffentlichte der Insel Verlag, Berlin, meinen Band mit neuen Übersetzungen aus dem Bengalischen: *Gedichte und Lieder* und der Draupadi Verlag, Heidelberg, *Mein Tagore* von Alokeranjan Dasgupta. Endlich ist, so scheint mir, Rabindranath Tagore bei uns in der richtigen Gesellschaft – in der Weltliteratur und in Weltliteratur-Verlagen – angekommen.

15 Rabindranath Tagore: Kabuliwallah, O Kabuliwallah. Erzählungen, Aphorismen und Gedichte. Hg. v. Karl-Ernst Ziem. Berlin: Alfred Holz 1961.

16 Rabindranath Thakur: Der andere Tagore. Eine Werkauswahl. Hg. v. Alokeranjan Dasgupta. Freiburg: Wolf Mersch 1987.

KULTUR DES MISSVERSTEHENS: RABINDRANATH TAGORES DEUTSCHLANDREISEN UND SEINE WAHRNEHMUNG IN DEUTSCHLAND

Walter Schmitz

I. Tagores Ruhm bei den Deutschen nach dem Krieg

Als Rabindranath Tagore, der indische Nobelpreisträger, im Jahr 1926 zum ersten mal nach Dresden kam, wurde er mit all jenen Ritualen der Begeisterung willkommen geheißen, wie sie die ›Kulturnation‹ der Deutschen für ihre Repräsentanten entwickelt hatte.[1] Die Presse berichtete entsprechend, freilich fehlen kritische Töne nicht:[2]

Der indische Dichter und Weise Rabindranath Tagore durchreist wieder einmal das Abendland. Im Abendland liegt auch Dresden, wo, nach der Begeisterung zu urteilen, mit der insbesondere Hunderte von Dresdner Frauen herbeigeeilt waren, jedermann seinen Tagore auswendig kennt. Seltsam, welche Bezauberung

1 Zu ›Tagore und Deutschland‹ liegen gründliche Studien vor, auf die hier generell verwiesen sei: Martin Kämpchen: Rabindranath Tagore and Germany: A Documentation. Calcutta: Goethe-Institut 1991; ders.: Rabindranath Tagore and Germany. In: Indian Literature 33 (1990), S. 109–140; ders.: Hermann Graf Keyserlings »Tagore-Woche« in der Schule der Weisheit. In: Hermann Graf Keyserling und Asien. Beiträge zur Bedeutung Asiens für Keyserling und seine Zeit. Hg. v. Ute Gahlings u. Klaus Jork. Biebelsheim: Edition Vidya 2000, S. 182–197; ders.: Rabindranath Tagore und Deutschland. Marbach: Deutsche Schillergesellschaft 2001 (Marbacher Magazin 134); Alex Aronson: Rabindranath Through Western Eyes. Allahabad: Kitabistan 1943 (dazu bei Kämpchen, Tagore and Germany/Documentation, S. 102–104); Alokeranjan Dasgupta: Goethe and Tagore. A Retrospect of East-West Colloquy. New Delhi: South Asia Institute 1973; Reeta Sanatani: Rabindranath Tagore und das deutsche Theater der zwanziger Jahre. Eine Studie zur Übersetzung- und Wirkungsgeschichte seiner Dramen in Deutschland. Frankfurt a. Main/Bern: Lang 1983; generell Martin Kämpchen.: Rabindranath Tagore. Mit Selbstzeugnissen und Bilddokumenten. Reinbek bei Hamburg: Rowohlt 1992. Nützlich, allerdings übersetzt, die Sammlung: Rabindranath Tagore in Germany. A Cross-section of contemporary Reports 1921–1931. [Mit einem Vorwort von von Humayun Kabir]. Hg. v. Dietmar Rothermund. New Delhi: Max Mueller Bhavan 1961 – Für Hinweise auf Quellen zu Tagores Dresden- und Deutschland-Aufenthalten danke ich Dr. Lydia Icke-Schwalbe und dem Leiter des Universitätsarchivs der TU Dresden, Dr. Matthias Lienert.

2 Felix Zimmermann: Tagore in Dresden. In: Dresdner Nachrichten, 5. 10. 1926 [Abendausgabe], S. 2. – Eine umfassende Dokumentation der Presseberichterstattung zu Tagores Dresden-Besuchen findet sich in den Beiträgen von Lydia Icke-Schwalbe oben in diesem Band.

der edle Inder mit dem farbigen Brahmanengewand und dem europäischen fassungslosen Klemmer auf deutsche Gemüter ausübt! Wie wundersam mischen sich da Reiz des Fremdartigen, Wirkung des Ruhmes, Zauber der Persönlichkeit mit Neugierde, Sensationsbedürfnis, Bildungsheuchelei! Man braucht sich nur zu fragen, ob ein deutscher Dichter, sagen wir einmal Gerhart Hauptmann oder Stefan George, in Indien auch so empfangen würde wie Tagore in Deutschland. Die und ein paar andere könnten es an innerem Gehalt und dichterischer Leistung ruhig mit dem Inder aufnehmen, nur daß es ihnen nicht wie jenem vergönnt gewesen ist, sich so frei und naturnah, sorgenlos und pflanzenhaft zu entwickeln wie der Sproß des alten Brahmanengeschlechts Thakur, auf den die uralte Kultur der Familie vererbt ward.

Tagore wird also neben Gerhart Hauptmann, den in der Nachfolge Goethes anerkannten Dichter-Fürsten der ›Weimarer Republik‹, und neben Stefan George, den Dichter-›Führer‹ des ›Geheimen Deutschland‹, gestellt,[3] freilich mit einer Akzentuierung, die sich als symptomatisch erweisen sollte. Es ist die Projektion des Authentischen ins Exotische. Unter den zivilisatorischen Bedingungen der Moderne in Deutschland vermögen sich die Dichter eben nicht mehr so »frei und naturnah« zu entwickeln, wie es im fernen Indien noch möglich sein soll. So ist Tagore Repräsentant einer Kultur, die beides ist – exotisch und vertraut zugleich.

Denn Tagore war ja keineswegs schlichtweg ein Fremder. »Als er 1913 mit dem Nobelpreis für Literatur ausgezeichnet wurde«, kannte ihn zwar, wie ein zeitgenössischer Beobachter schreibt, »bei uns kein Mensch.«[4] Dann aber hatte ihn sein europäischer, ja weltweiter Ruhm in Deutschland und eben auch in Dresden längst vor seinem Besuch bekannt gemacht. Im Jahr 1913, als die Nobelkomitee der Schwedischen Akademie sich über »alle religiösen und nationalen Vorurteile […] und der unvermeidlichen Opposition in Europa« hinwegsetzte und Tagore als ersten Repräsentanten des asiatischen Kontinents auszeichnete, fiel das Echo zwiespältig aus, auch in Deutschland, wo es die Presse an den »für ihre Zeit bezeichnenden lächerlichen Angriffe[n]« nicht fehlen ließ.[5] Die *Dresdner Nachrichten*,

3 Vgl. zu diesen Zusammenhängen meine Monographie: Das Haus Wiesenstein. Gerhart Hauptmanns dichterisches Wohnen. Dresden: Thelem 2006/2010, bes. S. 9–12, 153–193. Zu George vgl. Thomas Karlauf: Stefan George. Die Entdeckung des Charisma. München: Karl Blessing 2007, bes. S. 396–426; Ulrich Fröschle: Dichter als Führer und Ingenieure der menschlichen Seele. Zur literarischen Verhandlung von Führung in der Zwischenkriegszeit. In: Politische Kultur und Medienwirklichkeiten in den 1920er Jahren. Hg. v. Ute Daniel u. a. München: R. Oldenbourg 2010, S. 205–231.

4 Emil Engelhardt: Rabindranath Tagore und seine besten Bühnenwerke. Eine Einführung. Leipzig: Schneider 1922, S. 7.

5 Vgl. Gunnar Ahlström: Kleine Geschichte der Zuerkennung des Nobelpreises an Rabindranath Tagore. In: Rabindranath Tagore: Gitanjali [Nobelpreis für Literatur 1913]. Zürich:

konservativ ausgerichtet, teilten ihrer Leserschaft lediglich mit, der ›englisch-indische Dichter‹ Tagore habe den Preis erhalten; einige Tage später ergänzten sie aus fremder Quelle, Tagore sei in Europa erst jüngst durch die eigene Übersetzung einiger religiös-mystischer Gesänge ins Englische bekannt geworden.[6] Recht gelassen – allerdings kaum ausführlicher – hingegen informierte ein vielgelesenes – und einflussreiches – Familienblatt wie *Die Gartenlaube* seine Leserschaft: »Denken und Dichten« des jüngsten Nobelpreisträgers, so erfuhr man dort, »wurzelt in der alt-indischen Kultur. Doch hat er auch modernen Ideen sein Herz geöffnet und errichtete auf seinem Gut eine Schule, in der er Lehrer mit europäischer Bildung anstellte. In Indien ist er durch seine epischen Werke bekannt geworden, die sich vielfach an die alte Sanskrit-Literatur anlehnen. Indes hat er die Weltverneinung und die Askese aufgegeben und sich zu einer Bejahung des Daseins bekannt.« Dennoch musste es in Deutschland – weiter gemäß dem Urteil der *Gartenlaube* – »vielen [...] zweifelhaft erscheinen, ob hier die allein richtige Entscheidung getroffen wurde.«[7] Denn »bis dahin [war] Peter Rosegger als aussichtsreichster Kandidat genannt«[8] worden. Dass der berühmte und beliebte österreichische Heimatdichter den Preis erhalte, hatten die *Dresdner Nachrichten* gar schon am 7. November, vor dem offiziellen Verleihungstermin, gemeldet.[9] Im deutschen Kontext wäre dabei die Konstellation der beiden Aspiranten – Rosegger und Tagore – durchaus symbolisch zu entziffern gewesen, zeichnet sich doch in Heimatsehnsucht und Exotismus eben jene Komplementarität der Sinnstiftung, wie sie für die deutsche Kulturentwicklung des 19. Jahrhunderts bezeichnend ist; was man von Rosegger, dem Zeugen einer Geborgenheit gewährenden ›Heimat‹ zu erwarten hatte, wusste man. Doch mit dem Leitwort ›Mystik‹ wurde deutlich, wie auch der Dichter aus exotischer Ferne, Tagore, dazu beitragen könnte, dass sich seine deutschen Verehrer wieder etwas mehr zu Hause fühlen könnten in der ›entzauberten Welt‹ der ›Moderne‹.

An Tagores Werken ließen sich die Erwartungen allerdings noch kaum überprüfen. Sie waren »teilweise ins Englische übersetzt, und in England sind bisher besonders Yeats und Kipling für den Bengalen eingetreten, der zum ersten Mal auf dem Religionskongreß in Paris vor einer europäischen

Coron o. J., S. 7–22, hier S. 11 f., zuvor S. 10.

6 Vgl. Dresdner Nachrichten, 15. 11. 1913, S. 2, die hier die schwedische Zeitung *Posttidingen* zitieren; zuvor: Dresdner Nachrichten, 14. 11. 1913, S. 2.

7 N. N.: Rabindra Nath Tagore. In: Die Gartenlaube [in der Folge GL] 61 (1913), H. 49, S. 1048.

8 Ebd.

9 Vgl. N. N.: O. T. In: Dresdner Nachrichten, 7. 11. 1913, S. 9; es folgt am 18. 11. 1913 noch die Meldung, der Sekretär der Akademie verweise, vor dem Hintergrund zahlreicher schwedischer und deutscher Telegramme für und gegen die Kandidatur Roseggers, auf die Unabhängigkeit der Kommission; sie würde keinem Druck nachgeben und vergebe den Nobelpreis aus rein literarischen Gesichtspunkten.

Versammlung gesprochen hat.«[10] Bevor Tagores Ruhm also ins zögerliche Deutschland kam, hatte er in den Zentren der großen Kolonialreiche die kulturellen Eliten beeindruckt – in London zumal, der Hauptstadt des Britischen Empire, dann aber auch in Paris, für Europa die Weltstadt der Kultur und Schaufenster zur Welt zugleich – mit André Gide als Übersetzer, Romain Rolland als einflussreichem und verehrungsvollem Briefpartner.

Während seiner Europareise 1913 hatte Tagore denn auch Deutschland noch nicht besucht. Im Jahr 1921 allerdings – nach dem verlorenen Krieg, längst noch nicht in gesichertem Frieden – kam dann seinem ersten Deutschlandaufenthalt ein ganz besonderer Stellenwert zu.[11] Tagore war sich schon vor seiner Europareise der schlimmen Situation der Nachkriegszeit wohl bewusst. Am 24. Juli 1919 schreibt er aus Santiniketan an Romain Rolland:[12]

Tandis que mon esprit était plein de cette sombre pensée que le leçon de la dernière guerre était perdue, et que les peuples s'ingéniaient à perpétuer haines, colères et convoitises de façon à ce que le monde soit sous la menace organisée d'un nouveau désastre, votre lettre M'est parvenue et son message d'espoir m'a réconforté.

Vor allem die Begegnungen mit jungen Deutschen, die er vielleicht irrtümlich für die deutsche Jugend hielt, sollten ihm – wie er abermals Romain Rolland gegenüber hervorhebt – schon bei seinem ersten Deutschlandbesuch wie den folgenden viel bedeuten.[13] In Deutschland wiederum wusste man um Tagores »enge[] Beziehungen zur westlichen Welt«; sie seien »für sein geistiges Schaffen von tiefgehender Bedeutung. Er fühlt sich als Vermittler zwischen den Kulturen des Orients und des Okzidents und

10 Ebd. – Zum folgenden die kundige Skizze bei Ahlström, Kleine Geschichte (wie Anm. 5), S. 13–15.

11 Aronson, Rabindranath through Western Eyes (wie Anm. 1), S. 51. Aronson weist darauf hin, dass in England diese Reise – wohl mit Recht – als Aufwertung des unterlegenen Kriegsgegners beargwöhnt wurde.

12 Rabindranath Tagore et Romain Rolland. Lettres et autres écrits. Hg. v. Cahiers Romain Rolland. Paris: Albin Michel 1961, S. 25.

13 Vgl. ebd., S. 196 f.: »En 1921, alors que j'étais en Allemagne, des jeunes gens sont venus à moi et m'ont dit: ›Monsieur, nous avons perdu toute confiance en nos maîtres. Que faire ?‹ — Leurs visages étaient émaciés, leurs corps débiles, mais leur expressions rayonnait d'un idéalisme ardent; ils s'efforçaient toujours d'avoir davantage de prise sur la situation présente. Apparemment, ils n'avaient pas d'idée très définie, et tandis qu'ils rêvaient de créer un monde nouveau, ils attendaient obscurément le secours de ce vieil homme venu d'Orient. — A l'heure actuelle, en 1930, j'ai noté chez la jeunesse allemande deux grandes qualités: l'espoir et l'esprit de sacrifice et d'abnégation; — et c'est probablement la plus grande découverte que j'aie faite ces derniers temps. Il y a de la vertu dans l'effort vers la simplicité et la maîtrise des événements; et il m'a paru que la jeunesse allemande d'aujourd'hui cherchait à dépasser ses propres limites. Elle a ses rêves, — qui peut-être seront d'un certain secours au monde.«

hat, so wie er im Westen indische Gedanken bekanntzumachen suchte, in Indien selbst abendländische Ideen in das Geistesleben eingeführt.«[14] Man erwartete einen repräsentativen Boten des indischen Subkontinents, seiner Kultur und seiner Weisheit. Tagore war als der fremde Zeuge für eigene Wahrheiten erwünscht.

II. Indien in Deutschland

Der indische Nobelpreisträger faszinierte das deutsche Publikum wegen seiner fernen Herkunft und seiner fremdartigen Erscheinung eben in Verbindung mit einer nicht unvertrauten Botschaft, welche gleichsam die Deutschen in einen globalen Zusammenhang der Weisheit mit aufzunehmen versprach. Wohl wurde Tagore, wie Rilke aus Paris in einem Brief an Tagores deutschen Verleger Kurt Wolff formulierte, von »einer Woge von Fremdheit« zum deutschen Publikum getragen.[15] Doch es war gleichsam eine längst bekannte und etablierte Fremdheit.

Man musste ja in Deutschland keineswegs erst neuerdings von außen auf die Bedeutung Indiens, auf die reichen Schätze des Subkontinents – geistige wie auch materielle –, aufmerksam gemacht werden. Bei der geistigen Erschließung der Welt war gerade von Deutschland aus früh die Aufmerksamkeit auf Indien gerichtet; Tagore hat dies als Leistung der deutschen Wissenschaft anerkannt. »›I have never been a stranger to you‹, bekannte er und betonte, daß das indische Volk erst durch deutsche Geistesarbeit über Indien sich selbst betrachten gelernt habe.«[16] Jene ›Revolution der Bildung‹ (Friedrich Schlegel), welche die junge Intellektuellengruppe der Romantiker als Alternative zur französischen Revolution eingeleitet hatte, hatte damals ihre Neuordnung der geistigen Welt gegen jenes imperiale Ordnungsmodell gesetzt, das Napoleon als Universalherrscher,

14 Helmuth von Glasenapp: Die Literaturen Indiens. Von ihren Anfängen bis zur Gegenwart. In: Handbuch der Literaturwissenschaft. Hg. v. Oskar Walzel. Potsdam: Akademische Verlagsgesellschaft Athenaion 1929, S. 263.

15 Rainer Maria Rilke an Kurt Wolff, 7.1.1914; ders: Briefwechsel eines Verlegers 1911–1963. Hg. v. Bernhard Zeller u. Ellen Olten. Frankfurt a. Main: Fischer 1980, S. 139. Ich verweise hier wie bei den weiteren Belegen zur deutschen Rezeption auf die souveräne jüngste Übersicht von Kämpchen, Rabindranath Tagore und Deutschland (wie Anm. 1).

16 Bg.: Rabindranath Tagore in Dresden. In: Dresdner Anzeiger, 18. 7. 1930, S. 5. – Vgl. Martin Kämpchen: Das Indienbild der Deutschen. Ein Überblick. In: Hermann Graf Keyserling und Asien. Beiträge zur Bedeutung Asiens für Keyserling und seine Zeit. Hg. v. Ute Gahlings u. Klaus Jork. Biebelsheim: Edition Vidya 2000, S. 26–45. Zu betonen bleibt die Rolle jener Medien, die (Experten-)Wissen in (Breiten-)Bildung verwandeln, also etwa der Konversationslexika, der Reiseberichte, der Zeitungen mit ihren Feuilletons, der Zeitschriften; dazu Ludwig Ammann: Östliche Spiegel. Ansichten vom Orient im Zeitalter seiner Entdeckung durch den deutschen Leser 1800–1850. Hildesheim/Zürich/New York: Georg Olms 189, S. 24–44, 45–78.

gleichfalls in globale Zusammenhänge ausgreifend, Europa aufzwingen wollte. Freilich sind beide Bewegungen aufeinander angewiesen. Ohne die Fülle von Dokumenten und Kulturzeugnissen, die Napoleons Eroberungszüge in die Pariser Sammlungen und Bibliotheken brachten, wäre eine Schrift wie Friedrich Schlegels *Über die Sprache und Weisheit der Inder* (1808) nicht möglich gewesen. Indien mit seiner uralten Sprache, so schien es die Verwandtschaft des Sanskrit mit den germanischen Sprachen und schließlich dem Deutschen zu bezeugen, war das Ursprungsland einer Kultur, die im Ursprung zugleich das Unverfälschte, Authentische, die Idealform vor allen späteren Irrwegen und Trübungen der Geschichte zu finden vermeinte. – Wenngleich aber von deutscher Führung bei der kolonisatorischen ›Verwandlung der Welt‹ im 19. Jahrhundert keine Rede sein konnte,[17] so verschränkt sich doch auch im deutschen Kultur- und Sprachraum die wissenschaftlich-kulturelle Linie der ›Aneignung‹ der fremden Welt Indiens mit einer zivilisatorisch-missionarischen, die sich nun keineswegs in der Bewunderung alter indischer Kultur erschöpft, sondern die zivilisatorische Überlegenheit des modernen Europas für ausgemacht hält und dabei den indischen Brahmanen als Kronzeugen beruft.[18] So tritt denn schon seit Ende des 18. Jahrhunderts neben den Entwurf einer ›Weltliteratur‹, die Vielstimmigkeit und Gleichberechtigung voraussetzt,[19] und neben das Projekt einer ›Weltreligion‹ etwa bei dem populären Friedrich Rückert, der eine Evangelienharmonie, also eine Konsensfassung des Christentums einerseits, sechs Bändchen *Weisheit des Brahmanen*, die zu Hausbüchern werden sollten, andererseits vorlegte, – neben eine solche Globalisierung der Sinnwelt in Literatur und Religion also tritt in der Sprache der Gebildeten doch auch der ›Welthandel‹, und die Bezeichnung der napoleonischen Kriege als ›Weltkrieg‹ schreibt schließlich die Spur der imperialen Gewalt in diese Konstellation deutlich ein. Von kolonialem Ehrgeiz ist dieses Wissen um Indien in Deutschland dennoch kaum geprägt, wenngleich die englische Herrschaft kontinuierlich mit Kritik bedacht wird und man das eigene Indien-Interesse gelegentlich nach der Jahrhundertwende damit rechtfertigt, dass »wir an der Küste von Ostafrika

17 Vgl. Jürgen Osterhammel: Die Verwandlung der Welt. Eine Geschichte des 19. Jahrhunderts. München: Beck 2008.

18 Nachweis bei Ulrich Fröschle: Strategien von Transfer und Übersetzung in der ersten Hälfte des 19. Jahrhunderts: Hermann Hauffs mediale Politik. In: Erzählen und Erzähltheorie zwischen den Kulturen. Hg. v. Gabriela Racz u. Klaus Schenk. Würzburg: Königshausen & Neumann 2012 (in Vorbereitung). Kritisch aus postkolonialer Sicht Kamakshi P. Murti: India. The Seductive and Seduced »Other« of German Orientalism. Westport/London: Greenwood 2001.

19 Umfassend dazu Peter Goßens: Weltliteratur. Modelle transnationaler Literaturwahrnehmung im 19. Jahrhundert. Stuttgart/Weimar: Metzler 2011.

eine deutsche Kolonie besitzen [...].«[20] Für den Tourismus der Deutschen jedenfalls, wenn schon nicht für ihre kolonisatorische Mission, wird zu Beginn des 20. Jahrhunderts der indische Subkontinent erschlossen, der sich eben durch seine Ursprünglichkeit empfiehlt: Indien als »das eigenartigste Land des Erdballs [...], das dank der Erleichterung des Verkehrs durch unsere großen Dampferlinien, vornehmlich des Norddeutschen Lloyd, immer mehr Touristen anzieht.«[21]

Dass sich die verschiedenen Kontinente allmählich zu einer Welt zusammenschlossen, war schon um die Mitte des 19. Jahrhunderts nicht nur einem kleinen Kreis vertraut; in der neuerlichen ›Medienrevolution‹[22] des 19. Jahrhunderts vielmehr verfestigte sich das Wissen um ›Indien‹ bei einer breiten Schicht einigermaßen gebildeter Deutscher;[23] Stereotype verlangen nach Bildern, und dank neuer Produktionstechniken entstand ein visueller Kosmos ›Indien‹ – in Gemälden und Graphiken, wie dann auch in Fotografien –, also ein Inventar verlässlich abrufbarer Kennbilder. Noch vor dem Ausbruch des Ersten Weltkrieges war in Deutschland eine neue kulturelle Weltkarte im Entstehen, mit geistigen Koordinaten, welche – beginnend in Europa in Norden, Süden, Osten und Westen – jeweils mit Stereotypen

20 N. N.: Die ersten deutschen Indien-Reisenden. In: GL 53 (1905), H. 51, S. 983 f., hier S. 983. – Bemerkenswert ist in diesem Zusammenhang eine ganzseitige Karikatur, die im Berliner Tageblatt anlässlich der Verleihung des Nobelpreises an Tagore erschien; sie zeigt die Schwedische Akademie auf einer Afrika-Expedition in ikonographisch gut eingeführter Kolonisatoren-Manier; die Unterschrift lautet: »Wir haben den bengalischen Parnaß entdeckt, Auf zum Helikon der Sua.«, Ahlström, Kleine Geschichte (wie Anm. 5), S. 13.

21 Ernst von Hesse-Wartegg: Indien als Touristenland. Mit Abbildungen nach Stereograph copyright von Underwood & Underwood. London & New York. In: GL 54 (1906), H. 41, S. 871–875, hier S. 872.

22 Vgl. zum Begriff der ›Medienrevolution‹ Axel Schildt: Jahrhundert der Massenmedien. In: Geschichte und Gesellschaft 27 (2001), H. 2, S. 177–206; Habbo Knoch u. Daniel Morat: Medienwandel und Gesellschaftsbilder 1880–1960. Zur historischen Kommunikologie der massenmedialen Sattelzeit. In: Kommunikation als Beobachtung. Medienwandel und Gesellschaftsbilder 1880–1960. Hg. v. dens. München: Fink 2003, S. 9–33.

23 In Bild und Text werden die Leser der *Gartenlaube* über Indien, »dieses Riesenreich«, das sich »bis auf den heutigen Tag mit seiner malerischen Ursprünglichkeit erhalten« hat (Hesse-Wartegg, Indien als Touristenland [wie Anm. 21], S. 871), kontinuierlich informiert: über den sagenhaften Reichtum und die märchenhafte Fremde des Landes, die schnöde Eroberungspolitik der Engländer, exotische Besonderheiten in Flora und Fauna – den Tiger als Herrscher des Dschungels, die indischen Elefanten, sowie auch einen erstaunlichen indischen Baum –, Exotik der Sitten und Gebräuche, faszinierende Fremdheit und Eigentümlichkeit der Menschen; und zwei Jahre, ehe Thomas Mann eine kleine deutsche Residenz den Kulturschock der amerikanischen Moderne erleiden und verarbeiten lässt, taucht in Carl-Oskar Höckers Roman *Die indische Tänzerin* eine junge Dame von »exotische[m] Reiz« in »eine[r] mittlere[n] Residenz Süddeutschlands« auf: »Ihr matter, elfenbeinfarbener Teint« fasziniert die gesamte Männerwelt, und selbstverständlich wird sie bei Hofe eingeführt; in ihrer Herkunft verbindet sich ein altes indisches Geschlecht mit dem gräflichen Geschlecht derer von Eltz« (Paul Oskar Höcker: Die indische Tänzerin. In: GL 55 [1907], H. 37, S. 769–774, hier S. 769; fortgesetzt wird der Roman in den Heften 38 bis 52 des Jahrgangs 1907 der *Gartenlaube*).

verbunden wurden.[24] In der um 1900 einsetzenden Sinnkrise der ›Moderne‹ kann so das Indien-Stereotyp ohne weiteres eingesetzt und unter divergente Wertungsperspektiven gestellt werden – von der Projektion der grassierenden, in den christlichen Religionen nicht mehr aufgefangenen Erlösungssehnsucht auf die ›Weisheit Indiens‹ bis zur Skepsis und zur Warnung vor der deutschen Neigung, sich dem ›Fremden‹ hinzugeben. Und im Weltkrieg wird Indien dann – unter den Bedingungen der Kriegszensur – zu einem Versprechen von Weisheit und Frieden im allgemeinen Morden.[25] Am 9.10.1914, als nach der Nobelpreis-Verleihung Tagores Gedichtband *Der Gärtner* beim Kurt Wolff Verlag erscheinen konnte, veröffentlichte der junge Bertolt Brecht eine Rezension in den *Augsburger Neuesten Nachrichten*, welche die Kontrasterfahrung noch einmal deutlich hervorarbeitet:[26]

> Ein seltsamer Gegensatz! In der Sturmsinfonie unserer Zeit, aus dem dröhnenden, ehernen Schlachtrhythmus klingen diese süßen Melodien des Orientalen auf. Singen und jauchzen von Liebe und Glück, das uns unwesentlich, unwirklich vorkommt in dieser Zeit, klagen und seufzen über ein Leid, das uns zu klein, zu persönlich scheinen mag, um zu trauern. Und nun ist es das Seltsame, Wunderbare, daß wir doch jauchzen und klagen müssen bei diesen Klängen, daß wir die ernste Zeit vergessen, Kampf und Elend vergessen und an der Hand dieses Dichters in ein sonniges Land des Friedens wandeln müssen.

III. Tagore in Deutschland – eine berühmte Persönlichkeit

Als Tagore dann 1920/21 nach dem Krieg das krisengeschüttelte Land besuchte, kam er als Botschafter jener anderen Welt, die er verkörperte. Er

24 Trotz des heute aktuellen Interesses an Geopolitik hat die Literaturwissenschaft, soweit ich sehe, diese kulturellen Koordinatensysteme noch nicht aufgearbeitet. Es sei hier nur an die Kodifizierung, die Thomas Mann in seiner Epochensumme *Der Zauberberg* für Norden, Süden und Osten unternahm, erinnert, aber auch an das Weltgedicht Theodor Däublers, *Das Nordlicht*, in dem Raum und Geschichte in eine neugeschaffene Sinnwelt transformiert werden. Aber ebenso sind auch die außereuropäischen Kulturen als Orientierungshorizonte zu nennen – hier ist neben dem Primitiv-Archetypischen in Afrika und in der Südsee, neben dem Japonismus, also der Japan-Verehrung, neben der Weisheit des chinesischen Ostens, eben auch die Indien-Mode zu nennen.

25 Vgl. dazu auch Lion Feuchtwangers ›indische‹ Dramen *Vasantasena* (1915), *Warren Hastings. Gouverneur von Indien* (1916) und *Der König und die Tänzerin* (1916). Dazu in: Ders.: Dramen I/II. Berlin: Aufbau 1984, Bd. I, S. 612–616., 630–633, Bd. II, S. 745–764. u. ö. die entsprechenden Hinweise auf den zeitgeschichtlichen Kontext.

26 Bertolt Brecht: »Der Gärtner« von Rabindranath Tagore. In: Der Erzähler. Literarische Beilage der »Augsburger Neueste Nachrichten«, 9. 10. 1914; Abdruck in Bertolt Brecht: Schriften I [=] Werke. Große Berliner und Frankfurter Ausgabe. Hg. v. Werner Hecht u. a. Berlin: Aufbau und Frankfurt a.M.: Suhrkamp 1992, S. 33 f. Dazu Kämpchen, Tagore and Germany (wie Anm. 1), S. 23–26.

kam eben im richtigen Augenblick. Der Krieg war verloren, der Frieden noch nicht gewonnen.[27] Eine Botschaft, die Sinn und Orientierung schenkte, wurde von vielen erwartet. »[...] what has moved me profoundly», so schreibt Tagore an Charles F. Andrews, »is the fact that suffering man in Europe has turned his face to the East.«[28] Tagore stellte sich dieser Krisenlage der Nachkriegszeit. In seiner Studie zum Nationalismus, in deutscher Übersetzung von Helene Meyer-Franck im Jahr 1919 im Verlag ›Der neue Geist‹ erschienen, plädiert er für einen dritten Weg zwischen Kosmopolitismus und Nationalitätskult.[29] Tagores Analyse und Wertung entsprechen recht genau einer dem deutschen Leser bekannten kulturkritischen Position; Mechanismus und Materialismus, die Vernachlässigung der Seele, dies sei das Stigma des Westens; so sahen es etwa auch Walther Rathenau oder Hermann Graf Keyserling, der sich ja dann zum Propagandisten Tagores in Deutschland aufschwingen wird.[30] Tagore jedenfalls empfiehlt Indien als das Land, das jenen dritten Weg exemplarisch bestreiten solle, da »die Lehre und das Beispiel des Westens dem, was wir für unsere Aufgabe halten, gerade zuwiderläuft«.[31] Eben der »furchtbare Krieg hat den Schleier gehoben, und der Westen steht Antlitz in Antlitz seiner Schöpfung gegenüber, der er seine Seele geopfert hat. Jetzt muß er wissen, was das für eine Schöpfung ist.«[32] Hervorzuheben ist eine Trennung zwischen den geschichtsmächtigen Akteuren, die von ihrem Ehrgeiz getrieben immer neues Leid über die Völker bringen, und der »Seele des Volkes«, die »von alledem nicht in ihrer Tiefe berührt« worden sei, »denn das Volk als Ganzes war an diesem Treiben nicht aktiv beteiligt«.[33]

Auch wenn sich die Krise fortentwickelt, so bleibt sie für viele während der Weimarer Republik konstant – ebenso wie die Botschaft Tagores an die Deutschen. »Dichter, Kulturkritiker und Führer zur Höhe in einem, ein Seher und Heiler«[34] – das ist er vielen, wenn auch in bisweilen variierter, abgeschwächter, neuer Komposition der stereotypen Attribute der Ver-

27 Vor allem Aronson, Rabindranath Through Western Eyes (wie Anm. 1), konzentriert seine Darstellung auf diese zeitgeschichtlichen Zusammenhänge.

28 Rabindranath Tagore: Letters from Abroad. Madras: Ganeshan 1924, S. 130.

29 Vgl. Rabindranath Tagore: Nationalismus. Leipzig: Der neue Geist 1919, S. 7: »Weder die farblose Unbestimmtheit des Kosmopolitismus noch die leidenschaftliche Selbstvergötterung des Nationalitätskults ist das Ziel der menschlichen Geschichte.«

30 Vgl. ebd. Tagore auf S. 18 die Formulierung vom »seelenlosen Getriebe«, das »die sittliche Natur des Menschen« gleichsam vergewaltige. Zur Einordnung etwa die apodiktische Bemerkung Engelhardts: »Ein echter Dichter ist ja immer Kulturkritiker«; Emil Engelhardt: Rabindranath Tagore zwischen Abendland und Morgenland. In: Tagore, Gitanjali (wie Anm. 5), S. 227–236, hier S. 230. – Sodann Kämpchen, Keyserlings »Tagore-Woche« (wie Anm. 1).

31 Tagore, Nationalismus (wie Anm. 29), S. 9.

32 Ebd., S. 60.

33 Ebd., S. 103.

34 Engelhardt, Tagore zwischen Abendland und Morgenland (wie Anm. 30), S. 230.

ehrung. Glaubwürdig ist Tagores Botschaft aber immer erst durch seine »große und reine Persönlichkeit, die ihm und seiner Gesinnung Scharen von Anhängern warb.«[35] Tagore beeindruckt nicht mit seinem Werk – beeindruckend ist seine Persönlichkeit, und dies wiederum kommt ja einer generellen Regel moderner Massenmedien, die ihre Leser kaum mit Details komplexer Literatur oder Philosophie abschrecken wollen, vorzüglich entgegen. Bei Tagores Berliner Vorlesung werden, laut Bericht der *Berliner Illustrirten Zeitung*, »die Worte fast belanglos«. Nicht verstehen müsse man, so lässt sich folgern, Tagore, sondern man müsse ihn selbst im Wesen erkennen und zur Nachfolge bereit sein. Dazu sucht der Berichterstatter der *Illustrirten* den Blick des Dichters einzufangen:[36]

Tief wie ein nachtdunkler See sind diese Augen. Heller Schwermut und Wissen und dennoch kindlich. Mit einer ganz großen dunkelbraunen Iris, die gegen den Augapfel hin nicht scharf abgegrenzt ist, wie unsere Augen, sondern gleichsam verläuft. Das Thema seines Vortrags, der uns Westeuropäern die innige Beziehung zwischen der Seele seiner Wälder und Dschungeln in Bengalen und zwischen den letzten Zielen der Metaphysik nahezubringen versucht, wird verständlich, wenn man in diese Augen blickt.

Tagore wird wahrgenommen als Verkünder ferner Weisheit, als Priester und Prophet der Dichtkunst. »Unsere Zeit«, so wird erläutert,[37]

ist nicht so reich an starken Persönlichkeiten, die aus der Not unserer Tage Richtweisung für eine Erneuerung und Dolmetschung des Sinnes unseres Daseins bieten. Tagore ist zwar kein Abendländer und von deutscher Philosophie so gut wie ganz unbeeinflußt, er wurzelt ganz tief in seiner Heimat, im Dichten und Denken seines Volkes. Aber er ist der aufsteigenden Welt, der erst im Kommen begriffenen Zeit einer vertieften Innerlichkeit des Lebens ganz zugewendet, die er vorausnimmt und darstellt, als Hüter eines uralten Menschenerbes und Führer zu einer neuen indogermanischen Innerlichkeit

– die mit der im Modernisierungsschub und ›Stress‹ der republikanischen Kultur von Weimar durchaus gefährdeten ›deutschen Innerlichkeit‹ eng verwandt ist.[38] Was Tagore zu sagen hat und sagt, »fügt sich« in diesem

35 Hanns Fiedler: Die Welt im Drama Rabindranath Tagores. Der Dramatiker und der Sinn seines Werkes. Berlin: May 1921, S. 16.

36 N. N.: Rabindranath Tagore in Berlin. In: Berliner Illustrirte Zeitung, 12. 6. 1921, S. 354 f.

37 Engelhardt, Bühnenwerke (wie Anm. 4), S. 8 f.

38 Vgl. noch in einem mittlerweile politisch radikalisierten Kontext Ulrich Christoffel: Deutsche Innerlichkeit. München: Piper 1940. – Zur Übersicht Gerhard Sauder: Zur Kontinuität von ›Innerlichkeit‹ in deutscher Selbstreflexion. In: Gegenwart als kulturelles Erbe. Ein Beitrag der

Rezeptionskontext »zu einer magischen Liturgie«[39]; Dichtung und Religion sind in ihrer ursprünglichen Verwandtschaft wieder gegenwärtig.[40]

Tagores Persönlichkeit ist universal, einem deutschen Erwartungsstereotyp gemäß; er ist der »Goethe Indiens«.[41] Das gilt zunächst für sein umfassend universales Talent. Gerade Tagores Dresden-Besuch, bei dem es – wie es noch anlässlich seines Besuches im Dresdner Humboldt-Club am 17. Juli 1930 heißt – um »das Wesen Tagores« geht, würdigt der erste Vorsitzende Professor Felix Holldack namens der Gastgeber den berühmten Gast als »Schöpfer in der Welt der Musik«, die alles andere in sich begreife: »denn seine Dichtungen legen Zeugnis ab von der wunderbaren Musikalität seines Wesens, den Maler, der Farbe und Linie meisterlich beherrscht, den Lyriker und Volkslieddichter Indiens, dessen Stern niemals vom Horizont herabsinken kann, den Patrioten und Kämpfer für die großen Ziele der Menschheit, den Wahrheitssucher, den großen Sprachschöpfer, kurzum jene wundervolle Persönlichkeit, in deren Natur sich Göttliches offenbart.«[42] Die ›Persönlichkeit‹, also ein sich in der deutschen Bildungstradition seit 1800 ausformendes kulturelles Leitbild von Authentizität und Selbstermächtigung des angefochtenen Einzelnen, unter dem Abstraktions- und Anonymisierungsdruck einer sich beschleunigenden Modernisierung dann auch übersteigert bis zum Führer-Ideal, die Persönlichkeit also war in Traditionsbruch und Massenkultur der ›Weimarer Republik‹ die kulturkritische Gegennorm: Persönlichkeit war für ein Bildungsbürgertum in krisenhafter Lage der Wunsch- und Mangelwert. Und vom Dichter als Führer erwarteten die Gebildeten das Heil.[43] »Es waren«, so erinnert sich Robert Faesi in seiner Autobiographie *Erlebnisse, Ereignisse, Erinnerungen*, »vor allem die feineren, kultivierten Gemüter mit ihrem Hang zu Innerlichkeit und metaphysischem Trostbedürfnis,« die

Germanistik zur Kulturwissenschaft deutschsprachiger Länder. Hg. v. Bernd Thum. München: iudicium 1985, S. 249–267.

39 Albert Steffen: Der Künstler zwischen Westen und Osten. Leipzig/Zürich: Grethlein 1925, S. 48.

40 Damit ist ein Leitmotiv deutscher Kulturentwicklung seit 1800 angesprochen, vgl. die Skizze von Justus H. Ulbricht: »Warenmarkt der Transzendenz«. Religion, Religiosität und Glauben in der Moderne. In: Gottes Häuser. Dresdner Kirche im Wandel 29 (2011), H. 106, S. 89–99. – Silvio Vietta u. Stephan Porombka: Einleitung: Ästhetik-Religion-Säkularisierung in der klassischen Moderne. In: Ästhetik – Religion – Säkularisierung. Bd. II. Die klassische Moderne. München: Fink 2009, S. 7–20.

41 Albert Schweitzer: Die Weltanschauung der indischen Denker. [1934] München: Beck 1987, S. 199. Dazu Kämpchen, Tagore and Germany (wie Anm. 1), S. 93.

42 Bg., Rabindranath Tagore in Dresden (wie Anm. 12).

43 Vgl. Fröschle, Dichter als Führer (wie Anm. 3). Vgl. zur Kulturkritik Georg Bollenbeck: Eine Geschichte der Kulturkritik. Von Rousseau bis Günther Anders. München: Beck 2007, bes. S. 199–232; sowie thesenhaft Ralf Konersmann: Kulturkritik. Frankfurt a. Main: Suhrkamp 2008, der davon ausgeht, »daß die Kulturkritik ein Phänomen der westlich geprägten Kulturen ist, und zwar in dem Sinne, daß Phänomene der Kulturkritik deren Normalität zugehören« (S. 15).

Ein indischer Prinz.

Abb. 1

der indische Dichter-Weise anzog.[44] Denn was in Deutschland kaum noch zu finden war, das erhoffte man sich jetzt aus fernen Landen. So nimmt der Tagore-Kult um die Person dieses Erlösers und Licht-Bringers aus dem Osten, gleichsam ein Jesus nachchristlicher Zeit, nicht wunder.[45] Immerhin sei aber, wie man angemahnt hat, solcher »Rummel um Tagore« zu würdigen als »echtes Zeichen für eine geistige Hilflosigkeit« von Menschen, die nach neuen Wegen suchen.[46]

Tagore jedenfalls kam dem entsprechenden Wahrnehmungs- und Erwartungsstereotyp durchaus entgegen. Im Alter hat er sich gelegentlich vorgeworfen, »that I should ever go out of my way to court the attention of others«.[47] Während seiner Deutschland-Reisen war er denn auch der Erwartung an den Weisen aus Indien in seinem Auftreten weit entgegen gekommen, ließ seine ›Fremdheit‹ sichtbar werden, so dass sie das Erwartungsbild seiner deutschen Gastgeber erfüllte. Die Bildformeln hatten sich in jener visuellen Stereotypik Indiens ebenfalls schon längst herausgeformt,[48] zunächst an den Porträts

44 Robert Faesi: Erlebnisse, Ereignisse, Erinnerungen. Zürich: Atlantis 1963, S. 365 f.

45 Vgl. die bei Sanatani (Tagore und das deutsche Theater [wie Anm. 1]) zusammengestellten Belege: hier heißt es, dass Tagore im *Literarischen Echo* (23 [1921], Sp. 1035) »der Erlöser« und das »Licht aus dem Osten« genannt wurde, sowie – mit einer Anspielung auf das bekannte Werk *Das fließende Licht der Gottheit* der mittelalterlichen Mystikerin Mechthild von Magdeburg: »Um den Dichter Tagore ist das sanft fließende Licht einer Gottheit« (Münchner Nachrichten, 23. 5. 1921).

46 Prinz Ludwig von Hessen: Gruß an Indien. In: Indien und Deutschland. Hg. v. Hans Otto Günther. Frankfurt a. Main: Europäische Verlagsanstalt 1956, S. 8; vgl. den Hinweis bei Kämpchen, Tagore und Deutschland (wie Anm. 1), S. 63.

47 Brief an Rothenstein, 26. 11. 1932. In: Letters of William Rothenstein and Rabindranath Tagore 1911–1941. Hg. v. Mary M. Lago. Cambridge/Massachusetts: Harvard University Press 1972, S. 346.

48 Symptomatisch lässt sich dies beim Auftritt der sagenhaft reichen Maharadschas in Europa verfolgen. Vgl. den Katalog zur Ausstellung: Maharaja. Pracht der indischen Fürstenhöfe. Hg. v. Anna Jackson, Amin Jaffer u. Christiane Lange. München: Hirmer 2010, bes. die Abbildung von Benjamin Stone *Maharaja Sayajiro Gaekwad III. und Maharani Chimnabai II. von Baroda im House of Commons* (S. 199) und die Ölgemälde von Bernard Boutet de Monvel *Maharaja Yeshwant Rao Holka II. von Indore in Marathentracht* und *Maharani Sanyogita Devi von Indore in Marathentracht* (S. 202, 203) im Katalog. Dazu Abb. 1: N. N.: O. T. [mit Abbildung ›Ein indischer Prinz‹]. In: GL 52 (1904), H. 52, S. 960.

Abb. 2

Abb. 3

der Mächtigen in all ihrer Pracht, (Abb. 1) dann in bürgerlicher Oberschichtkleidung bei Europabesuchen – gelegentlich kombiniert mit diskreter Exotik; und schließlich finden wir auch faszinierende Beispiele der Integrationen dieser – bekanntlich sagenhaft reichen indischen Herrscher (mit ihren Mahradjanis) – in die mondäne Welt der Reichen und Schönen im Abendland.[49] Tagore freilich verkörperte nicht Reichtum, sondern Weisheit. Das »Kleidsame und Malerische [der] heimatlichen Tracht« nutzt er auch bei seinen Auftritten, und das Besondere seiner Kleidung wird für ein Publikum, das den Adel und die mondäne Gesellschaft in Europa bewundert, jedenfalls ebenso beharrlich hervorgehoben[50] wie das ehrfurchtgebietende Äußere des Dichters. Dabei stehen neben jenen Bildern, die seine leicht fremdartige, sich aber doch von der Kleidung der gehobenen deutschen Gesellschaft kaum abhebende Kleidung zeigen,[51] (Abb. 2) auch

49 Vgl. Man Rays Fotografie *Maharaja Yeshwant Rao Holkar II. und Maharani Sanyogita Devi von Indore*. In: Ebd., S. 208, bzw. der dazugehörige Artikel im Katalog von Amin Jaffer: Indische Fürsten und die westliche Welt. In: Ebd., S. 194–227.

50 So beschreibt bewundernd die *Berliner Illustrirte Zeitung* Tagore als einen »schlanke[n] Greis in einem hemdartigen Gewand aus silbergrauer Lüsterseide«. Zitat zuvor: N. N.: O. T. [Beschreibung zur Abbildung ›Ein indischer Prinz‹]. In: GL 52 (1904), H. 52, S. 960. Ähnlich auch der Bericht der *Dresdner Neueste Nachrichten* 19. 7. 1930 (mitgeteilt oben S. 54). Vgl. auch Sanatani, Tagore und das deutsche Theater (wie Anm. 1), S. 39 f.

51 Dazu Abb. 2: Titelblatt in der *Berliner Illustrirten Zeitung*: Walter Gircke: Rabindranath Tagore in Berlin: Der indische Dichter und Philosoph beim Verlassen der Universität nach seiner

Abb. 4

solche, die gerade das Andersartige hervorheben, das Bild des Brahmanen, der seine Weisheit ins Abendland bringt.[52] (Abb. 3)

Und schließlich stellt das damals einschlägige *Handbuch der Weltliteratur,* von dem vormals Dresdner, dann seit 1922 Bonner Germanisten Oskar Walzel herausgegeben, den Nobelpreisträger, mit korrekter Namensschreibweise Ṭhâkur, in einer Ikonographie dar, die sich an Christusbilder des deutschen 19. Jahrhunderts, etwa im Gefolge der nazarenischen Bewegung, annähert. (Abb. 4)

Ikonographisch ist der Dichter damit zumindest eingemeindet. Indessen provoziert das positive Stereotyp stets auch Zweifel und Kritik. Tagore passe nicht zu den Deutschen; Tagore sei ein falscher Prophet – und er sei kein ›echter Inder‹. Sein Indertum, so hatte Hermann Hesse, selbst Autor eines höchst erfolgreichen und durchaus ›eurozentrischen‹ Romans über den ›indischen‹ Weg der Selbsterlösung, des 1922 erschienenen *Siddharta,* kritisch vermerkt, sei wohl doch »von Einflüssen europäischer Dichtung gefärbt«.[53] Das eindeutige Bild zerfällt, bei genauerem Hinsehen, in ein Kaleidoskop interessegeleiteter Projektionen; jeder will das in Tagore sehen, was notwendig sei – und nur selten ist man zu einer Überprüfung bereit, gelingt gar eine Korrektur.[54]

Vorlesung. In: Berliner Illustrirte Zeitung (wie Anm. 27), S. 353.

52 Dazu Abb. 3: W. Krein: Tagore am Vorlesetisch in der Universität [Zeichnung]. In: ebd., S. 354. Zu diesem ikonographischen Muster auch die Abb. bei Murti, India (wie Anm. 18), zwischen S. 59 und 60: »The poor sadhu is te Orientalist's image of a once glorious Vedic past gone bad.« Zum Folgenden Abb. 4: Rabindranath Tagore. In: Helmuth von Glasenapp: Die Literaturen Indiens von ihren Anfängen bis zur Gegenwart. Potsdam: Athenaion 1929, S. 354.

53 Hermann Hesse: Für Bücherliebhaber (VII). In: Ders.: Die Welt als Buch II. Rezensionen und Aufsätze aus den Jahren 1911–1916. [Sämtliche Werke. Bd. 17]. Frankfurt a. Main: Suhrkamp 2002, S. 321–328, hier S. 326. Für eine kritische Lektüre des *Siddharta* vgl. Murti, India (wie Anm. 18), S. 108–114.

54 So bleibt der Versuch, Tagore für das völkische Spektrum zu vereinnahmen, folgenlos. In der Zeitschrift *Die Standarte* schreibt Fritz Meyer in einem Beitrag *Heldentum und schachernder Mechanismus* eine Polemik gegen den Verrat des Heldentums und beruft sich dabei auch auf Tagore: »Das abendländische, ritterlich unhändlerische Ideal des Kriegers und das des schachernden religiös-mimenden Dialektikers scheidet auch der Inder Rabindranath Tagore. Der eroberungssüchtige Normannentyp des Engländers verband sich und verschmolz im insularen Asyl der Spaniolen (spanischen Flüchtlings-Juden – ähnlich wie in der Krämer-Republik Holland) mit dem liberal-demokratischen Prinzip. An die Stelle reinen Menschentums sinnenfroher Shakespeare-Derbheit und Größe rückte christianisierte Heuchelei. Des Asiaten religiös-pazifistischer Instinkt empfindet nur zu sehr die imperialistische Raubgier des missionierenden Angelsachsen und in seinem ›Nationalismus‹ läßt Tagore inmitten der wohlorganisierten, aber entseelten Öde des kolonialen Indiens, die unmenschliche Menschlichkeit der grausen, ehemaligen Eroberer

Wo immer es um ›Weltanschauung‹ geht – sei es beim Grafen Hermann Keyserling, sei es bei denen, die auf dem Forum des Dresdner Humboldt-Clubs nach dem Universalen suchten, das an der Technischen Hochschule Dresden fehle –, da ist Tagore der Garant des richtigen Weges; die Sprecher der Skepsis finden sich dagegen zumeist in der literarisch-wissenschaftlichen Elite.[55] Viktor Klemperer etwa, Romanist an der Technischen Universität Dresden, hatte den Auftritten Tagores in Dresden nicht beigewohnt; erst während einer kurzen Reise »auf der Hinfahrt […] hier auf dem Bhf, u. dann auf dem Berliner bh.« sah er, wie er am 9. Oktober 1926 spöttisch in sein Tagebuch schreibt, »den großen *Tagore*«; auch Klemperer geht es um das Bild der Persönlichkeit:[56]

Eine nicht unpeinliche Erscheinung. Opernhaft. Große Priestermütze, talarartig wallendes braunes Kleid u. Überkleid, langes weißes Haar, aber gepflegten europäischen Vollbart, Kneifer auf ganz europäischem Gesicht u. in den auf dem Rücken gehaltenen Händen ein deutscher Band, ziemlich Ullsteinisch, von Knut Hamsun. Braune Leute um ihn, mehr Gefolge als Begleitung, hinter ihm ein Zuschauerschwarm, den er gewohnt schien. Ein bißchen Jahrmarktsinder. Nicht mehr ganz echt. Ein bisschen Reklame. Ich kenne seine Schriften nicht – aber es geht ein süßlicher u. beguinser Duft von ihm aus, u. sie sind Mode. Peinlich wie diese Erscheinung des Mannes. In Europatrachten hätte ich ihn für einen kultivierten alten Rabbiner gehalten.

Franz Kafka hat in einem kurzen, heiteren Kommentar in einem Gespräch mit Gustav Janouch schon 1920 die Kleidung Tagores als Verkleidung und damit als Symptom aufgefasst – für eine Kostümierung der Persönlichkeit selbst:[57]

und Despoten noch als eine schönere, edlere Vergangenheit erscheinen.« Meyers ohnehin etwas diffuser Versuch muss im Zusammenhang mit den umstrittenen Besuchen Tagores bei Mussolini 1925 und 1926 gesehen werden. – Fritz Meyer: Heldentum und schachernder Mechanismus. In: Die Standarte. Zeitschrift des neuen Nationalismus. Hg. v. Franz Schauwecker u. Wilhelm Kleinau, H. 5, 28. 4. 1927 [Magdeburg], S. 205–207, hier S. 206.

55 Mit Kämpchen (Rabindranath Tagore [wie Anm. 1], S. 89) ist etwa auf Thomas Mann und Hermann Hesse zu verweisen; der Romain Rolland eng verbundene Stefan Zweig bildet die Ausnahme von der Regel, vgl. außerdem in Kämpchen, Tagore and Germany (wie Anm. 1), S. 32–43, zu Zweig S. 43–64.

56 Viktor Klemperer: Leben sammeln, nicht fragen wozu und warum. Bd. 2. Tagebücher 1925–1932. Hg. v. Walter Nowojski. Berlin: Aufbau-Verlag 1996, S. 302.

57 Gustav Janouch: Gespräche mit Kafka. Frankfurt a. Main: Fischer 1951. S. 54. Die Gespräche mit Kafka fanden im Jahr 1920 in Prag statt. Auf die Signalwirkung von Tagores äußerer Erscheinung hat jüngst noch Amartya Sen – sich auf Yasunari Kawabata berufend – aufmerksam gemacht; vgl. Amartya Sen: Tagore and his India. In: http://www.countercurrents.org/culture-sen281003.htm (letzter Zugriff, 31. 8. 2012).

»Indien-Leipzig, diese Entfernung ist doch nur scheinbar. In Wirklichkeit ist Rabindranath Tagore nur ein verkleideter Deutscher.« – »Vielleicht ein Oberlehrer?« – »Ein Oberlehrer?« wiederholte Kafka ernst, zog die Mundwinkel seiner festgeschlossenen Lippen herab und schüttelte langsam den Kopf. »Nein, das nicht. Aber ein Sachse könnt er sein – wie Richard Wagner.« – »Also Mystik im Lodenmantel?« – »So etwas.« Wir lachten.

Offenkundig drängte sich Skeptikern – sei es Kafka oder Klemperer[58] – eben diese Umwertung der Zeichen des Authentischen, wie sie von Tagores Bewunderern gefeiert wurden, in Requisiten einer Inszenierung auf, und die beiden Genannten konstatieren eine Verbindung zum Traum vom Universalen, wie ihn die Kunst des 19. Jahrhunderts in Deutschland dem kulturellen Aufbruch um 1900 zu einer Reform des Lebens selbst vorgegeben hatte. Denn nicht bloß eine Persiflage des Weisen, also einen verkleideten deutschen ›Oberlehrer‹ und damit ›Bildungsphilister‹ – wie ihn schon Nietzsche demaskiert hatte[59] –, sieht Kafka in dem gefeierten indischen Dichter, sondern einen hausbackenen Mystiker; als dessen Inbegriff in deutscher Tradition aber ist der Meister des musikalischen Gesamtkunstwerkes, des neuen Mythos und einer großbürgerlichen Kunstfrömmigkeit, deren bodenlose Banalität durch schwärmerisches Dekor kaum verdeckt wird, zu identifizieren: Richard Wagner, sächsischer Herkunft.[60] Dessen Oper erhob – für Kafka und viele aus der Avantgarde freilich ganz zu Unrecht – den Anspruch, den Weg zu weisen zu einer neuen, universalen, Mechanismus und Materialismus der heillosen Gegenwart ablösenden und erlösenden Einheit des Lebens, dem Zeitalter der Seele, einer weltlichen Religion und Mystik – vielleicht sogar ohne Gott.[61]

58 Auch für den tschechischen Symbolisten und Esoteriker Váchal zerfällt Tagore gleichsam in zwei, einander widerstreitende Persönlichkeiten – die authentische und die Modefigur; vgl. Alexander Wöll: Josef Váchals apokalyptische Visionen von Mitteleuropa. In: Mitteleuropa. Geschichte eines transnationalen Diskurses im 20. Jahrhundert. Bd. I. Hg. v. Jacques Lajarrige, Walter Schmitz u. Giusi Zanasi. Dresden: Thelem 2011, S. 205–227, hier S. 218.

59 Vgl. dazu Herman Meyer: Der Bildungsphilister. In: Ders.: Zarte Empirie. Stuttgart: Metzler 1963, S. 179–201.

60 Vgl. zum ›Gesamtkunstwerk‹ Anke Finger: Das Gesamtkunstwerk der Moderne. Göttingen: Vandenhoeck & Ruprecht 2006, bes. S. 49–79; Stefan Bodo Würffel: »Den Trümmern allein trau ich was zu…«. Zur Kritik des Gesamtkunstwerks. In: Totalität und Zerfall im Kunstwerk der Moderne. Hg. v. Reto Sorg u. dems. München: Fink 2006, S. 117–132, bes. S. 124–132; außerdem Juliet Koss: An Introduction to the Total Work of Art. In: Modernism after Wagner. Minneapolis/ London: University of Minnesota Press 2010, S. xi–xxix.

61 Vgl. Uwe Spörl: Gottlose Mystik in der deutschen Literatur um die Jahrhundertwende. Paderborn u. a: Schöningh 1997. – William Butler Yeats, der Wegbereiter für Tagores Ruhm in England, hatte bereits in den Versen von *gitāñjali* die Offenbarung einer entsprechenden Welt gefunden, »I have dreamed of all my life long. The work of a supreme culture, they yet appear as much the growth of the common soil as the grass and the rushes. A tradition, where poetry and religion are the same thing […].« Ders.: Introduction. In: Rabindranath Tagore: Gitanjali

Die ›Kunstreligion‹ der Gebildeten hatte diesem um 1900 dann sich weit ausbreitenden Begehren vorgearbeitet; Künstler waren die Führer; die Wallfahrt nach Bayreuth, zu Wagners Weihetempel des neuen Mythos, dem Gesamtkunstwerk seiner Oper, war ein frühes Ritual – für die Avantgarde seit 1900 schon anachronistisch geworden. Die – kurzlebige – aufsehenerregende Gründung eines ›modernen‹ Gegenbayreuth hatte Franz Kafka in Hellerau, dem ›Laboratorium der Moderne‹ nahe Dresden miterlebt und ebenso spöttisch kommentiert wie den ›indisch verkleideten Wagner‹ – Tagore. Denn das Dilemma einer immanenten Transzendenz – einer Religion nach ›Gottes Tod‹ – konnte der Weise aus Indien in der Tat so wenig lösen, wie irgendeiner der geistigen Führer der Deutschen von Wagner bis Keyserling.[62]

IV. Zwischen den Kulturen: Wechselwahrnehmung und Missverständnis

Als Tagore 1930 wiederkehrt, haben sich einige Gewichte in der kulturellen Sphäre Deutschlands verschoben. Die Elitenkultur hat sich fortentwickelt, aber die Koordinaten der Wahrnehmung, die sich während Tagores erstem Besuch herausgeformt hatten, bewahren ihre Gültigkeit. Noch immer fehlt es nicht an Ehrungen für den Gast aus Indien; aber das Rezeptionsspektrum hatte sich doch verengt. Mochte Tagore auch als »einer der ganz großen Führer zur Innerlichkeit der Seele und zur Durchdringung aller Verhältnisse und Dinge mit Ewigkeitsgeist« gewürdigt werden,[63]

[Songs Offerings]. A Collection of Prose Translations made by the Author from the original Bengali. With an Introduction by W. B. Yeats. London: Macmillan 1912, S. xi. – Dazu einer der zahllosen Belege für diese Rezeptionslinie in Deutschland: »Hier haucht *Mystik,* und Mystik ist der innerste Kern aller lebendigen Religionen.« Fiedler, Die Welt im Drama (wie Anm. 35), S. 73.

62 Kafka hat, als er das Naturtheater zu Oklahoma in den Schlussabschnitten seines Amerika-Romans schilderte, ein solches Amalgam immanenter Transzendenz analysiert, die Mischung von zirkushafter Reklame, von Verkleidung und Rollenspiel einerseits, einem vielleicht doch authentischen Versprechen und Aufbruch zum Heil andererseits; die Spannung bleibt unaufgelöst. In der Motivik verweist übrigens trotz des ›amerikanischen‹ Ambientes vieles auf jenes Hellerauer Gegen-Bayreuth, wo Kafka im Oktober 1913 die deutsche Erstaufführung von Paul Claudels *Mariä Verkündigung (L'Annonce faite à Marie)* miterlebt hatte, auch dies ein Erlösungstheater in ›moderner‹ Variation. – Die bildungsbürgerliche Sprache der Devotion, wie sie vor allem im George-Kreis entwickelt wurde, findet man auch in einem Brief von Helene Meyer-Franck, der Übersetzerin Tagores. Ihr Heim sei, so schreibt sie, am 16. 5. 1921 »zu einem Altar für [sein] Bildnis« geworden. Rabindranath Tagore, Helene Meyer-Franck u. Heinrich Meyer-Benfey: Mein lieber Meister. Briefwechsel 1920–1938. Hg. v. Martin Kämpchen u. Prasanta Kumar Paul. Heidelberg: Draupadi 2011, Brief 22. Auch die Anrede ›Meister‹ war ja im George-Kreis üblich.

63 Fiedler, Die Welt im Drama (wie Anm. 35), S. 85. Sanatani erklärt gar, man habe von Tagore »kaum noch Notiz« genommen; Tagore und das deutsche Theater (wie Anm. 1), S. 47.

so fanden sich solche Preisungen doch an publizistisch eher entlegener Stelle. Der Respekt, den man seinen – zunächst in Berlin, dann in Dresden erstmals in Deutschland gezeigten – Bildern zollte, war pflichtgemäß;[64] in der aktuellen literarischen Diskussion gab es keine Auseinandersetzung mit Tagore, und demgemäß gestaltete sich dieser Besuch zunächst als ein gesellschaftliches Ereignis – etwa mit dem Auftritt im mondänen Dresdner Humboldt-Club, einem Forum für jene repräsentativen Vorträge, die den Rang der Allgemeinen Abteilung der Technischen Universität dartun mochten.[65] Immerhin hatte der Vorsitzende, Professor Holldack, für diesen Abend den sonst herrschenden Frackzwang aufgehoben, um auch den Studenten den Besuch der Vorlesung Tagores zu ermöglichen. Über Tagores Reaktion ist uns nichts bekannt. Für den greisen Dichter bewegend war hingegen der enthusiastische Empfang der Jugend,[66] freilich

64 Vgl. beispielsweise Bg.: Tagore als Maler. In: Dresdner Anzeiger, 19. 7. 1930, S. 2.

65 Vgl. K. Sch.: Tagore Spricht im Studentenhaus. In: Dresdner Neueste Nachrichten, 19. 7. 1930, S. 3. Die *Dresdner Nachrichten* berichteten über die Gäste des Abends – die »Fülle der Erschienenen«: »Innenminister Richter, Wehrkreiskommandeur Generalleutnant von Stülpnagel, Kreishauptmann Buck, Oberbürgermeister Dr. Blüher, zahlreiche Vertreter der Technischen Hochschule« (Dresdner Nachrichten, 18. 7. 1930); vgl. dann Dietmar Schanbacher: Mitteilungen zu Leben und Werk Felix Holldacks (1880–1944). In: Auf dem Weg zur Universität. Kulturwissenschaften in Dresden 1871–1945. Hg. v. Johannes Rohbeck u. Hans-Ulrich Wöhler. Dresden: Thelem 2001, S. 384–393, hier S. 390. – Als ›mondän‹ hat Victor Klemperer eine bald nach Tagores Vorlesung stattfindende Veranstaltung des Humboldt-Clubs wieder charakterisiert, und zwar den Vortrag Henri Lichtenbergers von der Sorbonne; vgl. Victor Klemperer: Leben sammeln. Nicht fragen wozu und warum. Tagebücher 1920–1932. Hg. v. Walter Nojwojski u. Christian Löser. Berlin: Aufbau 1996, S. 681. (Nachtrag zum 25. 2. 1931), Organisator war wiederum Professor Felix Holldack; willkommen war Klemperer übrigens doch die Einladung Holldacks, »im Lauf des Winters im *Humboldtclub* zu reden« dann doch: »für 60–80 M. Immerhin ein Beitrag zur Bausparkasse«. Ebd. S. 732, Eintrag zum 4. 9. 1931. Felix Holldack wirkte von 1920 bis 1934 als ordentlicher Professor für Rechtswissenschaft an der sogenannten Allgemeinen Abteilung der TU Dresden. Ihre Heraufstufung zur »kulturwissenschaftlichen Abteilung« hatte Holldack miterlebt; seine – laut Victor Klemperer (S. 630, Eintrag 22. 1. 1930) »jämmerliche Broschüre« – *Die neue Universität*, 1930 erschienen – setzt die Debatte um die Rolle dieser Abteilung gerade auch für die Natur- und Technikwissenschaften fort. Der elegante Professor – »gelecktissime[] Holldack« nennt ihn Klemperer gelegentlich (Eintrag vom 22. 7. 1929, S. 537) – beteiligte sich eifrig an den Positionskämpfen, die Victor Klemperer in seinem Tagebuch so minutiös verzeichnet. Klemperer misstraute ihm (Vgl. Eintrag 25. 3. 1923, S. 675), hielt ihn für einen »skrupellose[n] Streber«. (6. 3. 1924, S. 792). Im Lauf der Jahre gewöhnt man sich freilich aneinander, am 13. 1. 1929 vermerkt der skeptische Chronist zu dem langjährigen Kollegen gar: »[...] wir sind jetzt sehr gute Freunde, komischerweise« (S. 468). Als die »verleugnete jüdische Mutter« Holldacks (Klemperer, S. 9, Eintrag vom 14. Januar 1925) bekannt wurde, nahmen deutsch gesonnene Kollegen Holldack diese Herkunft übel; 1934 wurde der Professor aus ›rassischen‹ Gründen aus dem Lehramt entfernt.

66 Vgl. dazu den Beitrag in diesem Band von Monika Pohl. Engelhardt kontrastiert schon 1922 jene lärmenden festlichen Gesellschaften, vor denen Tagore in London oder Berlin spreche, mit dessen »nicht nur geographisch, sondern auch seelisch [...] anderen, innerlichen Welt«: »Wie ganz anders muß es ihm zumute gewesen sein, als er inmitten vieler Menschen im deutschen Walde bei Darmstadt lagerte und Wandervögel ihm deutsche Volkslieder sangen. Da war

zugleich doch nur jener Jugendlichen, die zur Subkultur der organisierten ›Jugendbewegung‹ gehörten.

Die kulturelle Öffentlichkeit in Deutschland hatte bei Tagore das gesucht, was sie längst schon als ihr notwendig und heilsam identifiziert hatte. »Nicht, daß dieser Inder uns unerhört neue Wege geebnet hätte!«[67] erklärt mit frappierender Offenheit einer der Verehrer aus der ›zweiten Reihe‹; man fand dann allerdings, da man sich auf die ›Fremdheit‹ Tagores nicht einlassen wollte, allmählich, dass er in der Tat nichts Neues biete,[68] dass er nur eindrucksvoll als ein ›Fremder‹ darbiete, was man ohnehin schon wusste. Verkannt wurde, dass Tagore keineswegs schlichtweg ›Indien‹ repräsentierte; die sprachliche, religiöse, soziale und politisch höchst spannungsreiche Vielfalt des Subkontinents, die Konflikte im Übergang zu einer eigenen, nationalen ›Moderne‹ – dies alles gehört zu Tagores Leben und Wirken, dies alles wird aber in der ›interkulturellen‹ Wahrnehmung eingeebnet im Stereotyp.[69]

Kontrovers in Indien selbst war bereits Tagores Position. Um 1900, als er in eine persönliche und politische Krise geraten war und sich angesichts breiter öffentlicher Vorhaltungen und einer ihn kränkenden Kritik »verstoßen fühlte und sich verärgert nach Shantiniketan in Nordbengalen

deutsche Seelenheimat vor ihm aufgegangen.«, Engelhardt, Tagore zwischen Abendland und Morgenland (wie Anm. 30), S. 232.

67 Fiedler, Die Welt im Drama (wie Anm. 35), S. 87.

68 Hier wäre, auch im Blick auf den Dresdner Vortrag im Umkreis einer Technischen Hochschule, ausführlicher auf Tagores Haltung zur Entwicklung der Naturwissenschaften einzugehen, zusammengefasst in seinem Gespräch mit Albert Einstein unter dem Titel *Nature of reality*, im Anhang zu Tagores Vorlesungen von 1931 *The religion of man*. Vgl. Partha Ghose: The Scientist in Tagore. In: India Perspectives 24 (2010), H. 2, S. 46–49. – Tagores Auffassung fällt in Deutschland in das Raster der Zwei-Kulturen-Debatte; vgl. Ulrike Pisiotis: Rivalität und Bündnis. Vom Verhältnis von Wissenschaft und Literatur der Moderne. [Kulturstudien, Bd. 7, hg. v. Walter Schmitz]. Dresden: Thelem 2012, bes. S. 53–62. Als Tagore über die Grenzen zwischen Wissenschaft und Kunst referiert, führte er laut einem Bericht des *Dresdner Anzeigers* vom 18. 7. 1930 namentlich den Grundgedanken aus. – »Um die Wirklichkeit ging es, um seine Wirklichkeit im Erleben. ›This world is real to me‹, das war, so paradox es auch klingen mag – das Grundsätzliche seines Schaffens nach eigenem Bekenntnis.« Die Zeitung resümiert zu Recht, »nicht als Wissenschaftler und Philosoph hat Tagore sprechen wollen. Was er bot, war er selbst: der Dichter.«, Bg, Tagore in Dresden (wie Anm. 16), S. 5.

69 Vgl. die knappe Übersicht bei G. K. Mookerjee: Rabindranath Tagore. In: Tagore, Gitanjali (wie Anm. 5), S. 39–52; gründlich Heinz Mode: Rabindranath Tagore. Auf den Spuren des Dichters und Denkers in Indien und Bangladesh. Berlin: Union 1976, bes. S. 120–134, (dazu Kämpchen, Tagore and Germany, S. 105 mit dem Hinweis auf eine »GDR preference«); Kämpchen, Rabindranath Tagore (wie Anm. 1), macht nachdrücklich auf die Prägung Tagores durch die Traditionsbrüche, die Spannung zwischen Aneignung des Europäischen und Selbstinszenierung des Autochthonen, in der Mitte des 19. Jahrhundert aufmerksam; zur literarischen Entwicklung Peter Gaeffke: Die neu-indoarischen Literaturen Indiens. In: Neues Handbuch der Literaturwissenschaft. Bd. 24. Hg. v. Gerhard Ehlers u. a. Wiebelsheim: AULA 2002, S. 197–210, hier S. 204. – Zur Funktion des Mythos für die ›Moderne‹ in Indien vgl. Martin Fritz u. Martin Kämpchen: Krischna, Rikscha, Internet. Indiens Weg in die Moderne. München: Beck 1998, S. 13–25.

zurückzog«[70], hatte er seinen groß angelegten Roman *Gorā* 1905 geradezu in der Pointe münden lassen, dass »in seiner Zeit nur noch ein Nicht-Inder ein guter Inder sein könne«.[71] Und wenn es um die Begegnung und Versöhnung des ›Westens‹ mit dem ›Osten‹ ging, so war Tagore eben nicht der Repräsentant eines solchen ›Ostens‹, sondern ihm war schon seit seiner ersten Europareise, in England, klar geworden, wie er in *My Boyhood Days* berichtet, dass sich der ›Osten‹ und der ›Westen‹ in Freundschaft »met in my own person. Thus it has been given me to realise in my own life the meaning of my name.«[72] Was sich Tagore erarbeiten konnte, steht bereits unter dem Horizont europäischer Kultur, die ja den Gebildeten der Kolonien längst zugänglich war; was man in Deutschland von ihm erwartet, ist dagegen stets geprägt von dem, was bereits im Bild des Ostens fixiert ist.

Ehe ›West‹ und ›Ost‹ in einem intellektuellen Projekt, wie es nicht nur Tagore vorantreibt, überhaupt voneinander unterschieden werden können, um sich kulturell zu begegnen, haben vielfältige Überlagerungen, Überformungen, Umdeutungen jede ›ursprüngliche‹ Einheit und Reinheit der ›Kultur‹ immer schon obsolet gemacht; nur dank der Bildung von Stereotypen lassen sich jene Gegensätze noch prägen, deren Verhältnis dann verhandelt wird.

Intensiver als jede andere Schicht suchen im deutschsprachigen Kulturraum die Gebildeten schon seit der Jahrhundertwende nach einer Orientierung in einer sich schnell wandelnden, mit den Kategorien der Tradition kaum noch sinnhaft zu deutenden Welt; sie erwarten die Lösung der Daseinsrätsel und vielleicht sogar eine innerweltliche ›Erlösung‹ eben aus der Sphäre der Kultur, ohne sich über deren durchgängig mediale Verfasstheit klar zu sein. Doch gerade sie impliziert das notwendige Defizit dieser Sinnsuche, die sich nach den Regeln des Medienmarktes entwickeln muss, selbst in den Gegenentwürfen. Die sich so ergebende Mischung von ›Erlösung‹ und Reklame wird den Kritikern offenkundig, vermag freilich auch die als authentisch erfahrene Aneignung im Einzelfall nicht zu verhindern. Denn zu Tagore führt für die Deutschen nur der Weg durch ihre Medienwelt. Hier treten seit geraumer Zeit die ›geistigen Führer‹ und ›neuen Propheten‹ zahlreich auf, und hier verspricht der Bote einer ›anderen Welt‹ – wie Tagore – endlich ›andere‹, bessere Lösungen, nachdem die heimischen Angebote sich immer wieder als unzureichend erwiesen. Deshalb wird Tagores Fremdheit gebraucht; für gewöhnlich wollte man ihn in Deutschland nicht als den Repräsentanten einer west-östlichen Synthese sehen, sondern eben als die »ideale Personifikation der

70 Gaeffke, Die neu-indoarischen Literaturen Indiens (wie Anm. 69).

71 Ebd.

72 Rabindranath Tagore: My Boyhood Days. Übersetzt v. Marjorie Sykes. Kalkutta: Visva-Bharati 1945, S. 87.

östlichen Weisheit«[73] – ein Part, den er dann eben nicht zur Zufriedenheit ausfüllte. So wäre er denn eher, denn als ›verkleideter Sachse‹ – wie es Kafka so mokant getan hatte –, als ein ›verkannter Inder‹ zu bezeichnen. Nicht um Tagore ging es letztlich bei jener Tagore-Begeisterung; es ging um eine Konstellation auf dem ›Warenmarkt der Transzendenz‹ – und der Ratlosigkeit in der ›Moderne‹. Kulturkritik, Verlangen nach Sinn und (mediengerechter) Sichtbarkeit, nach Führung, Persönlichkeit, nach einer Religion jenseits des Christentums – dies alles strukturiert jenes Feld des Begehrens, in das man den zunächst unbekannten Tagore schnell einzuordnen weiß. Auch sein Auftreten und seine ›Botschaft‹ werden zum Medienereignis; man organisiert repräsentative Vorlesungen, man trifft ihn im Humboldt-Club bei einer Veranstaltung, der bald eine neue mit einem anderen Prominenten folgt, man wohnt einer Sonderaufführung eines Bühnenwerkes bei, geehrt durch die Anwesenheit der Mitglieder höchster Kreise. So wird der Dichter aus Indien in eine Rolle gedrängt, die nicht zu ihm passt – und die er letztlich nicht versteht.

In seinem Wirkungskreis in Indien agiert Tagore unter völlig anderen Bedingungen – nicht nur gesellschaftlich und politisch, sondern gemessen am Stand der literarischen Mittel selbst. Angemessen konnte das deutsche Publikum daher gar nicht würdigen, was Tagores eigentliche Leistung war – angefangen mit seiner Poesie.

Denn die für die überwältigende Mehrzahl seiner Leser unüberwindliche Sprachbarriere ließ nur das Surrogat von Übersetzungen zu, zunächst aus dem Englischen.[74] Was in Indien als Arbeit an einer gemeinsamen Sprachwelt aufgenommen wird, erscheint in Europa »neu, fremdartig, auf anziehende Weise exotisch«.[75] Übersetzungen, die teilweise von Tagore selbst unternommen wurden, verstärkten nach diesen Prämissen noch einen Ton, den »die Leser als typisch orientalisch bezeichneten«.[76] Tagore selbst war sich dieser Problematik wohl bewusst: »En poésie,« so erklärt er im Gespräch mit Romain Rolland, »un mot déterminé crée une atmosphère subtile à partir de son pouvoir d'évocation littéraire. La valeur singulière de tels mots ne sera jamais intelligible pour des étrangers, – qui ne peuvent

73 So präsentierte sich Tagore in der Öffentlichkeit – laut Sir John Rothenstein (Summer's Lease: Autobiography 1901–1938. London: Hamish Hamilton 1965, S. 113), der zugleich darauf hinweist, dass Tagore im engeren Kreis »vollkommen anders« gewesen sei; nach Kämpchen, Rabindranath Tagore (wie Anm. 1), S. 78. John ist der Sohn William Rothensteins, er traf als Junge Tagore.

74 Noch bis in die jüngste Zeit bedeutet die Übersetzungsproblematik letztlich eine Aporie der Rezeption; Martin Kämpchen hat darauf mehrfach hingewiesen, vgl. bes. ders.: Touched by Tagore. In: India Perspectives 24 (2010), H. 2, S. 70–75.

75 Kämpchen, Rabindranath Tagore (wie Anm. 1), S. 74.

76 Ebd.

apprécier la suprême beauté qu'il y a à les écouter tout simplement, ou même à les comprendre dans leur sens littéral tout simplement.«[77]

Die Texte werden gleichsam nur als Formeln auf neue Zusammenhänge bezogen; letztlich wird Tagores Poesie durch diese Übertragung in einen fremden Kontext zum exotischen ›Fundstück‹,[78] zudem – im Fall Tagores – reduziert auf den Beleg für das Bild des Weisheitslehrers. Mehr lässt sich – in der üblichen ›Begegnung der Kulturen‹ – nicht übertragen.

Dies ist freilich ein wechselseitiges Dilemma. Denn so wie man sich in der deutschen kulturellen Öffentlichkeit damit begnügte, einen ›Tagore für uns‹ zu inszenieren, so hätte Tagore für sich ebensowenig seinen angemessenen Platz in einer Kultur zu bestimmen gewusst, die ihm ziemlich fremd blieb. Denn mit der deutschen Gegenwartskultur war er seinerseits ja kaum vertraut.[79] Sein Deutschland war noch immer das Deutschland Goethes, auch wenn er gelegentlich einräumte: »Ehrlich gesagt, Goethe blieb mir so rätselhaft wie auch andere große Leuchten.«[80] Wenngleich er das Deutsche nicht verlässlich beherrschte, kannte er wohl einiges aus dem Schaffen des großen Weimaraners aus eigener Lektüre;[81] doch zeigt

77 Tagore, Rolland, Lettres et autres écrits (wie Anm. 12), S. 184. Er bietet dann zwei Verse von Keats als Beispiel, die bei einer Übersetzung ins Bengalische »n'auront aucun sens pour le lecteur bengali [...] les phrases n'évoquent rien de vivant pour notre peuple.« Ebd., S. 185. Auch in seiner Dresdner Vorlesung im Humboldt-Club geht Tagore auf diese Probleme ein, vgl. oben S. 55.

78 Gewiss waren etwa seine Theaterstücke »Gesamtkunstwerke aus Text, Musik, Liedern, Schauspiel und Tanz« (Kämpchen, S. 97), aber eben so gewiss weist der Terminus ›Gesamtkunstwerk‹ in jene falsche Richtung, die Kafka dann so spöttisch benennt; andererseits wäre eben ein anderer Terminus im Deutschen nicht zu finden. – Zur jüngeren kulturwissenschaftlichen Reflexion Hans Jörg Sandkühler: Homo mensura. Übersetzung von Welt in Kultur und die Fragwürdigkeit realistischer Ontologie. In: Die Wunde der Geschichte. Aufsätze zu Literatur und Ästhetik. Hg. v. Klaus Garber u. H. Gustav Klaus. Köln u. a.: Böhlau 1999, pp. 199–216; Simone Lässig: Übersetzungen in der Geschichte – Gesichte als Übersetzung? Überlegungen zu einem analytischen Konzept und Forschungsgegenstand für die Geschichtswissenschaft. In: Geschichte und Gesellschaft 38 (2012), H. 2, S. 189–216.

79 Vgl. Thomas Manns irritierten Tagebucheintrag vom 8. 6. 1921: »Ich wurde vorgestellt, sagte: It was so beautiful und schob K. vor ›my wife, who speaks english better than I.‹ Er hat meine Identität wohl nicht aufgefaßt.« Thomas Mann: Tagebücher 1918–1921. Hg. v. Peter de Mendelssohn. Frankfurt a. Main: Fischer 1981, S. 529 f. Vgl. insgesamt Kämpchen, S. 56 ff., der auch diese Stelle bereits mitteilt.

80 Zit. nach S. P. Jain: Rabindranath Tagore und Deutschland. In: Rabindranath Tagore und seine Zeit. Beiträge zum wissenschaftlichen Seminar, veranstaltet am 23. Mai 1986 von der Sektion Asienwissenschaften und dem Indischen Verein in der DDR anläßlich des 125. Geburtstags von Rabindranath Tagore. Hg. v. Rektor der Humboldt-Universität Berlin. Berlin: Humboldt-Universität, S. 31–36, hier S. 31. (Jain zitiert aus Tagores *Glaubensbekenntnis des Künstlers*; in: Veroispovedanie Khudožnika. In: Sobranie socinenij tom 11. Moskau: Izd. ›Chudozestv. Literatura‹ 1965, S. 349).

81 Vgl. Dasgupta, Goethe and Tagore (wie Anm. 1) – Auch sein Gespräch mit Romain Rolland am 24. Juni 1926 beginnt mit einem Blick auf Goethe, freilich nicht im Kontext der deutschen, sondern, wie es der französischen Perspektive entspricht, der europäischen Literatur: »Rolland parla avec enthousiasme de Weimar. Il dit que pour bien saisir l'esprit de Gœthe il fallait aller

sich dann immer wieder, wie sein Blick auf Deutschland vermittelt ist – in seinen jungen Jahren über England, späterhin über Frankreich – und hier durch den Gewährsmann Romain Rolland.[82] Immerhin hatte er, den man späterhin in Deutschland so gern mit dem universalen Goethe vergleichen sollte, in einem frühen Aufsatz sich darüber klar zu werden versucht, was Goethe für ihn bedeuten könne.[83] Den Maßstab bieten allerdings die großen Dichter einer werdenden Nation, Dante und Petrarca. Anders als diese sei Goethe als Dichter nicht in der Lage gewesen, die ideale Welt aus seinem Leben heraus zu entwerfen, sondern er habe nur die tatsächlichen Gegebenheiten, sobald er sich ihnen nicht gewachsen zeigte, sogleich in Literatur verwandelt.[84]

Genau damit ist dann auch jener tiefste Bruch markiert, der Tagore von der deutschen Literatur trennt – und ihn zugleich attraktiv für ein breites Segment des gebildeten Publikums macht. Es ist der Glaube an die Literatur als ›Lebensführungsmacht‹,[85] wie sie Tagore unter den Bedingungen seines Wirkungsfeldes in Indien repräsentiert, während sie sich seit der Goethezeit in der deutschen Tradition in Reflexivität auflöst; wo immer deutschsprachige Literatur von Rang auf das Leben wirken will, nimmt sie diesen Anspruch in ihrer immanenten Selbstreflexion zurück.

à Weimar, qui conserve quelque chose de l'harmonie de l'esprit de Gœthe. Gœthe a aussi vécu ailleurs, mais le sens interne de sa vie ne peut être compris sans unse visite à Weimar.« Tagore, Rolland, Lettres et autres écrits (wie Anm. 12), S. 179.

82 So spricht Rolland gelegentlich – in seinem Brief vom 11. 11. 1926 – Goethes Urteile über Indien gegenüber Tagore an: »Dans ces dernières semaines (le 22 octobre 1926), j'ai acquis une lettre de Gœthe, écrite le 22 octobre 1926 [recte: 1826]— (exactement un siècle avant — où il parlait de L'Inde avec Wilhelm von Humboldt. On y voyait l'attirance et la peur que lui causait le monde de pensée et d'art indiens. Il semblait craindre d'y perdre le strict équilibre qu'il a, toute sa vie, imposé à sa vie tourmentée. (Car le vrai Gœthe est si mal connu! Et sa paix ›olympienne‹ n'est le fruit que de sa volonté toujours en éveil, après un combat d'une vie contre son ›Démon‹.) — Dans cette même lettre, il parlait de son second *Faust*, du magnifique épisode *Helena*, qu'il allait publier. — J'aurais eu plaisir à vous la montrer.« – Über die deutschen Kenntnisse vor allem der buddhistischen Traditionen in Indien hatte sich Tagore auch durch Rolland informieren lassen; vgl. dessen Zusammenstellungen von deutschen Übersetzungen buddhistischer Werke in seinem Schreiben an Tagore vom 25. 4. 1921; Tagore, Rolland, Lettres et autres écrits (wie Anm. 12), S. 179, 77.

83 Der erstmals 1878 in der Zeitschrift *Bhāratī* gedruckte Text wird unten in deutscher Übersetzung von Raul Peter Das mitgeteilt.

84 Tagore folgt hier offenbar einer Goethe-Kritik, die zunächst im Umkreis des ›Jungen Deutschland‹ – namentlich von Heinrich Heine, maßvoller auch von Bettine von Arnim – formuliert wurde; in der englischen Goethe-Rezeption, die sich lange eher auf Goethes Persönlichkeit, denn auf seine Werke ausrichtete, ergänzt sie den früheren Vorwurf der Amoralität; ein Gewährsmann, der trotz seiner Bewunderung für Goethe auch die Argumente dieser Kritiker aufnimmt, wäre etwa Matthew Arnold, vgl. James Simpson: Matthew Arnold and Goethe. London: The Modern Humanities Research Association 1979.

85 Ich übernehme den Terminus von York-Gothart Mix: Literatur als Lebensführungsmacht. Die literaturbegeisterte Frau am Hofe zwischen sozialem Distinktionsbedürfnis und empfindsamem Eskapismus. In: Das achtzehnte Jahrhundert 28 (2004), H. 2, S. 181–189.

Bemerkenswert ist Martin Kämpchens, des verdienstvollen Tagore-Übersetzers, Vergleich von Kafka und Tagore. Kafka, so schreibt Kämpchen, öffne seinen Lesern zwar die Augen für die trügerischen Gemeinplätze der bürgerlichen Kultur, aber: »His stories and novels lack the capacity to console.«[86] Tagore hingegen »goes beyond Kafka«[87]. Kämpchen hebt Tagores Fähigkeit zur unmittelbaren Aussprache hervor, eine Kunst gleichsam jenseits des Kunstvollen – »the direct, unabashed expression of religious sentiments.«[88] Lange erfüllten – so Kämpchen weiter – Tagores Gedichte daher eine wichtige Funktion im damaligen Deutschland, ähnlich wie die Texte von Khalil Gibran: Die Europäer müssten sich schon mehr und mehr den östlichen Religionen zuwenden »to express their simple spiritual emotions.[…] Tagore has been a powerful vehicle of liberating religious sentiments in Germany.«[89] Dies ist eine späte, aber noch immer aktuelle Formulierung der seit der Krise der ›Moderne‹ um 1900 immer wiederkehrenden Enttäuschung einer Leserschaft, die auf ›Führung und Geleit‹ durch die Dichtkunst nicht verzichten wollte, Weltanschauung verlangte, statt bloßer Kunst; es sind eben diese Gebildeten, die sich – zumindest vorübergehend – als dem »Hüter eines uralten Menschheitserbes und Führer in eine neue indogermanische Menschheitszukunft« Tagore zuwandten. Die literarische Entwicklung in Deutschland ist so durch Tagores Werk und Wirken denn auch kaum beeinflusst worden. Doch seine Besuche sind im kulturellen Gedächtnis der Deutschen geblieben, und der Rang des indischen Nobelpreisträgers bleibt unbestritten. So könnten denn auch seine Werke unter neuen Vorzeichen neu gelesen werden – als Führung in eine ›andere Welt‹, nicht den ›Osten des Westens‹, sondern einer traditionsreichen Gesellschaft auf dem Weg aus der kolonialen Ära in ›unsere Moderne‹, die von West wie Ost.

86 Kämpchen, Touched by Tagore (wie Anm. 69), S. 71.
87 Ebd.
88 Ebd., S. 75.
89 Ebd.

RABINDRANATH TAGORE ZU GOETHES LIEBSCHAFTEN

Rahul Peter Das

Nachfolgend wird die deutsche Übersetzung des bengalischen Aufsatzes *Geṭe o tāhār praṇaẏinīgaṇ* von Rabindranath Tagore (anglisierte Form von Rabīndranāth Ṭhākur) mitgeteilt. Der Wortlaut wurde folgender Quelle entnommen: *Rabīndra-racanābalī. Ūnatriṃśa khaṇḍa* (Kalikātā: Biśbabhāratī 1997), S. 161–170. Der Aufsatz erschien zuerst im Monat Kārtik des bengalischen Jahres 1285 (Oktober–November 1878) in der Zeitschrift *Bhāratī*. Zu jener Zeit weilte Tagore im britischen Brighton. Obwohl er sich nach eigenen Aussagen etwas Deutsch angeeignet und durch Goethes *Faust* gekämpft hatte,[1] konnte er ansonsten so gut wie keine Bekanntschaft mit Goethes Werken in der Originalsprache machen, weshalb es nahe liegt zu vermuten, dass die Quellen für den hier übersetzten Aufsatz vornehmlich englische sind. Die episodisch gestalteten Beschreibungen der Liebesverhältnisse Goethes folgen in groben Zügen den entsprechenden Passagen aus Goethes *Dichtung und Wahrheit*, dessen englische Übertragung vermutlich Tagores Hauptquelle war.[2] Dafür spricht auch, dass sich die wörtlichen Zitate in der deutschen Originalfassung nur sinngemäß wiederfinden; mitunter sind durch die Mehrfachübertragungen vom Deutschen über das Englische ins Bengalische semantische Verschiebungen entstanden.

Die Übersetzung versucht, dem Wortlaut und Stil Tagores möglichst getreu zu bleiben. Wo er Goethe wörtlich wiedergibt, wird der bengalische Wortlaut übersetzt ohne den Versuch, ihn dem etwaigen Originalwortlaut Goethes anzupassen. So wird ersichtlich, wie der bengalische Leser durch die Vermittlung Tagores Goethe verstanden haben muss.

Die der Übersetzung beigegebenen numerierten Fußnoten sind Erläuterungen des Übersetzers, während die mit einem Sternchen (*) (im Original mit »1«) gekennzeichnete Fußnote im bengalischen Original steht. In der Übersetzung wurden die im Original gesetzten Zeitformen des Verbs gegebenenfalls dem deutschen Sprachgebrauch entsprechend geändert; auch die Zeichensetzung wurde bei Bedarf angepasst.

1 Siehe S. 489 der erwähnten Quelle.

2 Im Jahr 1848 hatte John Oxenford eine Übersetzung vorgelegt: The Auto-Biography of Goethe. Truth and Poetry: From my own Life. London: Henry G. Bohn 1848.

Rabindranath Tagore: Goethe und seine Geliebten[3]

Es ist vermutlich nicht notwendig, Goethe besonders vorzustellen. Welche neue Vorstellung desjenigen soll ich liefern, der die Verkörperung von Stolz und Schmuck der deutschen Literatur ist, der, indem er das Drama namens »Faust« schrieb, sogar die feinste Ader des menschlichen Herzens zum Erbeben brachte, der im Kreise Europas die Wertschätzung unserer Śakuntalā[4] zuallererst förderte? – Um zu zeigen, wie sehr er aber, obwohl in einmaliger Weise feinsichtig und vielerfahren, im Leben Kummer und Schmerz erlitt, enthülle ich heute vor den Lesern seine Liebesgeschichte:

Von seinem fünfzehnten Lebensjahr an bis zu seinem Tode hat Goethe fortwährend geliebt; dennoch können wir den Namen keiner einzigen seiner Geliebten nennen, die Beatrice oder Laura entspräche. Die Liebe Dantes und Petrarcas ist das Ideal der Liebe, und Goethes Liebe ist irdisch, das heißt, gewöhnlich. Nicht allein, dass Goethes schwache Liebe nicht beständig bleiben kann, sogar Enttäuschung und Missachtung ertragend; es ist die Natur jener Liebe, dass sie nicht mehr fortbestehen kann, sobald ihre Hoffnung erfüllt wird. Wurde Goethes Liebe an einer Pforte enttäuscht, begab sie sich sofort an eine andere Pforte; sie blieb andererseits auch nicht, wenn die Hoffnung erfüllt wurde. Bei Goethe wirkten Hoffnungserfüllung und Enttäuschung in gleicher Weise. Was ist das Mittel für diese Liebe? Endete in Goethes Leben eine individuelle Liebesgeschichte, verfasste er darüber sofort ein Drama; er schrieb nicht Gedichte wie Dante und Petrarca. *Tatsächliche Gegebenheiten* sind das Leben des Dramas; *die ideale Welt* ist das Vergnügungsgelände der Dichtung. Die Dramatiker beobachten das, was geschieht; in den Augen der Dichter ist gerade das erleuchtet, was sein sollte. Goethe konnte seine eigene Liebe in Dramen aufzeichnen; die einfachen Leute erhielten dadurch einen Hinweis auf sein eigenes Herz. Aber die Wellen der Empfindungen, die durch Beatrices Gegengruß in Dantes Herz aufzukommen pflegten, konnte dieser nur in Gedichten ausdrücken; das hätte sich im Munde keines anderen außer Dantes geziemt.

Goethe sagt, im Knabenalter pflegte er die Blütenblätter rupfend zu untersuchen, wie sie angeordnet sind; Vogelfedern auseinanderrupfend pflegte er

3 Das durch »Geliebte« wiedergegebene bengalische *praṇayinī* bezeichnet die durch Liebe (Eros) Charakterisierte, was sowohl aktivische als auch passivische Elemente beinhalten kann, jedoch nicht unbedingt sexuelle Konnotationen haben muss.

4 Dies bezieht sich vermutlich auf Goethes Gedicht »Sakontala« (1792) aus dem Gedichtband *Antiker Form sich nähernd*. Die Genannte ist die Heldin von Kālidāsas *Abhijñānaśākuntala*, kurz auch *Śakuntalā* genannt, dessen Prolog als das »Vorspiel auf dem Theater« von *Faust I* inspirierend gilt.

zu untersuchen, wie sie auf den Flügeln aufgereiht sind. Bettina[5] war eine unter seinen Geliebten. Sie sagt, auch am Herzen der Frau pflegte Goethe ähnlich zu untersuchen. Er stachelte ihre Liebe an, und um die Liebesgeschichte in jeder Hinsicht schön zu machen, empfand er mit Hilfe der Phantasie auch selbst ein wenig Liebe; aber jene Liebe war seinem Willen untergeordnet — sobald die Notwendigkeit vergangen war, musste er keinen allzu großen Schmerz erdulden, um jene Liebe zu vertreiben. Goethe selbst sagt, sollte irgendwann wegen der Liebe eine Verletzung an seinem Herzen entstehen, so sei alles vorbei, sobald er ein Drama über die Sache geschrieben habe.[6] So weit wie man lieben kann, dass es keine Möglichkeit des Missbehagens gibt, so weit pflegte Goethe zu lieben – darüber hinaus nicht mehr.

Schon seit dem Knabenalter hatte Goethe die Neigung, die Sitten und Gebräuche von Leuten aller Klassen eingehend zu studieren. Aus diesem Grunde pflegte er bisweilen den Umgang mit Leuten überaus niedriger Klasse. Im Alter von fünfzehn Jahren war er einmal unter Leuten einer solchen Klasse bei einem Nachtmahl zugegen. Als die Gäste immer wieder Alkohol begehrten, kam anstelle der Magd ein Mädchen. Mit sanftem Lächeln grüßte sie und sagte: »Die Magd ist krank, ist gegangen, um sich hinzulegen. Befehlen Sie mir, was sie benötigen«. Als er diese Frau sah, war Goethes Herz überaus bezaubert; ihm erschien sie als überaus schön – ihre Kleidung, ihr Schmuck, ihre Form, selbst ihr Mützchen gefielen ihm sehr. Goethe verliebte sich hier zum ersten Male. Weil er keinen Vorwand fand, um in ihr Haus zu gehen, pflegte er, in die Kirche zu gehen und während des Gottesdienstes nur sie zu betrachten. Aber dennoch getraute er sich nicht, sie anzusprechen oder sie zu begleiten, nachdem der Gottesdienst beendet war. Und wie andere Liebhaber war er zufrieden, ihren Gruß aus der Ferne zu empfangen – war er nicht zufrieden, so doch glücklich. Der Name dieser Frau ist Gretchen. Auf irgend einem Wege machte er in jenem Haus, in dem er sie zum ersten Male gesehen hatte, erneut eine Zusammenkunft mit ihr aus und traf sie. Einen Liebesbrief dergestalt, als schreibe eine Frau einem Jüngling, las er ihr vor. Als sie ihn gehört hatte, sagte sie: »Er ist in der Tat schön geworden. Aber es wäre wunderbar, wenn ein so schöner Brief tatsächlich geschrieben würde.« Goethe sagte: »Wahrlich, wie glücklich wäre der Jüngling,

5 Bettina von Arnim, geb. Brentano, hatte *Goethe's Briefwechsel mit einem Kinde* (1835), eine halbfiktive Dokumentation zu dem Verehrten veröffentlicht; das Buch wurde von ihr selbst 1837 ins Englische übersetzt: Goethe's Correspondance with a Child. London: Longman 1837.

6 *In der Besprechung von *Manfred* hat Goethe geschrieben, dass Byron sich in Florenz in eine verheiratete Dame verliebte, aber der Ehemann seine eigene Frau umbrachte, als er die Nachricht dieser Liebe erhielt. Aber in jener gleichen Nacht wurde auf dem Bett auch sein Leichnam gesehen; noch in der gleichen Nacht verließ Byron Florenz und zog fort. Die Frau, deren Geist in *Manfred* beschrieben ist, ist die vorhin erwähnte Dame. Zwar hat Goethe geschrieben, aber diese Geschichte hat keinen Wert, ist vollständig erfunden. Goethe hatte in Analogie zu sich selbst angenommen, auch Byron werde gerade aus den Begebenheiten seines eigenen Lebens das erwähnte Drama geschrieben haben.

wenn er diesen Brief bekäme und die Dame, die er mehr als sein Leben liebt, ihn auch so liebte!« Gretchen sagte: »Ja, wie diese Sache auch klingen mag, sie ist nicht ganz unmöglich.« Goethe sagte: »Nun, stell dir vor, wenn einer, der dich kennt, dich vergöttert, liebt, diesen Brief vor dir hinhält – was würdest du tun?« Gretchen lächelte leicht, überlegte ein wenig, nahm den Brief und setzte ihren Namen darunter. Von Freude berauscht wollte Goethe sie umarmen. Sie sagte: »Nein, küsse nicht! Das passiert doch üblicherweise. Willst du lieben, so liebe nur.« Solche Kühnheit des Liebenden kommt uns zwar merkwürdig vor, aber in den Augen der Europäer sind solche Szenen und solche Gespräche in ihren Ohren altherkömmlich. Beim Lesen von Goethes Biographie muss man allerdings etwas in das Innere ihrer landläufigen Sitten und Gepflogenheiten eindringen. Später nahm Goethe jenen Brief und sagte: »Dieser Brief bleibt nun bei mir. Alles Durcheinander ist beendet; du hast mich gerettet.« Gretchen sagte: »Geh du jetzt weg, bevor noch jemand kommt.« Goethe konnte sie auf keinen Fall verlassen und gehen. Sie aber hielt zuneigungsvoll seine beiden Hände und sprach auf eine so liebenswürdige Art, dass in Goethes Augen Tränen erschienen; in seiner Phantasie schien es Goethe, als erschienen auch in ihren Augen Tränen. Schließlich küsste er ihre Hand und ging weg. Einige Wochen lang kam Goethe täglich, um sich mit ihr zu treffen; er pflegte, sie auf verschiedenartige Festessen, zu verschiedenartigen Vergnügungsstätten mitzunehmen. Eines Tages weilte er bis zur Nacht im Hause von Gretchens Familie;[7] plötzlich erinnerte er sich, dass er vergessen hatte, den Schlüssel ihrer[8] Tür mitzubringen. Er sagte, seine Heimkehr sei sinnlos; es sei unmöglich, in das Haus hineinzugehen, ohne viel Lärm zu machen. Sie alle sagten: »Ganz in Ordnung! Kommt, lasst uns heute alle gemeinsam genau hier die Nacht wachend verbringen!« Goethe hatte keinen Einwand dagegen. Wir hegen bisweilen sogar den Verdacht, dass er womöglich absichtlich vergessen hatte, den Schlüssel mitzubringen! Alle schickten sich an, Kaffee trinkend die Nacht über zu wachen. Aber noch innerhalb etwa einer Stunde endete allmählich das Kartenspiel. Das Erzählen versiegte langsam; die Hausherrin fing an, auf der Liege zu schlafen, die Gäste begannen, einzunicken. Goethe und Gretchen saßen an einer Seite des Fensters und unterhielten sich sehr leise; allmählich wurde Gretchen müde – nach und nach legte sie ihr Haupt auf Goethes Schulter, allmählich schlief sie ein. Auch Goethe schlief nach einer Weile ein. Auf diese Weise verging jene Nacht. Aber seinem Vater kam zu Ohren, dass er Umgang mit den Leuten einer derartigen niedrigen Klasse hatte. Er erzürnte sehr und wies an, in jener Sache nachzuforschen. In dieser Herzenspein wurde Goethe sehr krank; sogar eine Gehirnkrankheit war kurz vor dem Ausbruch. Durch die Gedanken über Gretchen und ihre Freunde wurde er sehr besorgt. Er fragte seinen Freund nach Nachricht über Gretchen. Der Freund

7 Wörtlich: »im Hause der Gretchens« (*greśen'der bāṛite*).

8 D. h.: seiner Familie.

wiegte seinen Nacken,[9] lächelte leicht und sagte: »In der Hinsicht brauchst du dir keine großen Gedanken zu machen. Sie ist nicht im geringsten beunruhigt geworden; sie lebt durchaus behaglich. Sie gab ganz frei zu: ›Ja, ich habe ihn zwar viele Male gesehen, und habe, als ich ihn sah, auch Freude empfunden, aber stets habe ich mich ihm gegenüber wie zu einem Knaben verhalten; und seine Liebe zu mir war wie zu einer Schwester.‹« All das, was sie auf diese Weise in der Art einer gestandenen Hausfrau gesagt hatte, fuhr der Freund fort zu erzählen. Aber Goethe hörte die letzen Worte nicht mehr – dass Gretchen ihn für einen kleinen Knaben hielt, allein das setze sich in seinem Geist fest. Diese Sache kam ihm sehr schlimm vor; in seinen Gedanken beschloss er, dass seine gesamte Liebe zu Gretchen geschwunden sei. Seinem Freund sagte er ganz klar: »Ab jetzt ist alles aus und vorbei.« Goethe hielt kein Verhältnis zu Gretchen mehr aufrecht; selbst ihren Namen erwähnte er nicht. Sogar der Blick, mit dem er ihr Antlitz früher zu sehen pflegte, sah dieses jetzt gegensätzlich; endlich konnte er ihre richtige Art erkennen – ihr empfindungsloses, freudloses Antlitz offenbarte sich seinen Augen. Aber der Schmerz einer Verwundung des Herzens ist nichts, das schnell aufhört. Er sagte: »Durch die Freunde, aus deren Verhalten ganz klar erkennbar ist, dass sie deinen Charakter bessern wollen, erwächst kein Nutzen. Allein eine Frau, aus deren Verhalten es unversehens erscheinen mag, dass sie dich zerstört, bessert unbemerkt deinen Charakter.« An einer Stelle seiner Schilderung hat er geschrieben: »Die Mädchen halten sich für weitaus verständiger als die relativ jungen Knaben. Und bei den Armen, die ihnen zuerst ihre Liebe gestehen, pflegen sie im Stile stattlicher Großmütter zu verfahren.« Das ist wahr – und aus vielen Tränen hatte er diese Wahrheit erlangt. Goethes Liebe blieb nicht lange träge und untätig sitzen; ein anderes schönes Mädchen namens Ännchen[10] eroberte sein Herz. In Goethes diesmaliger Liebesgeschichte werden wir eine andere Gestalt der Liebe erblicken können.

Ännchen war jung, schön, heiter und anmutig. Durch die Macht seiner eigenen Betörungskraft hatte Goethe ihre Liebe angezogen – und hatte jene Liebe reichlich gefördert. Aber genauso pflegte Goethe jenes Mädchen überaus ungerecht zu behandeln. Er selbst gab zu: Sobald aus welchem Grunde auch immer er sich schlecht fühlte, pflegte er seinen Ärger an jener Armen auszulassen. Warum? Ja, weil er mit Leib und Seele versuchte, sie zufrieden zu halten. Sie zufrieden zu halten, war sein Gelübde; wegen dieses überaus großen Vergehens äußerte er fortwährend Unzufriedenheit mit ihr! Durch unangebrachte Eifersucht und grundlosen Argwohn machte er sich selbst und sie immerfort unglücklich. All diese Peinigungen der Liebe erduldete Ännchen viele Tage lang, erduldete sie mit lobenswerter Geduld, aber dann duldete sie nicht mehr.

9 Hiermit ist eine in Bengalen typische Geste gemeint, bei der der Kopf kurz zur Seite (meistens nach rechts) geneigt wird. Sie kann verschiedene Bedeutungen haben, wird indes oft als Bejahung verwendet.

10 Gemeint ist Anna Katharina Schönkopf.

Fortwährend drangsaliert, nacheinander ständige kleine Verletzungen erhaltend, riss ihr endlich die Geduld. Durch Ungerechtigkeit und Peinigung wurde ihre Liebe nach und nach zerstört. Andererseits liebte Goethe sie wirklich mit dem Herzen. Als Ännchen sich unwillig abwandte, kam Goethe zur Besinnung. Alle diese Tage lang hatte Ännchen ihn begütigt; jetzt war es an ihm, sie zu begütigen. Er strengte sich nach bestem Vermögen an, ihre Liebe wieder zu erwecken, aber es wurde nichts mehr; Ännchens Gemüt war nicht mehr umzustimmen, ihre Liebe hatte sich vollständig von ihm gelöst. Nach einigen Tagen kehrte er von Ännchens Wohnort Leipzig an seinen Geburtsort Frankfurt zurück. Dann fing er an, mit Ännchen brieflich zu korrespondieren. Er schrieb: »Ich nehme an, es ist nicht nötig, dich zu ersuchen, mich im Gedächtnis zu behalten. Tausende Ereignisse werden dich die Person auf deinem Erinnerungspfad erkennen lassen, die fast zweieinhalb Jahre lang in deiner Familie aufgenommen weilte, die Person, die – es ist wahr – oft der Grund für deine Unzufriedenheit wurde, aber dir dennoch fast immer ergeben war. Zumindest wirst du ihr Fehlen empfinden; tust du es nicht, so tue ich es oft.« Einige Tage lang hatte Goethe mit ihr brieflich korrespondiert, konnte aber ihr Gemüt nicht mehr beunruhigen. Schließlich, als er die Nachricht ihrer Hochzeit vernahm, sagte er:

»Ich möchte deine Schreiben nicht mehr sehen, deine Stimme nicht mehr hören; mir genügt ganz der Traum, in dem ich versunken bin. Du wirst nur noch einen einzigen Brief von mir erhalten. Dieses Versprechen werde ich bestimmt einhalten und auf diese Weise nur einen Teil meiner Schuld begleichen; den Rest verzeih mir.« Er schrieb einen weiteren Brief; darin sagte er: »Zu meinen eigenen Angelegenheiten gibt es nichts Besonderes zu sagen; ich verbringe tätig in Ruhe und Frieden die Zeit bei robustem, gesundem Körper. Der Hauptgrund dafür ist: Jetzt hat mich keine Frau mehr eingefangen.« Auf diese Weise nahm Goethe, um seine Herzenspein zu stillen, an Ännchens Pforte enttäuscht Zuflucht zu der Pforte der Phantasie – er schrieb ein Drama. Der Name des Dramas ist *Die Laune des Liebenden*.[11] Die Freundin seiner Geliebten sagte zu Eridon (dem Protagonisten des Werkes): »Amine [Protagonistin] liebt dich so sehr, wie keine Frau geliebt hat.« Der Protagonistin sagte ihre Freundin: »Solange es für sein Unwohlsein keinen wahren Grund geben wird, so lange wird er sich irgend einen Grund einbilden. Er weiß, dass du nichts außer ihm mehr liebst; eben weil du ihm keinen Verdachtsgrund gibst, verdächtigt er dich. Zeig ihm einmal, dass es auch ohne ihn geht! Dann wird er mehr als durch einen jetzigen Kuss durch einen zukünftigen Blick befriedigt sein.« Hier fällt der Vorhang auf Goethes zweites Liebesspiel.

11 *premik*. Originaltitel des Dramas: *Die Laune des Verliebten*; Vers 167 lautet in Goethes Text: »Mehr als ein weiblich Herz je liebte, liebt sie Dich.« Das folgende Zitat entfernt sich stark von Vers 527–529 des deutschen Originals: »Verzeih uns diesen Kuß. / Und kehrt die Eifersucht in seinen Busen wieder, / So sprich von diesem Kuß, dies Mittel schlag ihn nieder.«

Einst war Goethe damit befasst, Goldsmiths *Vicar*[12] zu lesen. Zu jener Zeit hörte er, nahe Straßburg wohne eine Pfarrersfamilie exakt wie die Primrose-Familie. Von Neugierde besessen, traf er sie und knüpfte Kontakt. Er sah, daß Sophia viele Ähnlichkeiten mit der jüngsten Tochter des Pfarrers Friederike[13] hatte. In jener Familie weilte Goethe zwei Tage lang – und fing an, dort seine unvergleichliche Betörungskraft zu verwenden. Beim Weggang hinterließ er einen Seufzer für Friederike – wahrscheinlich seufzte auch Friederike nach ihm. Nach einigen Tagen fand er sich plötzlich eines abends wieder dort bei ihnen ein. Die zwei Schwestern Olivia[14] und Friederike saßen bei der Tür. Herzlich wurde er dort eingeladen. Sowie er ins Licht trat, sah Olivia ihn und lachte auf; sie konnte, als sie Goethes merkwürdige Kleidung sah, das Lachen nicht unterdrücken. Friederike sagte: »Wieso das? Ich habe doch nichts zum Lachen sehen können!« Aber warum sollte Friederike sehen können?

Lasst mich vor dem Beenden dieser Geschichte eine andere, darin einbezogene Erzählung loswerden! Goethe lernte vordem bei einem französischen Lehrer Tanzen. Sein Lehrer hatte zwei Töchter, beide jung und schön; unter diesen war die jüngere in einen anderen verliebt. Die ältere Lucinda verliebte sich in ihn, aber er verliebte sich in die jüngere Emilia. Einst lag Lucinda im Krankenbett; Emilia und Goethe saßen neben ihrem Zimmer. Emilia unterhielt sich über Goethes fruchtlose Liebe. Nach einer Weile sagte Emilia zu Goethe: »Zwischen dir und mir geht es also bis hierhin.« Goethe bis zur Tür begleitend, sagte Emilia: »Dies ist unser letztes Treffen. Was ich dir nie gab und auch nie gegeben hätte, gebe ich dir heute.« So sprechend umfasste sie Goethes Hals und küsste ihn. Der berauschte Goethe umarmte sie – da kam Lucinda von ihrem Krankenbett mit unordentlicher Kleidung angerannt und sagte zu Emilia: »Nur du allein wirst dich nicht von ihm verabschieden können!« Emilia ließ Goethe los; Lucinda umarmte seine Brust – und bedeckte mit ihren goldenen Strähnen sein Gesicht. Lange verweilte Lucinda schweigend in dieser Lage; Goethe war ja einigermaßen benommen geworden. Nach einer Weile ließ Lucinda Goethe los und blickte mit verstörten Augen starr auf sein Gesicht. Wiederum nach einer Weile rannte sie hin und überflutete ihn gleichsam mit Küssen. Am Ende sagte sie: »Hör jetzt meinen Fluch! Welche nach mir als erste jene deine Unterlippe küssen wird, möge die ewig immerfort Kummer haben! Wenn du den Mut aufbringst, dann küsse nochmals; doch ich weiß genau, dass Gott mein Gebet erhört hat. Jetzt verabschiede dich; verabschiede dich, so schnell du kannst!« Goethe verlor nicht die geringste Zeit, um sich zu verabschieden.

Lasst uns jetzt wieder zu Friederike zurückkehren! Bei der vorhin erwähnten zweiten Zusammenkunft wandelte Goethe zusammen mit Friederike auf

12 Gemeint ist Oliver Goldsmiths *The Vicar of Wakefield*.

13 Friederike Elisabetha Brion.

14 So nannte Goethe Marie Salomea Brion nach der Olivia in Goldsmiths Roman.

den Dorfstraßen; die Tage vergingen sehr schnell und sehr glücklich – aber bis dahin hatte Goethe aus Furcht vor jenem Fluche Friederike nicht geküsst. Hier erinnere ich die Leser wieder daran, dass es beim Lesen der Biographie von Fremdländern notwendig ist, sich einigermaßen an deren eigenen Bräuche und Konventionen anzupassen. Ihr Handeln mit ihren eigenen Sitten und Gepflogenheiten zu vergleichen und zu werten, ist Pflicht. Es gibt eine Art Kartenspiel: Wenn man verliert, muss man einen Kuss als Strafe zahlen. Goethe pflegte, anstatt eines Kusses ein Gedicht zu schenken; aber es ist überflüssig zu sagen, dass die Dame, der von ihm ein Kuss geschuldet blieb, im Innersten verletzt wurde. Aber Goethe konnte nicht allzu lange so behutsam agieren. Bei einem Tanzfest tanzte Goethe mit Friederike – Friederike hatte großen Gefallen an Goethes Tanz gefunden. Als der Tanz beendet war, zogen sich beide händehaltend zurück und sagten sich umarmend, dass beide einander mit ganzer Seele liebten. Täglich wuchs ihrer beider Liebe; schließlich küsste Friederike sogar vor den Verwandten Goethe, als er sich verabschiedete. Goethe hatte beständig Friederikes Liebe[15] gehegt; nichts war gesagt oder geäußert worden, jedoch war es irgendwie festgelegt worden, als werde er heiraten. Aber Goethe wusste, dass es keine Möglichkeit seines Heiratens gab. Als der Abschied bevorstand, erinnerte er sich an jene Sache. Als er dann Friederike sah, pflegte sein Gemüt irgendwie krank zu werden; nur wenn er fern von Friederike bleiben konnte, beruhigte er sich etwas. Beim Abschied bestieg Goethe sein Pferd und streckte die Hand aus; Friederike ergriff seine Hand und fing an zu weinen.

Es ist unnötig hervorzuheben, dass es Unrecht war, die Liebe des Mädchens zu fördern, obwohl im Innern wissend, dass er nicht heiraten werde. Aber ihn auch nur im geringsten tadeln oder ihn anklagen – das tat Friederike nicht. Ich kann nicht sagen, ob so, wie aus Goethes Herzen die Liebe allmählich gewichen war, es so auch bei Friederike geschehen war. Wie dem auch sei; sie starb in noch unverheiratetem Zustand. Goethe sagt über Friederike:

»Gretchen war von mir entfernt worden, Ännchen hatte mich verlassen, aber hier wurde ich zum ersten Male selbst schuldig. Ich hatte an dem tiefsten Ort eines sehr schönen Herzens eine Verletzung zugefügt. In düsterer Reue hatte ich beim Abschluss jener sehr Behaglichkeit bereitenden Liebe einige Zeit lang Schmerz empfunden; diese war sogar unerträglich geworden. Aber der Mensch muss doch am Leben bleiben; folglich musste ich meinen Sinn auf eine andere Person richten.«[16]

15 Diese Stelle ist nicht eindeutig, da statt »Friederikes Liebe« auch übersetzt werden kann: »die Liebe zu Friederike« (*phreḍ·rikār prem*).

16 In Goethes *Dichtung und Wahrheit* heißt es wörtlich: »Gretchen hatte man mir genommen, Annette mich verlassen, hier war ich zum ersten Mal schuldig; ich hatte das schönste Herz in seinen Tiefen verwundet, und so war die Epoche einer düsteren Reue, bei dem Mangel einer gewohnten erquicklichen Liebe, höchst peinlich, ja unerträglich. Aber der Mensch will leben; daher nahm ich aufrichtigen Teil an andern […]«. Johann Wolfgang Goethe: Aus meinem Leben. Dichtung und Wahrheit. Frankfurt a. Main: Deutscher Klassiker Verlag 2007, S. 566f.

Nun richtete Goethe seinen Sinn auf eine Frau namens Charlotte.[17] Die Heirat Charlottes mit einem Jüngling namens Kestner war beschlossen worden. Beide waren einander in Liebe zugetan. In Kestners Liebe war Eifersucht oder Argwohn nicht in geringstem Maße vorhanden; er machte Charlotte mit jedem bekannt, den er für gut befand. So vollzog sich Goethes erste Bekanntschaft mit Charlotte. Goethes Zuneigungsverhältnis zu dem Liebespaar reifte allmählich zusehends. Ohne Charlotte konnte er nicht mehr bleiben. Auf dem fruchtbaren Gebiet von Wetzlar wandelten sie gemeinsam umher. Wenn er von der Arbeit freigestellt wurde, schloss sich ihnen auch Kestner an. Auf diese Weise wurden sie allmählich miteinander so verbunden, dass der eine es gleichsam nicht aushielt, wenn der andere nicht dabei war. Unbemerkt war in Goethe mehr Liebe entstanden, als angemessen. Aber Charlottes Sinn eilte nicht von Kestner weg zu Goethe hin. Allmählich nahte die Zeit ihrer Hochzeit. Goethe sah, dass auch in seinem Herzen sich die Liebe Tag für Tag verfestigte; Goethe sah, dass es guter Rat sei, bereits ab diesem Zeitpunkt in die Ferne zu flüchten. Er begab sich in die Ferne und schrieb zu diesem Thema seine berühmte Erzählung *Die Leiden des jungen Werthers*. Sowohl das Schreiben endete, als auch seine Liebe. Nun fand er die Kraft, einen neuen Pfad zu beschreiten.

Er hat wenig Zeit verloren, den neuen Weg zu beschreiten. In ihm erwachte die Liebe zu einem sechzehnjährigen Mädchen (in unserem Lande junge Frau) namens Lili.[18] Jenes Mädchen hatte viele Verehrer oder Heiratswillige. Lili gab sich große Mühe, sie alle ausnahmslos in Liebe zu ihr zu binden, aber durch das Schicksal verstrickte sie sich selbst in der Liebe zu Goethe – das gestand sie Goethe selbst. Es ist unnötig hervorzuheben, dass ihre[19] Liebe zusehends wuchs. Schließlich wurde ihr Zustand so, dass auch nur an die ferne Trennung zu denken ihnen Schmerz bereitete; beide fassten so viel Vertrauen zueinander, dass sie schließlich über eine Heirat nachzudenken begannen. Aber die Aufsichtspersonen beider waren abgeneigt. Schließlich wurde eine Frau Vermittlerin und bewirkte die Zustimmung beider Seiten. So lange, wie die Aufsichtspersonen nicht eingewilligt hatten, hatte Goethe sehr großen Schmerz empfunden. Aber als sie eingewilligt hatten, erfuhr sein Geist eine neue Art von Wandlung. Dann schwand alle Neuheit. Warum sollte er weiterhin eine Anziehung zu Lili verspüren, als er sie mit der Hand ergreifbar wähnte? Ohne sich von Lili zu verabschieden, verließ er leise Frankfurt und begab sich fort. Er sagte, er gehe ins Ausland, gerade um zu prüfen, ob er Lili vergessen könne oder nicht, und wieviel Liebe er tatsächlich für Lili hege. Aber immer wenn die Sache dieser Prüfung ihm in den Sinn kam, dann wurde offenbar, dass er in Wirklichkeit keine Liebe hatte. Wenn seine Liebe eine solche Tiefe gehabt

17 Charlotte Sophie Henriette Buff.

18 Gemeint ist Anna Elisabeth Schönemann.

19 Plural.

hätte, wäre ihm dann die Sache der Prüfung überhaupt in den Sinn gekommen? Nachdem er einige Tage im Ausland verweilt hatte, kehrte er nach Frankfurt zurück. Zwischenzeitlich taten Lilis Verwandte ihr Äußerstes, um Lilis Liebe zu zerstören, aber Lili sagte, sie könne für Goethe alles aufgeben – sie könne sogar, wenn Goethe einwillige, mit ihm nach Amerika ziehen. Welche Katastrophe! Goethe solle sein Haus und seine Wohnung verlassen und zu einem Amerika irgendwo jenseits der sieben Meere – dorthin ziehen. Kann das überhaupt gehen? Lili konnte für Goethe alles tun, aber Goethe war nicht bereit, für sie irgendwie groß Verzicht zu üben. Und geschweige denn Verzicht üben – es war fraglich, ob er Lili heiraten würde, auch wenn er keinen Verzicht üben müsste. Wieder suchte Goethe nach Möglichkeiten, leise zu fliehen. Einmal kam er vor dem Fenster von Lilis Zimmer zum Stehen; er sah, dass dort, wo früher das Licht gebrannt hatte, es noch dort brannte. Lili spielte das Klavier und sang ein von ihm selbst komponiertes Lied; dessen erste Zeile war:

»Ach! Wie stark hat es[20] mich angezogen!«

Dieses Lied hatte er selbst Lili vor einiger Zeit geschenkt. Wie dem auch sei; Goethe zerriss ja alle Anziehung zu Lili.

Wieviel soll ich noch von der Liebe der Person berichten, die bis zur Todeszeit eine nach der anderen kontinuierlich geliebt hat, und Liebe erhalten hat? Zur Zeit seines Alters von sechsundsiebzig Jahren verliebte sich Madame Szymanowska[21] in ihn.

Durch alle diese Liebesgeschichten Goethes werden die Leser nicht nur des großen Dichters Goethes Herz kennen lernen, sie werden auch die vielfältige Gestalt der Liebe erblicken können.

20 Oder »er«. In der Gestaltung dieser Episode in *Dichtung und Wahrheit* heißt es: »Ach wie ziehst du mich unwiderstehlich!« Goethe, Dichtung und Warheit (wie Anm. 16), S. 846. Goethe erinnerte sich hier vermutlich an sein 1775 entstandenes Gedicht *An Belinden,* in dem es heißt: »Warum ziehst du mich unwiederstehlich / Ach, in jene Pracht?«

21 Maria Szymanowska, geboren als Marianna Agata Wołowska.

KUNSTDRUCKE AUS SACHSEN UND LITHOGRAFIEN AUS INDIEN

Maria Schetelich

Es begann kurz vor der Jahrtausendwende mit einem kleinen Koffer im Abstellraum der Bibliothek des Instituts für Indologie und Zentralasienwissenschaft der Universität Leipzig. Die damals 96-jährige Margarethe Hertel, Tochter von Johannes Hertel (1872–1955), Ordinarius für Indologie an der Leipziger Universität zwischen 1919 und 1937, hatte ihn als letzten Teil des Nachlasses ihres Vaters dem 1993 wiedergegründeten Institut übergeben. Neben Briefen, Aufzeichnungen und einigen Sonderdrucken enthielt der Koffer 49 Chromolithografien unterschiedlichen Formats mit Darstellungen von indischen Gottheiten, Szenen aus dem Epos Mahābhārata und der indischen Mythologie. Außerdem waren einige wenige postkartengroße Darstellungen von Höllenstrafen eher traditionell indischer Art und einige unsignierte Drucke mit historischen Szenen dabei. Den Drucken beigegeben war eine Firmenkarte der Kunstanstalten May Aktiengesellschaft Dresden mit der Adresse Glashütter Straße 98. Auch zwei »Fabrikmarken« (Firmenlogos) waren abgebildet. Wann und wozu Johannes Hertel die Drucke erworben hatte, ließ sich nicht feststellen. Es handelte sich nicht um billige Exemplare der sog. ›calendar art‹, wie man sie heute überall in Indien kaufen kann, sondern um Kunstdrucke von guter Qualität, größtenteils Reproduktionen von Gemälden indischer Maler in dem naturalistisch-illusionistischen, romantisierenden Stil, der in der Malerei der letzten Jahrzehnte des 19. Jahrhunderts besonders bei dem wohlhabenden indischen Bürgertum der großen Städte und den Maharajas der Fürstenstaaten Mode geworden war, das den britischen Lebensstil und Zeitgeschmack kopierte. Hertels kurze Bildbeschreibungen, die sich bei den Drucken fanden, lassen vermuten, dass er sie eventuell für Unterrichtszwecke verwenden wollte oder vielleicht auch für die Illustration seiner zahlreichen Übersetzungen altindischer Literatur, die in den zwanziger Jahren bei Leipziger Verlagen erschienen.

Als eine Gruppe von Studenten mit mir die Katalogisierung der »Sammlung Hertel« begann, erwies sich die beigegebene Firmenkarte als Schlüssel zu einem bisher unbekannten, bzw. durch die Wirren der Kriegs- und Nachkriegsjahre in Vergessenheit geratenen Stück

Geschichte der sächsisch-indischen Handelsbeziehungen auf dem Gebiet der Kunstdruck-Produktion. Die Kunstanstalten May AG existierte zwar in Dresden nicht mehr, denn nach der Enteignung 1948 hatte sie ihren Sitz nach Aschaffenburg verlegt. Jedoch ist ein großer Teil der Firmen-Unterlagen aus der Vorkriegszeit heute noch im Sächsischen Staatsarchiv Dresden vorhanden. Dort suchte und fand ein Mitglied der Leipziger Studentengruppe, Therese Pechstein, in den Firmenbüchern auch Angaben zu den Indien-Beziehungen. Nachfragen in der Aschaffenburger Firma sowie bei der Kunsthistorikerin und Kennerin der Geschichte der Kunstanstalten May AG, Christa Pieske, erwiesen, dass wir hier tatsächlich ein vergessenes Kapitel der Firmengeschichte zutage gefördert hatten – vergessen sowohl in der Wandbild-Forschung, als auch in der Chronik der heute noch in Aschaffenburg existierenden Firma.

Die Kunstanstalten May und die indischen lithografischen Firmen

Die Kunstanstalten May AG – seit den 1920er Jahren Deutschlands größter und bekanntester Hersteller von Kunstdrucken – waren ein typisches Produkt der Gründerzeit. Sie gingen aus der 1878 von Carl Spick in Dresden gegründeten Lithografie- und Steindruckerei Crack & Co hervor, die Bilder als Wandschmuck herstellte. Ihre Blütezeit begann jedoch erst ab 1888, als F. A. May jun. in die Firma eintrat, sie auf den damaligen technischen Höchststand brachte und Auslandsbeziehungen knüpfte.1888 erlebte sie durch drei Kaiserwechsel und die damit verbundene Nachfrage nach ›Kaiser-Bildern‹ auch ihren ersten Aufschwung und konnte 1897 in das neue Fabrikgebäude Glashütter Straße 98 umziehen. Der Ankauf einer Flachdruckpresse im Format 110 x 140 cm im Sommer 1900 sicherte den technisch neuesten Stand. Nach Ankauf der Dresdner Konkurrenzfirma »Kunstdruck und Verlagsanstalt AG, vorm. Müller & Lohse« 1911 wurde die Firma zur Aktiengesellschaft Kunstanstalten May AG (KAMAG). 1914 erweiterte sie sich noch einmal durch den Erwerb der schon 1845 gegründeten Firma E. G. May&Söhne (Frankfurt a. Main), die über einen großen und modernen Maschinenpark und gute Auslandsbeziehungen verfügte. Bereits 1860 hatte diese sich auf 200 Mitarbeiter vergrößert, hatte die technische Ausstattung auf 35 lithografische Handpressen und 4 Prägemaschinen erweitert und sich ab 1877 stärker auf den Export in die europäischen Länder (Skandinavien, Russland, die Balkan-Staaten), Kleinasien, Syrien, Palästina, Afrika und Übersee orientiert. Durch Zollauflagen erlitt das Auslandsgeschäft jedoch einen großen Rückschlag, sodass die May AG Dresden die Frankfurter Firma aufkaufen und nach Dresden verlagern konnte.

Mit Ausbruch des Krieges 1914 wurde der Betrieb in Dresden stillgelegt, doch schon im September desselben Jahres wieder aufgenommen, da der Tod des Papstes ein gutes Geschäft versprach. Bereits seit Beginn ihres Bestehens hatte protestantische und vor allem katholische Druckkunst zu ihrer Produktpalette gehört und war auch weiterhin in den sechs Abteilungen der Firma prominent vertreten.[1] Adolf May war bestrebt, sein Unternehmen stets auf dem technisch neuesten Stand zu halten. 1925 kaufte er die erste Rotations-Offset-Maschine, die einen größeren Produktaustoß ermöglichte. In diese Zeit fallen die intensiveren Geschäftsbeziehungen mit Indien, aus denen auch Drucke aus der Sammlung Hertel stammen. Sie erscheinen in der Firmenkartei allerdings nur als Sonderaufträge mit relativ geringer Auflagenhöhe (zwischen 1250 und 20 000 Stück). Soweit bisher feststellbar war, brachen sie Anfang der dreißiger Jahre völlig ab.

Ab 1926 konnten die Kunstanstalten May weiter expandieren. Sie beteiligten sich an der Lichtdruckanstalt Dresden und übernahmen 1937 die Bilderbuchfabrik Gustav Löwensohn in Fürth. Als im Zweiten Weltkrieg bei der Bombardierung Dresdens das Firmengebäude in der Glashütter Straße fast völlig zerstört und die Firma 1948 auch noch enteignet wurde, verlegte sie ihren Sitz nach Fürth. Aus den enteigneten Kunstanstalten May AG Dresden ging 1948 der Kunstverlag Maecenas hervor, aus dem 1951 als rechtliche Neugründung der VEB Verlag der Kunst entstand.

In Indien waren lithografische Werkstätten seit der Mitte des 19. Jahrhunderts entstanden, vor allem in den drei Hauptstädten der Presidencies, Kalkutta, Bombay und Madras, aber auch in Lakhnau, dem damaligen geistigen Zentrum des islamischen Indien, wo vor allem Bücher in persisch-arabischer Schrift für die reiche Oberschicht gedruckt und mit Lithografien ausgestattet wurden. In Kalkutta, wo die französischen Künstler Belnos und de Savignac in eigener Werkstatt bereits 1822 Kunstdrucke von höchster Qualität produziert hatten, nahm 1829 die erste bengalische lithografische Anstalt ihre Arbeit auf. Als 1854 die School of Industrial Arts als erste und noch private Kunstgewerbeschule Kalkuttas gegründet wurde,[2] vermittelte sie ihren Studenten auch technische Kenntnisse in der

1 Jede der 6 Verlagsabteilungen hatte einen Katalog. Man produzierte Kunstblätter und Heliogravüren, religiöse und weltliche Darstellungen, Öldruckbilder, Aquarellbilder, Photolithografien, Kupferstich-Imitationen, religiöse Galeriepostkarten in feinster Chromolithografie und mit Goldschnitt, Schlachtenbilder, militärische Bilder und Porträts.

2 Ab 1864 als Government School of Arts & Crafts weitergeführt, später als Government College of Art, wurde sie zwischen 1905 und 1915 unter dem Direktorat von Abanindranath Tagore mit der Bengalischen Schule der Malerei zum Wegbereiter der modernen indischen Kunst.

Lithografie, Oleografie und Chromolithografie, und dies setzte sich in ihrer Nachfolge-Institution, der Government School of Arts & Crafts fort. 1878 gründete Annada Prasad Bagchi zusammen mit vier Studenten der Government School of Arts auf dem familieneigenen Grund der Tagores von Paturiaghat das ›Calcutta Art Studio‹, 166 Bow Bazaar, heute die älteste noch existierende lithografische Anstalt in Indien. Das Calcutta Art Studio spezialisierte sich auf die Popularisierung von ›Hindu Mytho Pictures‹ der einheimischen Maler des europäisierenden neoromantischen Stils und vertrieb sie sowohl im Original, als auch ähnlich wie die Kunstanstalten May AG als Wandschmuck-Reproduktionen (Oleografien und Chromolithografien). Der Musikwissenschaftler Sourindro Mohun Tagore (1840–1914) hatte die Gründung des Studios unterstützt, da er dort Illustrationen zu seinen Werken herstellen lassen wollte.

Das Calcutta Art Studio muss schon sehr früh Beziehungen nach Deutschland gehabt haben, denn die Kunstdrucke wurden zwar in Kalkutta hergestellt, aber die Farben bezog man aus Deutschland und gedruckt wurde auf einer lithografischen Flachdruckpresse der Firma May und Söhne. Das Firmenschild befindet sich bis heute in den historischen Unterlagen im alten Backsteinbau in Bow Bazar.[3]

Seit Beginn der 1890er Jahre blühte dann dank der großen Nachfrage nach ›Mytho Pictures‹ in ganz Indien die Farbendruck-Produktion und es entstanden in rascher Folge lithografische Anstalten, die z. T. bis heute existieren: 1894 z. B. die Ravi Varma Press mit ihren Ablegern, 1900 die Firma Hemchander Bhargava Delhi, die Khalsa Chittor Works in Rawalpindi und viele andere. Sie arbeiteten u. a. mit Maschinen der Heidelberger Druckmaschinen AG und hatten, wie die Ravi Varma Press, auch deutsche Mitarbeiter.

Farbendrucke als historisches Quellenmaterial

Als die Leipziger Indologie-Studenten begannen, sich mit den Farbendrucken der Hertel-Sammlung intensiver zu beschäftigen, war es kaum zweieinhalb Jahrzehnte her, dass Kunsthistoriker und Kulturwissenschaftler anfingen, indische Farbendrucke, Kalenderbilder, Poster, Fotografien usw. als historische Quellen ernst zu nehmen und sie als aussagekräftiges Material in die Forschungsrichtung »Visuelle Kultur im Zeitalter der Mediengesellschaft« einzubringen, die gerade dabei war, sich international

3 Davon konnte sich Dr. Lydia Icke-Schwalbe bei einem Besuch in Kalkutta 1987 persönlich überzeugen.

zu etablieren. Farbendrucke allgemein und insbesondere die sehr bunten indischen galten noch wenige Jahrzehnte zuvor als kitschige Trivialkunst.

Anfang der 1990er Jahre waren erstmals zwei Ausstellungen sichtbarer Ausdruck dafür, dass die indischen chromolithografischen »Bilder für jedermann«[4] sich endgültig einen Status als eigenständiger kulturell und künstlerisch vielschichtiger Forschungsgegenstand erobert hatten. 1990/91 bezog die Ausstellung der India Office Library »The Raj: India and British 1602–1947« in der National Portrait Gallery London auch Chromolithografien in ihr Konzept ein und 1993 widmete das National Museum New Delhi dem Maler Ravi Varma eine Retrospektive seiner Werke. Diese Ausstellung war gleichsam das Signal zur Wiederentdeckung der vormodernen indischen Maler des ausgehenden 19. Jahrhunderts, denn hier wurde Ravi Varma aufgewertet und als Schöpfer einer nationalen, volkstümlichen Bildsprache für das moderne Indien gefeiert, die bis heute die Bilderwelt der religiösen Populärkunst aller indischen Religionen prägt und auch der Ästhetik der Bollywood-Filme zugrunde liegt. Die deutliche Tendenz dieser Ausstellung, den künstlerischen Wert der Malerei Ravi Varmas zu überhöhen, rief damals, im Zusammenhang mit der Zerstörung der Babri-Masjid und dem Gerichtsurteil zum Ayodhya-Konflikt vom 6. Dezember 1993, kritische Auseinandersetzungen mit der ideologischen und künstlerischen Dimension seines Werkes und dem seiner Zeitgenossen hervor, die bis heute nicht abreißen. Diesen Diskussionen ist es wesentlich zu verdanken, dass die frühe Geschichte des Farbendrucks in Indien aus der kunsthistorischen Abstellkammer geholt worden ist. Ravi Varma war, auch wenn sein Autodidaktentum immer wieder besonders hervorgehoben wurde, offensichtlich ein typisches Produkt seiner Zeit und sein Ruhm speiste sich wesentlich aus der Imitation bzw. Adaption der westlichen Malerei durch die im ›europäischen Stil‹ arbeitenden indischen Maler des späten 19. und frühen 20. Jahrhunderts, an der eine ganze Generation indischer Maler beteiligt war. Die Herausbildung der ›Bollywood-Ästhetik‹ ist als ein allgemeiner Trend der Entwicklung in der indischen Kunst jener Zeit zu begreifen. Dass sie diese Breitenwirkung erreichen konnte, lag an der Verbindung der Malerei mit der Vervielfältigungstechnik für Bilder, die gerade in jener Zeit Alois Senefelders geniale Erfindung des Steindrucks technisch soweit perfektionierte, dass sie die Massenproduktion von Farblithografien ermöglichte. Die einheimischen Künstler, die an den Government Art Schools in Kalkutta, Bombay und Madras studierten, konnten hier nicht

4 Christa Pieske: Bilder für jedermann. Wandbilddrucke 1840–1940. Mit einem Beitrag von Konrad Vanja. Katalog zur gleichnamigen Ausstellung in Berlin (1988/1989), Cloppenburg, Hamburg und München (1990), Dortmund 1991. Berlin: Keyser 1988.

nur Fertigkeiten in den Maltechniken und Kenntnisse der stilistischen und ästhetischen Normen der europäischen Kunst erwerben, sondern auch lernen, sich der technischen Möglichkeiten der Farblithografie zu bedienen. Das schaffte den Anreiz, durch mechanische Vervielfältigung ihrer Werke diesen größere Bekanntheit und Verbreitung zu verschaffen.

In der zweiten Hälfte des 20. Jahrhunderts war allerdings über die meisten Vertreter dieser Maler-Generation nur sehr wenig bekannt, denn der nachfolgenden Generation, der sog. Bengalischen Schule (1891–1920) hatten sie als allzu verstaubt, allzu wenig ›nationaltypisch‹ gegolten, zu sehr als Kopisten des viktorianischen Geschmacks. Sie gerieten über die Begeisterung der neuen indischen Malerei von Abanindranath Tagore (1871–1961) und anderer, die sich dem Anliegen der nationalen Befreiungsbewegung verschrieben hatten, eine moderne, aber eigenständige indische Kunst zu schaffen, in Vergessenheit. In der nationalen indischen Kunstgeschichte schwieg man sie lange Zeit tot oder erwähnte sie nur ganz am Rande. Da ihre Werke (wenn auch oft genug anonym) jedoch als Reproduktionen in Kunstdrucken weiterlebten und als solche die Bildsprache der Alltagskultur prägten, begannen die Adepten des neuen Forschungsfeldes ›Visuelle Kultur‹ seit Mitte der 1990er Jahre verstärkt mit Bestandsaufnahme, Sichtung und Interpretation der frühen Chromolithografien Indiens. Indiz dafür war die wachsende Zahl von Publikationen von Kultur- und Kunsthistorikern wie Partha Mitter, Christopher Pinney, Tapati Guha Thakurta, Erwin Neumayer und anderen.

Die große dreiteilige Ausstellung im Haus der Kulturen der Welt vom 19. September bis zum 16. November 2003, Teil des offiziellen Beitrags der Republik Indien zum Programm der Asia-Pazifik-Wochen 2003, betonte den historischen Platz der Chromolithografien im Gesamtkontext der visuellen Kultur des heutigen Indiens nachdrücklich und behandelte sie als eine Facette in der reichen und bunten Kultur des Vielvölkerstaates. Explizit wurden in der Abteilung »Indian Popular Culture: The Conquest of the World as Picture« die Erzeugnisse und Werke der Alltagskunst gewürdigt, denn, wie der Kurator der Ausstellung, Jyotindra Jain, schrieb:[5]

> Diese Bilder definieren indische Identitäten im Hinblick auf Geschlecht, Sexualität, ethnische Zugehörigkeit, Religion und Macht. […] Die visuelle Kultur formt persönliche wie gesellschaftliche Werthaltungen und prägt damit auch die ideologischen (Selbst-)Wahrnehmungen der indischen Nation.

5 Jyotindra Jain: Ankündigung zur Ausstellung »Indian Popular Culture. ›Die Eroberung der Welt als Bild‹«. Haus der Kulturen der Welt. Berlin. [http://archiv.hkw.de/de/programm/tagesprogramm/body.city_indianpopcult/c_index.html], Zugriff 6. 12. 2011.

Jyotindra Jain verwies besonders auf die kunsthistorische Bedeutung der frühen Farbendrucke, da Namen und Werke einheimischer Maler in vielen Fällen nur in den frühen hochwertigen Oleo- und Chromolithografien erhalten geblieben seien. Die Originalgemälde, meist Auftragswerke privater Kunstliebhaber oder für die Ausstattungen von Palästen bestimmt, seien häufig den klimatischen Bedingungen, dem wechselnden Zeitgeschmack oder den politischen und ökonomischen Veränderungen zum Opfer gefallen.

Die Farbendrucke der Hertel-Sammlung, ihre Sujets und ihre Maler

Wenige Wochen vor der Berliner Ausstellung wurden die indischen Kunstdrucke der Hertel-Sammlung mit den Ergebnissen der Recherchen zur Produktion der KAMAG für Indien im Rahmen der Ausstellung *Die Welt der Wunschkuh Surabhī* an der Universität Leipzig erstmals der Öffentlichkeit präsentiert. Es bot sich an, auch die 11 Lithografien aus der »Rajah-Tagore«-Sammlung des Museums für Völkerkunde Dresden in die Ausstellung aufzunehmen, denn dadurch konnten neben unsignierten Drucken frühe Reproduktionen signierter und datierter Werke von insgesamt fünf indischen Malern des 19. Jahrhunderts (Bamapada Banerjee, Ravi Varma, Vasudeo Pandya, N. Gopala Row, Krishnahari Das) gezeigt werden.

Informationen zu den Namenssignaturen auf den Drucken der Hertelsammlung zu finden, war nicht in jedem Falle einfach gewesen. Über Ravi Varma gab es bereits einiges an Publikationen, die Biografie und Werk ausführlich behandelten.[6] Auch Bamapada Banerjee (1851–1932), dessen Lebensdaten einigermaßen bekannt sind, genießt mittlerweile die verdiente Anerkennung als bedeutendster Maler der bengalischen Vormoderne. 1851 in Burdwan geboren, studierte er zunächst an der Government School of Arts Calcutta, verließ sie aber bald, weil ihm der akademische Betrieb nicht zusagte. Er nahm Unterricht in Ölmalerei bei Pramathalal Mitra und im Restaurieren bei dem zeitweilig in Kalkutta arbeitenden deutschen Maler Karl Becker.1879 gewann er mit seinem Bild *Affe und Jongleur* den ersten Preis für die beste Figurendarstellung

6 So 1998 der Sammelband The Legacy of Raja Ravi Varma, the Painter. Hg. v. Ratan Parimoo. Baroda: Maharaja Fatehsingh Museum Trust 1998. Allerdings erschien der größte Teil der ernsthaft kunsthistorischen Arbeiten über ihn ab Ende 2003: Rupika Chawla: Raja Ravi Varma: Painter of Colonial India. Ahmedabad: Mapin Publishing 2010; Parsram Mangharam: Raja Ravi Varma – The Most Celebrated Painter of India: 1848–1906. Bangalore 2007; Vijayakumar Menon: Ravi Varma – A critical study. Trissur: Kerala Laitha Kala Academy 2002 usw.

auf der jährlichen Ausstellung der Government School of Arts. Das Bild gilt als eine der frühesten Arbeiten des Realismus in der indischen Kunst. Banerjee bevorzugte zunächst Darstellungen aus dem täglichen Leben, wurde jedoch vor allem bekannt durch seine Porträts. Nach mehrjährigem Aufenthalt an indischen Fürstenhöfen ließ er sich in Kalkutta nieder und wurde dort zu einem der gefragtesten Maler. Inspiriert von den Erfolgen des Calcutta Art Studio, ließ er auf Anregung von Upendra Mokhopadhyaya seit 1890 in Deutschland Öldrucke von seinen Gemälden für den Vertrieb, den er selbst organisierte, in Indien anfertigen. Die Hertel-Sammlung in Leipzig enthält Drucke von dreien seiner bekannten Gemälde mit Signatur und Datierung aus den Jahren 1925 bis 1929 und einige unsignierte, die ihm zugeordnet werden können.

Schwieriger war es, über Vasudeo Pandya und N. Gopala Row etwas Genaueres in Erfahrung zu bringen. Obwohl die Bilder Vasudeo Pandyas oft in einem Atemzug mit den Bildern Ravi Varmas genannt werden, häufig nachgedruckt wurden und heute bei Sammlern begehrt sind, ist über den Maler bisher wenig bekannt. Er lebte in Bombay. Seine Bilder stammen vor allem aus den ersten Jahrzehnten des 20. Jahrhunderts und zeichnen sich durch subtile, gedämpfte Farben und realistische Hauttöne aus. Wie viele seiner Kollegen unterhielt auch er eine eigene Firma zum Vertrieb von Farbendrucken seiner Bilder, die Sree Vasudeo Picture Co., und ließ vorwiegend in Deutschland drucken.

N. Gopala Row stammte aus Kokanada in Andhra Pradesh und hatte den Höhepunkt seines Schaffens um die Jahrhundertwende. Biografisches ist in kunsthistorischen Werken kaum zu finden, oft wird er nicht einmal erwähnt. Es ist überliefert, dass er von verschiedenen indischen Fürstenhöfen protegiert wurde und dass seine Bilder auf Ausstellungen in Europa Anerkennung fanden, aber konkrete Einzelheiten hierzu fehlen ebenso wie ausführlichere biografische Daten. Stilistisch steht N. Gopala Row weit mehr in der Tradition Ravi Varmas als Banerjee oder Pandya. Heute sind Reproduktionen seiner Bilder, die er in Deutschland drucken ließ und selbst vertrieb, im antiquarischen Kunsthandel weit seltener zu finden als die von Banerjee oder Pandya. Im Staatsarchiv Dresden befindet sich in der »Titelkartei der May-Bilder«, (Ablage 1, Nr. 24) eine Eintragung zu zwei Drucken, *Gopala Kistna* (Verlagsnr. 3021) und *Chitrangie* (Verlagsnr. 3022; Erwerbsdatum 20. 3. 29, Auflagenhöhe je 1250 Stück). Ein Auftraggeber ist hier nicht genannt, es gibt lediglich den Vermerk, dass Original und Rechte bei dem Maler liegen, der in der Rubrik ›Name des Malers« mit N. Gopala Row angegeben ist. Eine Reproduktion beider Bilder, mit Signatur und Datum, findet sich unter den Drucken der Leipziger Sammlung. Ob Row sie bei der KAMAG Dresden selbst zur Reproduktion in Auftrag gab, bleibt nachzuforschen.[7] Auf jeden Fall liefern die Reproduktionen der Hertel-Sammlung und die Angaben der Firmenbücher May ein kleines Mosaiksteinchen zur Ergänzung seiner künstlerischen Biografie.

Interessant – diesmal für die deutsche Kunstgeschichte – ist im Übrigen auch ein anderes Detail, das sich aus dem Vergleich der Leipziger Drucke mit den Firmenbüchern von May finden ließ. Drei historische Drucke zeigen eine Gruppe indischer Fürsten und Szenen einer offiziellen Parade in Delhi: eine Gruppe Kavalleristen, die aus dem Roten Fort Delhi hervorsprengt und eine Parade mit einem reich geschmückten Staatselefanten im Zentrum, auf dem ein englisches Paar reitet. Ein Maler war nicht angegeben, aber mit Hilfe der »Titelkartei der May-Drucke« ließ sich ein möglicher Urheber identifizieren. Unter dem Erwerbsdatum 7. 3. 12 ist der Titel *Indische Kaiserkrönung* verzeichnet, als Maler wird Georg Mühlberg angegeben (bei ihm liegen auch Original und Rechte) und als Preis 300.- (womöglich Reichsmark). Mühlberg (1863–1925) war zu jener Zeit bekannt für seine ›patriotische‹ Malerei und besonders für seine Bilder und Postkarten mit Szenen aus dem Leben der Korpsstudenten deutscher Burschenschaften, hatte sich aber auch als Illustrator von Märchenbüchern und Märchenpostkarten einen Namen gemacht. Das Datum für das *Indische Kaiserbild* könnte darauf hinweisen, dass hier Szenen aus dem Umfeld des großen Darbars 1911 anlässlich der Krönung Georgs V. abgebildet sind, bei dem die indischen Fürsten ihrem persönlich anwesenden Oberherrn huldigten. Bei dieser Gelegenheit wurde Delhi als neue Hauptstadt Indiens proklamiert und löste Kalkutta ab. Indische Sujets sind aus Mühlbergs Schaffen sonst nicht bekannt und die bisher durchgesehenen Firmen-Akten haben auch keine Angaben zu den gefundenen drei Drucken ergeben. Ob man sie trotzdem Mühlberg als Urheber zuschreiben kann, bleibt weiterer Nachforschung vorbehalten. Immerhin wurde das *Indische Kaiserbild* 17 Jahre früher in Auftrag gegeben als die Reproduktionen der indischen Maler. Zur Identifizierung ihres Bildinhalts hat die May'sche Firmenkartei jedoch zumindest Anhaltspunkte liefern können

Die »Rajah-Tagore-Sammlung« und ihre Farbendrucke

Die umfangreiche Sammlung, die Raja Sourindro Mohun Tagore,[8] ein Cousin dritten Grades des Dichters Rabindranath Tagore, bei einem

7 Diese und alle folgenden technischen Angaben zum Produktionsprogramm der KAMAG beruhen auf den Recherchen von Therese Pechstein.

8 Sourindro Mohun Tagore ist die damals in Bengalen übliche lautliche Umsetzung des Namens Shaurindra Mohan Thakur ins Englische. In der wissenschaftlichen Literatur wird die englische Version des Namens beibehalten.

Besuch Dresdens im Jahre 1882 dem sächsischen König Albert überreichte, umfasst nicht nur die 11 Farbendrucke, die in der Leipziger *Wunschkuh*-Ausstellung gezeigt wurden. Obwohl sie sich von Anfang an im Dresdner Völkerkundemuseum befand, handelt es sich mitnichten um eine rein ethnografische Sammlung, denn die ›landeskundlichen‹ Objekte (Figurinen in verschiedener Tracht, Stoffe, Stickerei, Kult-Geräte oder Gefäße, Musikinstrumente, Proben von Getreide und anderen Naturprodukten usw.) machen den geringeren Teil aus. Ein weitaus größerer Komplex umfasst in Englisch, Sanskrit, Bengali und anderen indischen Sprachen abgefasste Manuskripte und gedruckte Schriften zu unterschiedlichsten Sachgebieten: zu Poesie und Rhetorik, zu Philosophie, Religion und Recht bis zu Landwirtschaft, Rechnungswesen und »works in various dialects and characters«, darunter neben einer persischen Koran-Kopie Übersetzungen von Teilen der Bibel in lokale Sprachen wie Lepcha oder ›Musulmani-Bengali«. Sie stammen samt und sonders aus der Tagore-Familienbibliothek.

Raja Sourindro Mohun Tagore war ein hochgebildeter Mann mit Kenntnissen auf vielen Gebieten und ausgeprägten musischen Neigungen. Insbesondere hat er sich als Musikwissenschaftler, Komponist und Förderer der Musikkultur in Kalkutta einen Namen gemacht. Seine *Universal History of Music, Compiled from Diverse Sources, Together With Various Original Notes on Hindu Music* von 1896 ist wohl das erste musikhistorische Kompendium Indiens und noch heute von musikethnologischem Interesse. Sein großes Anliegen war es, die Kenntnis der indischen Musik in die europäische Musikwelt einzubringen und ein Notationssystem zu erarbeiten, mit dem die europäische und die indische Musik gleichermaßen zur Aufführung gebracht werden können. Mehrere Beispiele dafür sind in der Dresdner Sammlung zu finden, so die *Rāgas for the Empress*[9] und die Vertonung einiger Gedichte von Owen Meredith. Das wichtigste musikalische Werk Sourindros ist jedoch die Serie von lithografischen Illustrationen zu einer Rāgamālā (Melodienkranz), die Sourindro Mohun 1878 Queen Victoria zum 50. Jubiläum ihrer Thronbesteigung mit den Worten widmete: »The object of the author has been to celebrate the glory of Her Most Gracious Majesty the Queen Victoria, and her renowned Predecessors«.

Auch wenn die Dresdner Sammlung über die vielen Jahrzehnte hinweg bereits Einbußen erlitten hat – durch Kriegsverluste, Verlagerung

9 Die von europäischer Notenschrift begleiteten Strophen füllen ein in feines, grünes Leder mit Golddruck gebundenes Werk »Fifty Stanzas in Sanskrita, in honour of the Prince of Wales« composed and set to music by Sourindro Mohun Tagore, President of the Bengal Music School. Calcutta, Bow-Bazar Street 1875. Es gehörte zu den Gastgeschenken des Raja S. M. Tagore an den sächsischen Hof 1877 und wird heute als Kostbarkeit in der SLUB Dresden bewahrt (1 Mus 8°/4344).

von Teilen ihres Bestands in andere Institutionen der Stadt, leider auch durch Ausrangieren von Dingen wie Reiskörner, Öle oder Parfüms – und daher nicht mehr als vollständiges Konvolut im Museum für Völkerkunde zu Dresden vorhanden ist, wäre es eine lohnende und wichtige Aufgabe, dem Verbleib ihrer Teile nachzugehen und sie systematisch nach modernen Gesichtspunkten zu katalogisieren, evt. sogar Raritäten unter den Texten und Handschriften zu digitalisieren.

Eine besondere Beachtung gilt den 11 Chromolithografien in schwarzen Lackrahmen, die sich in der »Rajah-Tagore-Sammlung« befinden, denn sie gehören zu den handkolorierten Lithografien, die Sourindro seit 1878 von dem Maler Krishnahari Das (auf den Drucken Krishno Hurro Das) im Calcutta Art Studio in speziell hochwertiger Ausstattung anfertigen ließ. Auf seinen zahlreichen Reisen präsentierte er sie gern den gekrönten Häuptern der jeweiligen Länder als Geschenk – in Erwartung eines Ordens als ehrenvolle Gegengabe. In der Tat müssen die diesbezüglichen Aktivitäten des Raja Tagore beträchtlich gewesen sein, denn auf dem Deckblatt des Katalogs der Gegenstände, der die Dresdner Schenkung begleitete, sind die Orden verzeichnet, die Sourindro besaß.[10]

Zur kunsthistorischen Qualität der Arbeiten von Krishnahari Das schrieb Tapati Guha Thakurta 1992:[11]

> The Tagores of Paturiaghata and Jorasanko provided a substantial source of demand for lithographed illustrations. All of Raja Sourindro Mohun Tagore´s books on classical Hindu music and mythology carried illustrations by Krishnahari

10 Der Kuriosität halber, und weil sie auch etwas aussagen über die Auslands-Intentionen der Tagores, seien sie hier vom Katalogblatt zitiert: »Companion of the Order of the Empire; Knight Commander of the First Class of the Order of Albert, Saxony; of the Order of Leopold, Belgium; of the Most Exalted Order of Francis Joseph, Austria; of the Royal Order of the Crown, Italy; of the Most Distinguished Order of Dannebrog, Denmark;and of the Royal Order of Melusine of Princess Mary of Lusignan; Knight of the First Class of the Imperial Order of the ›Pacu Singh‹, or Precious Star, of China; of the Second Class of the High Imperial Order of the Lion and the Sun, Persia; of the Second Class of the Imperial Order of Medjidie, Turkey; and, of the Royal Military Order of Christ, Portugal; Knight of the Order of Basabamala, Siam; and of the Gurkha Star, Nepal; ›Nawab Shazadah‹ from the Shah of Persia,&c,&c, &c«.

11 Tapati Guha-Thakuta: The Making of a New »Indian« Art: Artists, Aesthetics and Nationalism in Bengal, c. 1850–1920. Cambridge/New York: Cambridge University Press 1992, S. 88 f. Die Tagores waren eine der reichsten Familien Calcuttas. Am Verhältnis ihrer beiden Zweige zueinander, der Tagores von Jorasanko und Paturiaghata, lässt sich Spaltung des indischen reichen Bürgertums in konservativ- britentreue und progressiv-nationalistische Gruppen oder Lager fast exemplarisch ablesen. Die Tagores von Paturiaghata, zu denen Sourindros Familie gehörte, waren stark traditionalistisch-hinduistisch und königstreu, ganz im Gegensatz zu den Tagores von Jorasanko, zu denen Debendranath, Rabindranath und Abanindranath gehörten. Beide Familien imitierten in unterschiedlichem Maße den britischen Lebensstil und überboten einander an Kunstsinnigkeit, Sammler- und Mäzenatentum, und in beiden Familien gehörten Theateraufführungen und Konzerte zum Alltag, allerdings natürlich mit der unterschiedlichen Ausrichtung des Geschmacks, die sich aus ihrer politischen Grundhaltung ergab.

Das, an ex-student of the Art School under Principal Locke. While working on Sourindro Mohun´s books, he was also commissioned to illustrate some publications of the Geological Survey of India and Sir George King´s multi-volume work, *Annals of the Royal Botanical gardens, Calcutta* (1887). For Krishnahari Das, the illustrations for Raja Sourindro Mohun Tagore´s books must have carried the same weight, prestige and publicity as these other commissions. But, while the one involved mainly the art-school-derived skills of accurate and painstaking draughtsmanship and refined printing, the visualization of Hindu Avatar, Ragas and Raginis meant working out a new set of Indian iconographic imagery. In these, the artist´s training in life study, shading and anatomy drawing combined with his careful adherence to traditional costumes and iconographic prescripts. These expensive publications in English were clearly intended for an exclusive readership; but the illustrations matched the tune of the more commercial varieties of Indian art that had captured the market.

Die 11 Lithografien der Dresdner Tagore-Sammlung bestätigen dies in vollem Umfang. Die meisten von ihnen könnte man sich als Szenen eines Theaterstückes mit reicher Bühnendekoration vorstellen. Sie sind hochdramatisch inszeniert wie die Szene mit Nanda, die im Hintergrund ein schreckliches Gewitter mit Blitzesstrahl und aus dem schwarzen Gewölk hervorbrechendes Licht zeigt, oder sie wecken Emotionen wie in der Szene mit dem kleinen Nichtsnutz Krishna und der ihn liebevoll tadelnden Yashoda. Andere, wie der flötespielende Krishna mit seiner Radha, wirken statischer, so, als ob zwei bunte Skulpturen in eine Bühnendekoration hineingestellt sind. Es sind samt und sonders Darstellungen aus der indischen Mythologie bengalischer Prägung: Durgas Besuch mit dem kleinen Ganesha bei ihren Eltern; Shiva, der in Asketenkleidung mit dem Leichnam Satis durch eine Berglandschaft irrt, hinter einem Felsblock beobachtet von Vishnu, der bereit ist, Satis Körper mit seinem Diskus zu zerstückeln; Krishna als Butterdieb; der Hirt Nanda mit dem neugeborenen Baby Krishna auf dem Wege zu seinen Hirten; Rādhā und ihre Gespielinnen; der flötespielende Krishna mit seiner Geliebten Radha im Wald usw. Einige Bildunterschriften weisen auf einen wohl beabsichtigten Bezug der Darstellungen auf religiöse Festtage. So ist die Szene mit Nanda, der den neugeborenen Krishna heimlich aus Mathura fortbringt, mit *Janmāshtami* betitelt, bezieht sich also auf das Geburtsfest Krishnas. Die Szene mit Durga und ihrem Söhnchen Ganesha weist auf die Sitte hin, dass die Tochter während der Durgapuja-Tage ihre Eltern besucht usw. Auch hier zeigt sich die Absicht von Sourindro Mohun Tagore, durch die Auswahl der Gegenstände der Schenkung bis hin zu den Sujets der Bilder ein möglichst umfassendes und anschauliches Bild von Bengalen mit seinen Traditionen, Sitten, Bräuchen und seiner Wirtschaft vorzustellen.

Abb. 1: Die Göttin Durga/Uma besuchte ihre mütterliche Familie. Ihr asketischer Gatte Shiva holt sie am Ende der Besuchszeit ab und trägt Söhnchen Ganesha bereits im Arm (laut Beschreibung im Katalog *List of Articles*), Repro

Interessant ist das Bild der Sarasvati, denn hier wird die später als stereotyp bei Ravi Varma und anderen auftretende Darstellung der Göttin mit Büchern und Vina inmitten eines Lotos-Sees auf einem weißen Lotos stehend in vielen Details vorweggenommen. Besonders in der Gegenüberstellung der Lithografien von Krishnahari Das und der Reproduktionen der Gemälde von Bamapada Banerjee wird deutlich, wie groß trotz ähnlicher ästhetischer Ansätze die Unterschiede zwischen der Kunst beider sind.

Hinsichtlich der Professionalität bei der technischen Umsetzung des Künstlerischen braucht das verhältnismäßig kleine Calcutta Art Studio den Vergleich mit dem weit größeren Kollegen aus Deutschland, den Kunstanstalten May AG, jedoch durchaus nicht zu scheuen.

REICHTUM UND EXOTIK FÜR DEN DRESDNER HOF – HANDWERK UND KULTUR FÜR SACHSEN

Lydia Icke-Schwalbe

Mehrfach und unbändig vermischen sich seit der frühen Barockzeit visionäre Vorstellungen von Reichtum und sagenhaften Kostbarkeiten aus Asien mit einem integrierten Verlangen nach deren Besitz, in kurfürstlich sächsischen Landen wie an absolutistischen Königshöfen in Europa. In Dresden begegnen solche Bilder jedem Betrachter: in den Wandmalereien, figürlichen Ausstattungen und Möblierungen der Schlösser in Pillnitz oder Moritzburg, im Tympanon des Japanischen Palais oder – am meisten bewundert – in der bezaubernden Goldschmiedearbeit der Dinglinger-Schule zur Vorstellung des *Hofstaates des Großmoguls* im Grünen Gewölbe des Dresdner Schlosses.

In dem fast gleichzeitig regierenden, absolutistischen Herrscher des Mogul-Großreiches Indien, Aurangzeb (1658–1707), spiegelte sich der sächsische Kurfürst und gewählte König von Polen, Friedrich August II., genannt der Starke (1694–1733). Er wusste jedoch nicht, dass dieser Großmogul, der »Kaiser von Indien« zwar ein riesiges Reich mit sagenhaften Schätzen unterworfen hatte, aber als rechtgläubiger Muslime in schmucklosen, zurückhaltend kalligrafisch ornamentierten Räumen, in wehrhaften Burgen mit ausgedehnten militärischen Befestigungsanlagen lebte und die Malerei mit anthropomorphen Darstellungen, hinduistischen Rajputen, ebenso die farben- und lebensfrohen hinduistischen Malschulen von seinem Hof verbannte. Ein genealogisches Album der Mogul-Herrscher von Babar bis Aurangzeb, dargestellt in höfischer Miniatur-Malerei, gelangte möglicherweise als diplomatisches Gastgeschenk aus Britannien an den sächsischen Hof. Laut Katalogeintrag von 1738 hatte der »Honourable Edward Gardner« als britischer Beamter im Dienste der East India Company das in kostbares Leder gebundene Werk 1689 in Bengalen erworben. Weitere Nummern in Heuchers Katalog verzeichnen eine lose Blättersammlung höfischer Miniaturmalerei, wie sie im 18. Jahrhundert häufig durch Verkäufe aus kolonialen Eroberungen als begehrte Zeugnisse orientalischer Hofhaltung an die europäischen Fürstenhöfe gelangt sind.[1] Solche höfischen Szenen und Herrscher-Porträts waren Auftragsarbeiten

1 Im Kupferstichkabinett der Staatlichen Kunstsammlungen Dresden bewahrt; ältester

an die höfischen Malerschulen am Mogulhof, zur Präsentation der Macht der indo-islamischen Dynastie, mit prachtvoller Ausstattung in wertvollen Materialien. Aurangzeb baute sich eine neue Hauptstadt im zentralen Hochland: Aurangabad, strikt islamisch dominiert in Architektur und Kunst, mit feinem, kalligrafischem Dekor. Aber er regierte im Verlauf seiner Unterwerfungszüge von wechselnden Befestigungsanlagen aus, zuletzt Golconda im heutigen Andhra Pradesh. Die Miniaturmaler siedelten sich in den Randgebieten des Reiches an, in Kashmir, Rajasthan, Maharashtra und Bengalen, wo sie im Schutze rajputischer, hinduistischer Herrscher arbeiten und vom Verkauf ihrer Bilder leben konnten. So war es möglich, dass das kostbare genealogische Werk der Großmogulen, wie viele andere auch, in fremden Besitz gelangte. In Sachsen konnte es u. a. als Vorlage für den Orientalismus und die chinoise Ausmalung dienen.

Die alte »Sehnsucht nach India« brachte seit den Zeiten von Kurfürst August dem Starken zahlreiche Kenntnisse und Schätze aus den noch weitgehend unbekannten orientalischen Ländern zwischen Indus und Pazifischem Ozean an den sächsischen Hof. Sachsen hatte keinen Zugang zu den Weltmeeren und keine kolonialen Ambitionen; aber auf dem markanten Handelsplatz in Leipzig, einem Kreuzungspunkt historischer Handels- und Verkehrswege über Land, trafen sich seit dem frühen Mittelalter Kaufleute, Händler und Reisende aus dem fernen Osten, aus dem tropischen Süden und hohen Norden und ermöglichten einen lukrativen, erfolgreichen Austausch und Handel mit den Reichtümern Sachsens, die vor allem der Silberbergbau hervorbrachte.

Kostbare und skurrile Dinge fanden sich in der »Indianischen Kammer« ein und belegten die exotische Buntheit jenes Kontinentes »India«, der an der alten antiken Grenze begann und an der fernen pazifischen Küste des Landes »Jappon« endete. Auf der sächsischen Karte ist der Kontinent unterteilt in »India interior«, innerhalb des Ganges, und »India exterior«, einschließlich der japanischen Inseln. Handwerkserzeugnisse und Naturprodukte, wie Korallen, Schneckenhörner, Kokosnüsse als Pokale, Nüsse und Kerne von Steinfrüchten, Elfenbein und edle Hölzer, gehörten zu den erworbenen Schätzen, ebenso wie begehrte Bodenschätze, Metalle, Gold und Edelsteine. In den meisten Fällen wurden sie durch höfische Handwerker dem barocken Verständnis von Kunst und Kostbarkeit und der zeitgemäßen Ästhetik des Barock und Rokoko angepasst. Schließlich hatte man ja nicht Zeugnisse einer anderen Kultur erworben, sondern Dokumente für Reichtum und Macht in fremder Umgebung mit exotischen Gewächsen. Ihre edle oder natürliche Schlichtheit wurde

Eintrag im Katalog »Indische Malereien« vom königlichen Archivar (und Leibarzt bei August dem Starken) A. J. Heinrich v. Heucher 1738, Ca 112.

von sächsischen Gold- und Silberschmieden, Schreinern und Lackierern für den sächsischen Hof nutzbar aufgewertet. Das sächsische Handwerk sah sich vor immer neue Anregungen und Herausforderungen gestellt. Sachsen konnte nur durch den Handel auf den bedeutenden Märkten (der alte Messeplatz Leipzig steht hier im Vordergrund) und Austausch mit den Seefahrernationen Europas aus dem Fernhandel profitieren – und sächsische Landsleute waren stets daran beteiligt.

Zu den begehrten Gütern aus »India« gehörten Stoffe, keramische Erzeugnisse, Öle, Gewürze, Aromen und Essenzen und schließlich auch die entsprechenden Pflanzen. Überall in Europa entstanden »Tropenhallen« und »Warmhäuser«; Orangerien wurden zum Symbol der geistigen Besitznahme und Verwaltung exotischer, orientalischer Fülle. Man konnte auch mit Samen und Pflanzenstecklingen reich werden und gesellschaftliche Anerkennung erwerben. Davon zeugt ein berühmt gewordener Gärtnerlehrling mit Namen George Meister. In Dresden war er letztlich für Pflege und Einkauf fremdländischer Gewächse und tropischer Pflanzen verantwortlich, nachdem er die Oberaufsicht über die königlichen Gärten in Dresden erhalten hatte.

Ein Bildnis, das George Meister 1691 von sich in Kupfer schneiden ließ, ist unterschrieben: »Hier siehstu einen Mann den Indien geliebet, und in Botanicis vor andern sich geiebet, Doch hieldt er Sachsen werth als Meister seiner Kunst wordurch er sich erwarb deß Heren grosse Gunst.«[2] 1653 geboren trat er 1675 in kursächsische Dienste. 1677 stellte er sich der Holländischen Ostindien-Kompagnie als Soldat zur Verfügung, um mit deren Schiffen nach »India« zu gelangen. In Batavia nahm er die Stellung eines Gärtners bei einem reichen holländischen Justizrat an und begleitete diesen auf seinen Reisen im »östlichen Indien«, d. h. Inselindien/Indonesien bis zu den Molukken und Japan, den Schifffahrts-Handelswegen der Holländer und Portugiesen. Nachdem er 1689 nach Deutschland zurückgekehrt war, erhielt er eine Anstellung in kurfürstlichen Diensten in Dresden als »orientalischer Lustgärtner«, wie er es autobiografisch beschrieben hat.[3] Seine vornehmliche Aufgabe bestand in der Pflege und Beschaffung fremdländischer, exotischer Gewächse für die königlichen Gärten vor dem Pirnaischen Tor, den Großen Garten, den Zwingergarten und für den »Türkischen Garten«.

Im *Orientalisch-Indianischen Kunst- und Lustgärtner* beschreibt er nicht nur botanisch exakt die auf den indischen Inseln auffallenden Bäume und Sträucher mit ihren Früchten und deren Nutzbarkeit, sondern auch

2 Frontispiz zu George Meister: Der Orientalisch-Indianische Kunst- und Lustgärtner. Dresden: Eigenverlag 1692; erneut erschienen Weimar: Kiepenheuer 1972.

3 Vgl. ebd.

den Austausch zwischen den Inseln und Bewohnern, die Be- und Verwertung der Gewächse, Früchte und Samen durch die einheimische Bevölkerung sowie die daraus resultierenden Schiffsladungen, die nach vielen Zwischenstationen in »India« nach Europa gebracht werden. Meister beschreibt die Orte und Hafenlager entlang der Südküste Indiens, wo Vasco da Gama erstmalig im Vijayanagar-Reich anlandete. Der nördlicher gelegene Golf von Bengalen wurde von den Schiffen der Holländer nur spärlich angefahren. So ist auch nicht verwunderlich, dass die in Sachsen verbreitete holländische Karte von 1652 in »Bengala« und »Orixa« weniger Orte verzeichnet und das nördliche Reich des Großmoguls unbedeutend für den Handel erscheint, während an der südöstlichen Koromandelküste und der südwestlichen Malabar-Küste reichlich Orte eingetragen sind. George Meister beschreibt aber im Detail alle Güter, die von den der Schifffahrtsroute anliegenden Ländern durch die holländischen Schiffe aufgenommen und umgeschlagen wurden, nicht nur für den Fernhandel, sondern auch für den Güteraustausch zwischen den Inseln und indischen Ländern. Wir erfahren beispielsweise, dass Gusuratta (heute Gujarat) im westlichen Indien am Golf von Cambaye (heute Khambat) gelegen, von den Holländern chinesische und japanische Waren sowie Zinn und Blei erhandelte. Dafür nahmen die Holländer von dort »Kleidgen und feine Cattunen zum inländischen Handel und an andere Örter und indianische Königreiche wie auch Persien; Salpeter; Cattunengarn; Treigen weißen Campher; Gall-Äpfel« auf. Bengalen kaufte von den Holländern Gewürze, Holz, Zinnober, Quecksilber und Gold aus Japan und China. Dafür nahmen die Holländer »von Bengalen wieder weg: vielerlei Sorten und unterschiedlicher Namen Cattun; Reis; langen Pfeffer; Salpeter;... Seide; Zucker; allerhand seidene Kleidgen.«[4] Auch an der Koromandelküste nahm man hauptsächlich Baumwollstoffe auf: »Von den allerfeinsten Cattunen schöne, mit allerhand dauerhaften Farben geblümte Kleidgen, welche durch ganz Indien verhandelt werden; Segeltuch«[5] aber auch Diamanten, Rubinen, Spinellen und Indigo. Von der Malabarküste nahmen die Holländer »Pfeffer in Überfluß«, Ingwer, Zimt und Kardamom mit. Und in Ceylon standen neben Zimt – »den besten von ganz Indien in großem Überfluß« – Edelsteine, wie Saphire und Rubine, sowie Elefantenzähne »in großen Mengen« im Vordergrund.[6]

Alle diese Güter finden sich in den Schatzkammern des kurfürstlich-königlichen Sachsen in Dresden wieder. Von sächsischen Kunsthandwerkern verarbeitet und nach barockem Verständnis kostbar gemacht

4 Ebd., S. 170.
5 Ebd.
6 Ebd., S. 172 f.

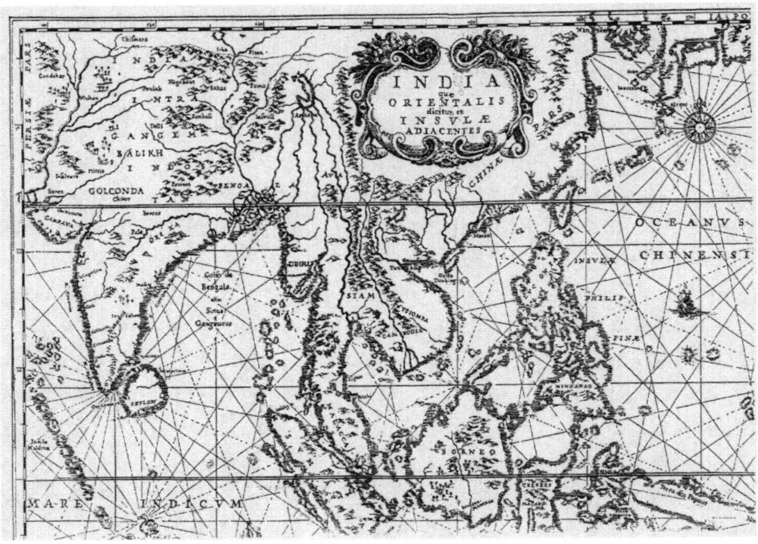

Abb. 1: India Orientalis. Holländische Karte von 1597 (Ausschnitt), Repro

dienten sie der prachtvollen Reichtumsdemonstration bei allen Festen und Treffen europäischer Fürsten am Dresdner Hofe sowie zur extraordinären Ausschmückung von Palästen und Lusthäusern. Kurfürst Friedrich August II., genannt der Starke, und König von Polen entwickelte ein ausgesprochenes Interesse an fremdländischen Gütern aus Asien zwischen Indien und Japan und förderte deren Import, der auch der Qualifizierung der sächsischen Handwerke und Künste diente.

Die Herausforderung für Handwerk und Kultur: Blaudruck und Pfefferkuchen – Pulsnitzer an der Koromandelküste

Neben dem bekannten Drang zur eigenständigen Porzellanherstellung nach »indianisch-japponischem« Vorbild profitierten regionale bäuerliche Gewerbe vom überseeischen Handel mit Gewürzen, ätherischen Pflanzen und diversen exotischen, neuen Materialien.

Im Gefolge des Südasienhandels entwickelten sich beispielsweise in der bäuerlichen Kleinstadt Pulsnitz, inmitten einer traditionellen Leineweber-Region in der Lausitz, die Pfefferküchlerei und neue textile Färbetechniken. Neue Faserstoffe, wie Rami und Baumwolle, fanden Eingang. Mit Indigo und der Purpurwurzel wurde das textile Bläuen hin zum Blaudruck mit Reservetechnik neu entdeckt, nachdem auch die innovativen Färbetechniken verstanden worden waren. Der stärker färbende pflanzliche Farbstoff Indigo hatte schon im Mittelalter in Ungarn und Siebenbürgen den einheimischen Waid verdrängt. Marco Polo hatte bereits im 13. Jahrhundert von der Wunderpflanze, dem Indigo-Strauch (Indigofera tinctoria), berichtet. Siebenbürger Sachsen, die aus bayrischen, niederrheinischen, niedersächsischen und flämischen Gebieten im 13. und 14. Jahrhundert ins damalige Königreich Ungarn nach Südost-Europa umgesiedelt wurden, brachten das Blaufärben mit Waid mit. Über Italien haben dann die österreichisch-ungarischen Märkte frühe Kenntnis von der Indigo-Färberei erhalten.[7]

Die Holländer entwickelten einen gewinnbringenden Handel mit Indigo entlang ihrer Seefahrtsrouten. Um 1650 gab es jedoch noch ernsthafte Vorbehalte gegen die Indigo-Färberei. Auf Grund unzureichender Kenntnisse erlagen viele Färber dem gefährlichen Umgang mit Färbe- und den schwefelsäurehaltigen Beizbädern, so dass bereits 1577 in der Reichsstadt Frankfurt verboten wurde, die »Teufelsfarbe« zu verwenden.[8] Amtlichen Quellen zufolge war im Kurfürstentum Sachsen zwischen 1650 und 1653 das Indigofärben als »Teufelszeug« untersagt und sogar mit Todesstrafe belegt worden. In Frankreich wurde erst 1737 die Indigofärberei erlaubt. Da der Waidanbau stetig schrumpfte, musste auf das sehr viel intensivere Färbemittel zurückgegriffen werden. Das Geheimnis des erfolgreichen Umgangs mit Indigo und der Model-Reservierung wurde deshalb in Lausitzer Familien inselartig streng bewahrt. Damit konnte sich die Stadt und Rittergutherrschaft Pulsnitz durch die Grundherrschaft der Gebrüder von Schlieben einen bescheidenen Wohlstand sichern.

In eine solche Leineweber-Familie wurde 1682 Bartholomäus Ziegenbalg geboren, dessen Name unauslöschlich mit der Koromandelküste Südindiens und der Tamilforschung in Deutschland verbunden bleibt. Sein Vater war im Korn- und Flachshandel tätig. Die Hinterlassenschaften des Pulsnitzers, der 1719 in der damals dänischen Kolonie Tranquebar an der Südost-Küste Indiens starb, zeigen, dass er vor allem die Menschen, ihre Tätigkeiten, ihre Lebensformen und Religion vor Ort studierte und darüber ausführlich in seiner sächsischen Heimat berichtete. Nachdem er seine Grundschulausbildung in wechselnden Lehranstalten von Kamenz bis Görlitz absolvieren konnte, wurde der junge Bartholomäus 1703 zum Studium in die neu errichteten Franckeschen Stiftungen nach Halle/Saale geschickt, das damals zu Kur-Brandenburg gehörte. Kurfürst Friedrich III., er regierte ab 1701 als Friedrich I. König von Preußen, förderte großzügig die pietistische Reformbewegung mit einem neuen Bildungs- und Erziehungskonzept, wie es von August Hermann Francke in seiner umfassend

7 Vgl. Ottó Domonkos: Blaudruckhandwerk in Ungarn. Budapest: Corvina 1981, S. 11.
8 Ebd., S. 25.

angelegten Erziehungsanstalt programmiert wurde. Der eltern- und mittellos gewordene Knabe konnte hier seine schulische und universitäre Ausbildung unentgeltlich fortsetzen.

An Bord eines königlich-dänischen Handelsschiffes landete der junge pietistisch-protestantische Theologe 1706 in Tranquebar, dem einzigen dänischen Hafen an der Südküste Indiens. 1616 wurde unter der Obhut des dänischen Königs Christian IV. eine Handelsniederlassung zwischen Portugiesen und Franzosen gegründet, die dem Königreich Dänemark eine eigene Basis in dem lukrativen Südasienhandel sichern sollte. In dem kleinen Ort Tarangambadi im indischen Bundesstaat Tamil Nadu erinnert man sich auch heute des Auftretens und Wirkens von Bartholomäus Ziegenbalg. Als Gesandter der Dänisch-Halleschen Mission sollte er die christliche Überlieferung des Neuen Testaments in den jungen Gemeinden ansiedeln. Dazu war es unerlässlich, die einheimische Sprache Tamil sowie Sitten, Gewohnheiten, Lebensformen der Menschen kennenzulernen. 1707 eröffnete er die erste Mädchenschule für sog. ›Sklavenkinder‹, d. h. für Angehörige unterer Schichten der Gesellschaft. Er schuf eigenes Schulmaterial in Tamil, seine *Allgemeine Schule der wahren Weisheit*. Insgesamt hat er 14 Bücher in »malabarisch«, d. h. Tamil, verfasst, deren Inhalt die vielfältigen Diskussionen mit einheimischen Gelehrten, den hinduistischen Brahmanen, von denen er die Sprache erlernte, widerspiegeln. 1712 ließ er in Halle Bleilettern in Tamilschrift nach handgeschriebenen Vorlagen anfertigen und eine Druckerpresse nach Tranquebar kommen. Er errichtete eine eigene Papiermühle und begann mit dem Druck eigener Schriften noch bevor irgendwo in Indien Druckerzeugnisse möglich und bekannt gewesen waren. 1714 reiste er mit zwei Tamilen nach Halle, um die Sprachstudien in der Heimat zu intensivieren. Nach kurzen Besuchen in Leipzig, Pulsnitz und Merseburg, wo er Maria Dorothea Salzmann heiratete, fuhr er auf einem dänischen Schiff von Stralsund aus zurück nach Südindien.

Trotz vieler Widerstände und Missverständnisse versorgte er sein Heimatland mit dem »malabarischen« Wissen, das er über die intensiv erworbenen Sprachkenntnisse authentisch mitteilen konnte. Er verfasste die ersten »tamulisch-deutschen« Sprachverzeichnisse und philosophischen Erläuterungen, die bis heute in der Tamilistik verwendet werden. Ziegenbalgs Schriften und religionsgeschichtliche Arbeiten erregten in Deutschland wie in Indien Anstoß und nachhaltige Auseinandersetzungen. Als er das Manuskript seiner *Genealogie der Malabarischen Götter* – er hatte es bereits am 31. Mai 1713 beendet – in Halle publizieren lassen wollte, erhielt er als Antwort: »die Missionare seien ausgesandt das Heidentum auszurotten, nicht aber den heidnischen Unsinn in Europa zu verbreiten.«[9]

9 Erst 150 Jahre später wurde das Werk im Eigenverlag in Madras gedruckt und den

Die Dokumente von Ziegenbalgs Arbeit werden heute in den Franckeschen Stiftungen in Halle/Saale bewahrt. Er starb am 23. Februar 1719 in Tranquebar und wurde in der von ihm begründeten Kirche beigesetzt. In seiner Heimatstadt Pulsnitz ist dem berühmten Sohn eine Seitenkapelle in der Stadtkirche St. Nicolai gewidmet. Anlässlich der 300. Wiederkehr der Ankunft Ziegenbalgs in Indien wurde die Ziegenbalg-Gedächtnis-Kapelle neben dem Chorraum in der Kirche 2006 restauriert und mit indischer Beteiligung wieder zugänglich gemacht.

Mit dem Werk von Bartholomäus Ziegenbalg aus Pulsnitz beginnt eine neue, sachlich-wissenschaftliche Beschäftigung mit dem exotischen Land Indien. Jedoch eröffnet erst im 19. Jahrhundert die Bonner Universität den ersten indologischen Lehrstuhl mit Sprachstudien zu Philosophie und Religion Südasiens. Auch das spiegelt sich in den Königlich-sächsischen Sammlungen wider. August Wilhelm Schlegel, der Gründer dieses ersten Lehrstuhls für Indienforschung in Deutschland, verfügte, dass sein Arbeitsnachlass an seine Nichte, Frau Auguste von Buttlar, nach Dresden gehen solle. Sie schenkte die »Indischen Kunstsachen« aus dem »Indien-Zimmer« der Bonner Wohnung des Onkels 1848 den Königlich-Sächsischen Sammlungen im Kupferstichkabinett zu Dresden. Geschenke aus dem schriftlichen Nachlass und die »Indische Bibliothek« Schlegels erhielt die Königliche Bibliothek in Dresden, heute in der Sächsischen Landes- und Universitätsbibliothek bewahrt.

In der Folgezeit sind die zwischenmenschlichen Begegnungen aus unterschiedlichen Kulturen stärker von Respekt und Kooperation bestimmt. Die Aufmerksamkeit, die man Besuchern und ihren Geschenken an den sächsischen Hof im 19. und 20. Jahrhundert entgegenbrachte, erhielt eine neue Qualität insofern, als nicht sinnentleerte, exotische Reichtumssymbole vom Hof aufgenommen wurden, sondern die eigenständige Kultur des Anderen respektiert und bewundert werden sollte. Die reichen Sammlungen des Raja Sourindro Mohun Tagore aus Bengalen (von 1877 und 1882) verschwanden daher nicht in den königlichen Kunstkammern, sondern wurden nach grundlegender Neuordnung durch einen königlichen Ratsbeschluss dem Bildungs- und Wissenschaftsbereich in einem neuen Museum zugeführt. Sie bildeten die Grundlage für die ethnografischen Südasiensammlungen und die kooperativen Forschungen zu Kunst und Wissenschaft, die jedoch erst mit der Neugründung des Staatlichen Museums für Völkerkunde in Dresden nach dem Zweiten Weltkrieg in eine spezielle Forschungsabteilung Südasien mit deutsch-indischen Austauschbeziehungen einmünden konnten.

deutschen Gönnern des 19. Jahrhunderts gewidmet; Bartholomäus Ziegenbalg: Genealogie der Malabarischen Götter. Universität Lausanne 1867, S. VII.

AUTORENVERZEICHNIS

RAHUL PETER DAS – Prof. Dr. habil.; Südasien-Seminar am Institut für Orientalistik der Martin-Luther-Universität Halle-Wittenberg. Hat seit 1994 Lehrstuhl für Neuindische Philologie und Sozialwissenschaften inne, Mitglied der Deutschen Gesellschaft für Asienkunde, Vorsitzender der Deutsch-Indischen Gesellschaft ZG Halle/Saale.

ALOKERANJAN DASGUPTA – Prof. Dr.; geboren in Kalkutta, Studien in Vishva Bharati Shantiniketan und an der Universität Kalkutta. Seit 1971 Lehrer für Vergleichende Literatur am Südasien-Institut der Universität Heidelberg, Übersetzer von Bengali- und Santal-Dichtungen in deutsche und englische Sprache, bedeutender bengalischer Dichter, lebt im Ruhestand in Deutschland.

GABRIELE GORGAS – Diplom-Theaterwissenschaftlerin; Journalistin, Autorin, arbeitet seit vielen Jahren zu Themen der indischen Kultur, zu Tagore und seinen Beziehungen zu Deutschland in Dresden, Mitglied der DIG-ZG Dresden.

LYDIA ICKE-SCHWALBE – Dr. phil.; Ethnologin/Indologin, Leiterin des Fachbereichs Südasien im Staatlichen Museum für Völkerkunde Dresden, Kustos i. R. (seit 2006); mehrere Gastdozenturen und Forschungsaufenthalte in Indien, Mitglied der Arbeitsgruppe »Ethnographische Museen« (ICME) bei ICOM/UNESCO, Mitgl. des Bundesvorstandes der Deutsch-Indischen Gesellschaft e. V. und Vorsitzende der ZG Dresden.

MARTIN KÄMPCHEN – Dr. phil.; Studium der Deutschen Literatur, Philosophie und Theaterwissenschaften (in Wien und Paris); ging 1971 als Deutsch-Lehrer nach Indien (Goethe-Institut Kalkutta), seit 1987 Forschungen in Vergleichender Religionswissenschaft in Shantiniketan; Übersetzer und Interpret der Werke von Rabindranath Tagore ins Deutsche; grundlegende Veröffentlichungen in deutscher und englischer Sprache zu Leben und Werk Tagores, lebt in Shantiniketan.

MONIKA POHL – Diplom-Journalistin; Leiterin des Zentrums für Historische und Zeitgemäße Reformpädagogik Dresden e. V.

MARIA SCHETELICH – Dr. habil.; Sanskritstudien (Berlin), Indologin, Dozentin i. R. (seit 2001), Institut für Indologie und Zentralasienwissenschaften der Universität Leipzig.

WALTER SCHMITZ – Prof. Dr. Dr. h. c.; seit 1992 ordentlicher Professor für Neuere deutsche Literatur und Kulturgeschichte an der TU Dresden, seit 2000 Direktor der MitteleuropaZentrums der TU Dresden. Zahlreiche Veröffentlichungen, u. a. zu Migrationsliteratur und zur interkulturellen Germanistik.

ABBILDUNGSVERZEICHNIS

Umschlag

»Lotus«. Idee und Gestaltung Dr. Mita Mietra, DIG Dresden, Kunstakademie Dresden
»Sri Rabindranath Takhur«. Federzeichnung von Boris Georgiev. Aus: Gartenlaube (1929), H. 23, S. 475. Der Dichter wird vom Burgwart und vielen Jugendlichen zum Abgang von der Jugendburg Hohnstein begleitet, Foto: Kurt Seifert

Der indische Thākur (Tagore)-Klan in Shantiniketan und Dresden

Abb. 1: Rabindranath Tagore. Foto: Egon v. Eickstedt, Dez. 1926, in Nachlass Egon von Eickstedt, anthropologische Fotos; Museum für Völkerkunde Dresden, Nr. T 3, mit frdl. Genehmigung des Direktors der Staatlichen Ethnographischen Sammlungen Sachsen (SES)/ Staatlichen Kunstsammlungen Dresden (SKD). Abb. 2: Shantiniketan, Einfahrtstor zum Rasthaus/Gästehaus. Foto: E. v. Eickstedt, Febr. 1928, Foto-Nachlass Nr. 1411. Abb. 3: »Der Alte« am Arbeitstisch, Shantiniketan, 22. 2. 1928. Foto: E. v. Eickstedt, Foto-Nachlass Nr. 1398. Abb. 4: Auf der Terrasse des Wohnhauses: Schwiegertochter Pratima und Enkelin Nandini. Foto: E. v. Eickstedt, Febr. 1928, Foto-Nachlass Nr. 1402. Abb. 5: Ein Lehmhaus im Santalstil, Wohnung eines Santal-Lehrers. Foto: E. v. Eickstedt, 22. 2. 1928, Foto-Nachlass Nr. 1416. Abb. 6: Malerschule: Kunstschüler bei der Arbeit, Shantiniketan, 25. 2. 1928. Foto: E. v. Eickstedt, Foto-Nachlass Nr. 1409. Abb. 7: Prof. Lüders beim Vortrag in der »Offenen Universität« in Shantiniketan, der Dichter und Frau Lüders sitzen auf Stühlen. Foto: E. v. Eickstedt, 26. 2. 1928; Foto-Nachlass Nr. 1405.

Bengalen am Königshof in Dresden – Tagore auf den Wegen von Kunst und Wissenschaft in Sachsen

Abb. 1: Titelblatt: Sourindro Mohun Tagore, Mus. Doc.: Six Principal Ragas, with a brief View of Hindu Music. Calcutta 1877. SES, Museum für Völkerkunde Dresden, Bibliothek. Abb. 2: Rabindranath Tagore, schreibend. Reproduktion, Deutsche Fotothek, Nr. 105812, mit Genehmigung der Sächsischen Landes- und Universitätsbibliothek (SLUB), Deutsche Fotothek, Dresden. Abb. 3: Gurudev Rabindranath Tagore; Auschnitt aus: Rabindranath Tagore und Einstein in Berlin 1930. Reproduktion, Deutsche Fotothek, Nr. 158652, mit Genehmigung der SLUB, Deutsche Fotothek, Dresden. Abb. 4: Rabindranath Tagore mit seinem Neffen (in Berlin). Kopie aus Kastenbild in *Dresdner Volkszeitung*, 15. 7. 1930. Abb. 5: Tagore am Rednerpult im Sächsischen Kunstverein in Dresden. Zeichnung von M. Meinhold. Original nicht mehr nachweisbar, Reproduktion aus *Dresdner Anzeiger*, 18. 7. 1930, mit frdl. Genehmigung des Stadtarchivs Dresden. Abb. 6: Einladung zum Kunstgespräch mit Rabindranath Tagore am 18. 7. 1930. Reproduktion, Archiv der Staatlichen Kunstakademie Dresden, mit frdl. Genehmigung. Abb. 7: Selbstporträt Rabindranath Tagore. Reproduktion aus: Rabindranath Tagore: A Centenary Volume. 1861–1961. New Delhi: Sahitya Akademi 1961, S. 36, Privatbesitz.

Kunstdrucke aus Sachsen und Lithografien aus Indien

Abb. 1: Handkolorierte Lithografie aus der Sammlung »Rajah Tagore« 1882: Göttin Durga/ Uma besuchte ihre mütterliche Familie; Gatte Shiva mit Sohn Ganesh im Arm. SES, Museum für Völkerkunde Dresden, Reproduktion.

Wo der Osten dem Westen begegnet …

Dankenswerterweise wurden die Fotos aus dem Archiv des Heimatmuseums/Städtische Sammlungen der Stadt Sebnitz bereit gestellt. Die Originale/Negative hat der Fotograf Kurt Seifert aus Hohnstein 1981 dem Heimatmuseum Sebnitz übergeben. Familiäre Informationen und Fotos wurden freundlicherweise vom Enkel des Burgwarts, von Herrn Dr. Michael Hahnewald zur Verfügung gestellt. Abb. 1: Burg und Stadt Hohnstein, alte Postkarte. Reproduktion, Heimatmuseum/Städtische Sammlungen der Stadt Sebnitz. Abb. 2: Hohnstein Burgplatz unter der großen Linde, links sitzend der Burgwart Konrad Hahnewald. Archiv Dr. Michael Hahnewald, Foto: Kurt Seifert, Hohnstein 9. Abb. 3: Empfang von Rabindranath Tagore und Begleitung durch Burgwart Konrad Hahnewald im Burgaufgang am 18. 7. 1930. Foto: Kurt Seifert, Hohnstein. Abb. 4: Empfang Tagores auf der Jugendburg Hohnstein, unter der Burglinde, links am Tisch vorn Tagores Dolmetscher, am Tisch sitzend (vom Blumenstrauß verdeckt) Burgwart Konrad Hahnewald. Foto: Kurt Seifert, Hohnstein. Abb. 5: Rabindranath Tagore im Kreis Jugendlicher auf der Burg Hohnstein am 18. 7. 1930. Foto: Kurt Seifert, Hohnstein, Eigentum (seit 1981) Heimatmuseum/Städtische Sammlungen der Stadt Sebnitz. Abb. 6: Der indische Dichter Rabindranath Tagore bei einem Besuch auf der Jugendburg Hohnstein am 18. 7. 1930. Foto: Kurt Seifert, Hohnstein. Abb. 7: Rabindranath Tagore trägt sich ins Gästebuch ein, Burg Hohnstein am 18. 7. 1930. Archiv Dr. Michael Hahnewald, Foto: Kurt Seifert, Hohnstein 6. Abb. 8: Der Dichter wird vom Burgwart und vielen Jugendlichen zum Abgang von der Jugendburg Hohnstein begleitet. Archiv Dr. Michael Hahnewald, Foto: Kurt Seifert, Hohnstein 4.

Tanz als eigenständige Kunst

Abb. 1: Im Tanzsaal der Mary-Wigman-Schule: R. Tagore mit Schwiegertochter Pratima Tagore, am 3. 10. 1926. Foto: Ursula Richter. Abb. 2: Rabindranath Tagore vor der Wigman-Schule. Foto: Ursula Richter. Abb. 3: Elisabeth Wigman mit Rabindranath Tagore am Eingang der Mary-Wigman-Schule. Foto: Ursula Richter. Alle Fotos mit freundlicher Genehmigung des Archivs der Akademie der Künste Berlin.

Kultur des Missverstehens. Rabindranath Tagores Deutschlandreisen.

Abb. 1: Ein indischer Prinz. In: Gartenlaube 52 (1904), H. 52, S. 960. Abb. 2: Rabindranath Tagore in Berlin. Berliner Illustrirte Zeitung, 12. 6. 1924 (Titelblatt). Abb. 3: Tagore am Vorlesetisch in der Universität. Berliner Illustrirte Zeitung, 12. 6. 1924. Abb. 4: Rabindranath Tagore. In: Helmuth von Glasenapp: Die Literaturen Indiens von ihren Anfängen bis zur Gegenwart. Potsdam: Athenaion 1929, S. 354.

Reichtum und Exotik für den Dresdner Hof – Handwerk und Kultur für Sachsen

Abb. 1: »India Orientalis«. Holländische Karte von 1638. Aus: Dutch-Asiatic shipping in the 17th and 18th centuries. Hg. v. J. R. Bruijn, F. S. Gaastra, Ivo Schöffer. The Hague: Nijhoff 1979.

Bibliografische Information der Deutschen Nationalbibliothek
Die Deutsche Nationalbibliothek verzeichnet diese Publikation in der Deutschen Nationalbibliografie; detaillierte bibliografische Daten sind im Internet über http://dnb.d-nb.de abrufbar.

Bibliographic information published by the Deutsche Nationalbibliothek
The Deutsche Nationalbibliothek lists this publication in the Deutsche Nationalbibliografie; detailed bibliographic data are available in the Internet at http://dnb.d-nb.de.

ISBN 978-3-942411-46-2

© 2012 w. e. b. Universitätsverlag und Buchhandel
Eckhard Richter & Co. OHG
Bergstr. 70 | 01069 Dresden
Alle Rechte vorbehalten. All rights reserved.
Thelem ist ein Imprint von w. e. b.
Gesamtherstellung w. e. b.
Umschlagabbildungen siehe Abbildungsverzeichnis
Made in EU.